U0018135

The New Capitalists:
How Citizen Investors Are Reshaping the Corporate Agenda

新世代資本家

公民經濟崛起的新力量

Stephen Davis、Jon Lukomnik、David Pitt-Watson◎著
張淑芳◎譯

企畫叢書 FP2170

新世代資本家
公民經濟崛起的新力量

作　　　者	Stephen Davis、Jon Lukomnik、David Pitt-watson
譯　　　者	張淑芳
副 總 編 輯	劉麗真
主　　　編	陳逸瑛、顧立平

發　行　人　涂玉雲
出　　　版　臉譜出版
　　　　　　城邦文化事業股份有限公司
　　　　　　台北市中正區信義路二段213號11樓
　　　　　　電話：886-2-23560933　傳真：886-2-23419100
發　　　行　英屬蓋曼群島商家庭傳媒股份有限公司城邦分公司
　　　　　　台北市中山區民生東路二段141號2樓
　　　　　　客服服務專線：886-2-25007718；25007719
　　　　　　24小時傳真專線：886-2-25001990；25001991
　　　　　　服務時間：週一至週五上午09:00~12:00；下午13:00~17:00
　　　　　　劃撥帳號：19863813　戶名：書虫股份有限公司
　　　　　　讀者服務信箱：service@readingclub.com.tw
香港發行所　城邦（香港）出版集團有限公司
　　　　　　香港灣仔軒尼詩道235號3樓
　　　　　　電話：852-25086231　傳真：852-25789337
　　　　　　E-mail：hkcite@biznetvigator.com
馬新發行所　城邦（馬新）出版集團 Cité (M) Sdn. Bhd. (458372 U)
　　　　　　11, Jalan 30D/146, Desa Tasik, Sungai Besi, 57000 Kuala Lumpur, Malaysia
　　　　　　電話：603-90563833　傳真：603-90562833
初 版 一 刷　2008年3月1日

城邦讀書花園
www.cite.com.tw

定價：360元
（本書如有缺頁、破損、倒裝、請寄回更換）

目次

第3篇　新世代資本家的生態系統

謝辭

全球有無數的人對公民經濟做出貢獻。不過，由於少數幾位人士的智慧與建議，我們才得以了解公民經濟的可能性與其中的陷阱。在這樣的背景之下，我們要尊稱下列人士為公民經濟學家：潔美・愛倫（Jamie Allen）、菲力普・阿姆斯壯（Philip Armstrong）、安德烈・巴拉第（André Baladi）、馬可・貝克特（Marco Becht）、伊果・貝里考夫（Igor Belikov）、皮耶・巴隆（Pierre Bollon）、英國國會議員戈登・布朗（Gordon Brown, MP）、麥特・布朗（Matt Brown）、史蒂夫・布朗（Steve Brown）、提姆・布希（Tim Bush）、彼得・巴特勒（Peter Butler）、艾德瑞恩・凱特柏瑞爵士（Sir Adrian Cadbury）、喬納森・查克翰（Jonathan Charkham）、彼得・克萊普曼（Peter Clapman）、比爾・克萊斯特（Bill Christ）、法蘭克・寇第斯（Frank Curtiss）、山福・戴維斯（J. Sanford Davis）、彼得・戴伊（Peter Dey）、珊蒂・伊斯特布魯克（Sandy Easter-brook）、傑塞斯・伊斯坦尼斯勞（Jesus Estanislau）、哈里森・高汀（Harrison J. Goldin）、傑夫・高斯坦（Jeff Goldstein）、彼得・戈瑞維契（Peter Gourevitch）、珊卓・蓋拉（Sandra Guerra）、吉姆・豪利（Jim Hawley）、亞倫・海維西（Alan J. Hevesi）、英國國會議員派翠西亞・修威特（Patricia Hewitt, MP）、瑪莉安・胡威－愛拉德（Marianne Huvé-Allard）、麥茲・愛薩克森（Mats Isaksson）、詹哈松（Hasung Jang）、傑夫・金德勒（Jeff Kindler）、保羅・李（Paul

Lee）、皮耶－亨利・里洛伊（Pierre-Henri Leroy）、麥可・魯布蘭諾（Michael Lubrano）、鮑伯・麥斯（Bob Massie）、亞倫・麥杜格（Alan McDougall）、柯林・邁爾文（Colin Melvin）、艾拉・米爾史坦（Ira Millstein）、奈爾・米諾（Nell Minow）、鮑伯・蒙克斯（Bob Monks）、卡洛・歐克拉瑞肯恩（Carol O'Cleireacain）、塔吉・歐克蘇（Taiji Okusu）、比爾・派特森（Bill Patterson）、大衛・菲力普斯（David Phillips）、伊恩・理察斯（Iain Richards）、艾拉斯特・羅斯・谷比（Alastair Ross Goobey）、霍華・雪曼（Howard Sherman）、詹姆斯・辛恩（James Shinn）、安・辛普森（Anne Simpson）、提姆・史密斯（Tim Smith）、克利斯坦・史坦傑爾（Christian Strenger）、約翰・蘇利文（John Sullivan）、拉吉・賽摩瑟朗姆（Raj Thamotheram）、戴瑞歐・特惟森（Dario Trevisan）、珊恩・唐恩布爾（Shann Turnbull）、保羅・康德・維斯孔契洛（Paulo Conte Vasconcellos）、大衛・韋柏（David Webb）、泰德・懷特（Ted White）、勞夫・惠特沃斯（Ralph Whitworth）、約翰・威考克斯（John Wilcox）、安德魯・威廉斯（Andrew Williams）與安・約傑爾（Ann Yerger）。我們還要感謝米蓋・羅瑞（Mikael Lurie）所作的研究，以及喬西・瑞森（Josie Reason）對我們的支持。

　　我們同時要感謝蓋兒・羅絲（Gail Ross）、霍華・永恩（Howard Yoon）與傑克・墨菲（Jacque Murphy），協助我們將一系列的文章，集結成為一本富有遠見且證據充足的書。如果書中有任何錯誤，不管是因為遺漏或疏失的關係，全都是本書作者的責任。

前言

　　請各位看看自己的存摺。各位或許不知道，不過，各位有超過3兆美元的資產正在消失當中。原本應該有一筆天文數字的資金可以促進繁榮，但事實並非如此。接著，請翻閱報紙的求才版，各位會在此發現另一件令人費解的事情。全世界原本應該有更多工作存在，但事實卻非如此。

　　本書有兩大目標。首先，我們要說明一些過去以來一直阻隔在企業與公民之間的機制，試著解開存款與工作流失的謎團。其次，我們要指出一項強而有力的反制現象，此一現象正迫使企業高階主管、投資人、政客、運動人士與公民培養新的技能，以迎接轉型後的資本主義。我們所謂的「公民經濟」（civil economy）正逐漸形成當中，原因很簡單：新世代的資本家正在對企業的議程發揮影響力。

　　我們所說的這些新世代資本家所指何人？在以往，企業的力量通常掌握在大亨與政府手中。目前某些地區的情況依然如此。但是在北美洲、歐洲、日本與其他愈來愈多的地區，跨國企業的所有權掌握在數以千萬計的受薪階級手中，這些人透過共同基金，將自己的退休金與一生的儲蓄投資於全球最大型企業的股票。這些人的退休金占全球企業的絕大多數股權。每位退休金受益人都擁有大多數企業的一小部分股權。從矽谷的資訊科技領導者到奈及利亞的油井，從墨西哥的釀酒廠到德國的化工巨擘，全球的公民是這些大企業的最終股東。

當然了，這些公民並不了解這項事實，也未扮演這項角色。事實上，直到最近為止，這項具有歷史意義的所有權轉移一直無足輕重，只是一項看似事實的奇特陳述，並非是對企業或國家而言意義非凡的發展。真正的力量依舊掌握在華爾街、東京、倫敦或政府內閣中一小群冷漠且沒有擔當的玩家手中，原因只是因為公民股東一直不了解，企業的所有權已經民主化了。直到現在為止。我們將在本書中追蹤一項正在覺醒中的公民所有權自覺運動，這是屬於新世代資本家的所有權運動，這項運動保證要讓這些傳統的權力掮客負起責任，不然就會將他們掃地出門。

瓦礫與營收

我們認為有兩則故事可以說明企業的過去與未來。

2004年4月一個寒冷的夜晚，紐約市的警官將安隆（Enron）的前執行長傑佛瑞・史基林（Jeffrey Skilling）逮捕到案。好幾個夜貓子打電話到警局的報警熱線，表示史基林醉酒且具有攻擊性，跟陌生人攀談，拉扯一名女性的上衣想找尋竊聽裝置，並指控路過的人是聯邦調查局探員。在前往管區拘留所的途中，押送史基林的警車行經史基林在安隆極盛時期經常造訪的摩天大樓群。後來，史基林狂妄自大的作風與昭然若揭的詐騙行徑，替他自己引來嚴重的詐欺罪名，並讓安隆化為一堆瓦礫。

就在幾個小時之前，就在這些辦公大樓的飲水機周圍，史基林的行為是許多高階主管閒聊的話題。有些人抱怨檢方的調查行動。其他人則對自己逃過一劫感到如釋重負。這些高階主管都同意，安隆事件是個例外。不是安隆這家能源貿易商運氣特別不好而被逮到，就是安隆是一個超級爛蘋果，藏身在原本運作正常的市場裡。

只是，這些是不良的示範。造成史基林身敗名裂的原因，與運

氣欠佳或行為嚴重違法沒有太大的關係；比較有關的原因是新一代
公民階級的崛起，這些公民投資人寄望安隆與其他公司的股票，能
為自己的退休生活提供資金。迥然不同於以往的是，安隆的崩塌結
果並未替大人物們帶來傷害。這一次，巨額的損失摧毀了數百萬中
產階級與勞動階級存款人的帳戶與未來的夢想。這項醜聞自然而然
在全美國引發一股批評企業不當行為的聲浪，最後甚至擴及全球。
既然如此，史基林的被捕就不是一件特殊事件，而是勇氣十足的象
徵，說明了企業的新公民股東正在如何大聲疾呼，要終止企業界的
老式作風。

　　新公民股東需要哪些新的經營方式呢？舉例來說，請聽一聽第
二則故事：全球最具影響力的企業之一奇異電器（General Elec-
tric），以及由一群天主教修女組成的名不見經傳的團體，兩者之間
畫上了一條不可能的連結線。2002年，好幾個持有少量奇異電器股
票的宗教團體的退休基金，在奇異電器的年度股東大會上，提出一
項看似唐吉軻德式的股東提議。這些修女要求董事會公布奇異電器
的溫室氣體排放量，以及董事會可以採取哪些作法以促進能源效益
並對抗氣候變化。這些修女主張，肩負起環保責任可提升奇異電器
的獲利。

　　執行長傑夫瑞・伊梅特（Jeffrey Immelt）一開始不理會這項決
議，並下令按例予以駁回。但這次會議卻出現令人始料未及的結
果。高達23%的奇異電器投資人支持這群修女的提案，並抵制經營
團隊的決定。受到指責的高階主管決定重新檢視，這群新世代資本
家股東們對他們傳達什麼訊息。他們下令在內部進行詳盡的研究，
看看需要採取哪些作法以降低溫室氣體的排放量。這些研究的結果
令人大開眼界。如果奇異電器改變作法，讓能源效益成為企業的核
心宗旨之一，公司的聲譽將可獲得提升，而且只要五年的時間，就
可以額外創造出至少100億美元的營收。為了達成這項目標，奇異

電器特別於2005年在全集團內部推出一項匿名為「綠色科技新主張」
（ecomagination）的劃時代計畫。[1]

責任迴路

奇異電器的故事並非特例。隨著新世代資本家建立公民經濟，
他們已開始在全球各地強力推動大刀闊斧的改革。我們首先由責任
迴路中找到證據。

個人股東——新世代資本家——正體認到全球公民投資人的權
力，進而**鼓勵**

法人投資機構採用負責任的投資組合與強調股東行動主義的策
略，進而**促使**

董事會擁抱大刀闊斧的改革，讓他們對股東負起責任並提出議
程，**要求**

企業與企業的高階主管轉而走向一條新的「資本家宣言」途徑
以追求企業成功，**進而賦予**

新世代資本家史無前例的影響力。

本書無意作為探討董事會運作、審計功能或投資人監督的權威
教科書。我們在參考書目中列出了相關的書籍。事實上，我們提出
了全新的看法：所有這些市場因素現在全部相互契合。我們的目的
是要說明將這些因素連結到公民經濟的不成文準則。接著我們建議
適用的工具，讓企業經理人、投資人、公民與政策制定者藉此帶領
並促成這場改革。

公民經濟登場

我們所說的公民經濟到底是什麼意思？在政治裡，我們用公民社會（civil society）這個名詞，代表民主政府為了對大眾的需求負責所需要的各種不同機構。請想一想自由的媒體、公平的司法制度、公民團體、政黨、工會、宗教團體與積極參與的公民。

公民經濟此一現象也包括一些類似的組織，但這些組織專精的項目是商業而不是政治。今天，這些組織正在相互結合，促成了新型態的企業崛起。成功的企業愈來愈懂得如何修練商場的動態關係，而且是在一個對股東負責任的架構下進行。

對某些企業來說，這樣的架構依然陌生。商界人士往往被妖魔化為短視近利的貪婪之輩。少數一些人確實是如此。但是很多具有遠見的企業領導人了解，大眾對全球化的憎惡、基層員工與高階主管之間的對立、以及企業與社會利益之間不斷出現的衝突，只會導致企業的競爭力下滑與工作機會流失，並削弱社會大眾對攸關經濟成長的企業的信心。

從傳統經濟轉型為公民經濟，並非只是某些人希望能成真的夢想。這項夢想今天正在實現當中。公民經濟能否持續發展下去，未來發展的方向為何，當然都沒有定論。但是，企業經理人、投資人或積極參與的公民都無法忽視這個議題。

財務的安非他命

請暫停一下，想一想各位不會在本書裡看到的三個重點。首先，我們不會誤以為，股東革命所推動的改革已經獲得想要維持現狀的人的擁抱。事實上，我們會在每一章說明，有哪些路障橫梗在新世代資本家面前。來自傳統作法的抵抗當然不能等閒視之。但是我們

會在本書中特意強調，新世代資本家正在擬定許多新的解決辦法，而且是在不為社會大眾所知的情形下進行。並非所有創新作法都能成功；有時候，發展的速度會遭到延緩或阻擋；有時候，在前進兩步之後必須後退一步。但是，如同我們將在本書中說明的一般，事情已有所進展，因為資本所有權不容妥協的新現實已無法改變。

其次，我們並不是在主張，擁抱社會責任的企業自然能夠勝過競爭對手。他們或許可以勝出，但我們要將此一議題留給對此意見分歧的學者來評斷。我們要提出不同的論點：新世代資本家正改寫我們長久以來定義商場贏家與輸家的規則。

讓我們用奧林匹克運動會的短跑比賽做比喻。如果我們這些觀眾真正關心的，是看到我們最喜歡的運動員贏得比賽，那麼，我們就會堅持他們盡量注射能夠拿到手的禁藥；我們甚至會對他們向對手犯規表示喝采。但是我們不會這樣，因為我們在乎的是運動員公平競爭，選手在這場與未來的所有比賽中的健康與安全，以及一位運動員完全只憑意志力、天賦與紀律所締造的成績，能給社會帶來什麼樣的啟示。因此，我們會讚揚贏得比賽的運動員為英雄，但條件是他們必須在規定的界限下進行比賽。

在商業的世界裡，財務上的安非他命與犯規動作包括條件寬鬆的股票選擇權、會計花招、短期管理、準備金不足的退休金、污染與收買影響力。如果股東不太關心股價的比賽規則，肆無忌憚的企業高階主管就可以任意利用這些詐欺手段加速前進，即使他們的企業會在短期表現亮眼之後便垮台，或是因此會替自己的企業與其他企業造成傷害也在所不惜。

新世代資本家要求公平競爭，因為跟奧林匹克運動會的觀眾一樣，他們著眼的是廣泛且長遠的利益。因此，他們所建立的公民經濟，重點不在於個別企業選擇偏離主流途徑，好替當今的財報週期找到有利的成功途徑。重點在於改變這條途徑本身的方向，透過適

當的獎懲措施促成長期的改革。意思是企業高階主管在管理公司、董事會在監督企業、股東在持有股票、中介單位在採取行動、會計準則在評量財務數據以及公民在進行遊說時，都要採取新的作法。

　　最後，我們並不認為，崛起中的公民經濟能夠「終結歷史」，或是各界競逐經濟掌控權的社會衝突可能會神奇地自動消失。這怎麼可能呢？股東革命會讓權力重新洗牌，迫使各界採取不同的方式解決問題；但這場革命無法消除這些問題。

推動改革

　　請再看一看之前提到的儲蓄帳戶。我們試著說明，資金是推動改革的動力。隨著大型投資基金表現得愈來愈像新世代資本家，反映公民儲蓄人的利益，他們也開始迫使董事會與執行長在務實的新架構中運作。是的，公民投資人正積極迫使企業追求獲利。畢竟，沒有獲利就沒有退休金。但是新世代資本家同樣也下定決心進行監督，以確保企業的獲利是實際的數字，而非耍弄會計花招的結果。各界的焦點正轉向可長可久的企業長期績效，並遠離將目標設在創造短期表現的企業。而且有更多基金堅持，企業不能藉由將成本，例如污染，轉嫁給社會大眾以創造獲利，因為身為納稅人的公民投資人也要為此付出代價。

　　可以確定的是，公民經濟依然在孕育當中。巨大的障礙正延緩公民經濟的發展進程。史基林在夜間遭到逮捕，結束了他在商業界呼風喚雨的日子。奇異電器則是正探索未來新途徑的企業之一。如果無法重新定位自己與自己所掌管的企業，這樣的企業領導人將會遭到淘汰。能夠適應的商界人士或企業的勝算會比較大。對於妥善管理的公民經濟來說，這樣的結果會讓所有人受惠，並帶給新世代資本家光明的前景：更有機會追求可長可久、更普遍、更公平，並

且深受大眾信任的經濟繁榮。

　　為了找出方法，讓我們回到一開始提到的謎團。3兆美元的資金怎麼會從對資金需求若渴的企業以及不知情的公民投資人手中溜走呢？我們接下來要破解其中的秘密，並揭露新企業議程的發展。

註釋：

1. 2005年12月，奇異電器副總包伯·柯克蘭（Bob Corcoran）與本書作者之一戴維斯的會談。

第 1 篇

新世代資本家

1 | 公民經濟：
企業所有權的民主化

　　我們很少有人覺得自己像個大亨，能夠影響大型跨國企業的命運。但是我們理應如此，至少根據數字來說是這樣。

　　以全球最大的企業奇異電器為例。這家國際能源巨擘2006年的市值高達3500億美元。[1] 如果全印尼的兩億人口一整年不吃不喝地努力工作，還是無法存下足夠的盧比，買下奇異電器這個企業巨擘。

　　奇異電器的股東都是哪些人？答案可不是大亨們。請參閱奇異電器的股東名冊，各位會發現，排名最前的股東沒有一個是大亨。奇異電器最大的股東反而是巴克萊銀行（Barclays Bank）、道富銀行（State Street）和富達集團（Fidelity）等大型財務管理公司。他們所管理的基金就是奇異電器的股東。然而，這些基金的資金並非屬於基金公司所有。這些基金公司代表數千萬的個人投資人並接受其委任，這些投資人匯集自己的投資資金，雇用基金公司提供專業的投資管理服務。

　　這意味著，**各位**很可能擁有奇異電器。本書大多數讀者都擁有某種類型的退休儲蓄：傳統的退休基金、如美國的401(k)或英國的ISA等確定提撥制退休計畫、共同基金或壽險年金。若是如此，那麼透過我們的銀行、股票經紀商、共同基金公司與保險公司，我們每個人都是奇異電器一小部分股權的共同擁有人之一。

　　以這種形式擁有企業已是全球性的現象。英國的兩大企業股東並非李察‧布蘭森爵士（Sir Richard Branson）或英國女王〔甚至不是J.K.羅琳（J.K. Rowling）〕，而是英國電信公司（British Telecom）的勞工退休基金及礦工退休基金，兩者合計的人數高達八十萬人。在美國，排名前一千大的退休基金總計擁有近5兆美元資產，而前五大退休基金分別是加州（兩檔退休基金）、紐約州、佛羅里達州等三州的公職人員，以及聯邦員工退休體系。[2] 在丹麥，最大的企業股東是勞工退休基金ATP；在荷蘭是公職人員退休基金ABP。這

些基金都持有數千家企業的股票。

　　總的來看，勞動階級可透過今天的儲蓄，持有全球最具影響力企業的大多數股票。但過去並非總是如此。

　　近至1970年，企業仍掌控在少數富豪手中；以一般的美國企業來說，代表小額投資人的財務管理公司只擁有企業界19%的股權，持股比重遠遠低於個人股東，而個人股東也僅限於全球最富有的1%的人口。[3] 相形之下，今天的投資基金持有全美國所有股票的一半以上。事實上，光是前一百大基金管理公司，就掌控了美國52%的股票。[4] 尤有甚者，這項趨勢並未出現逆轉的跡象。根據美國經濟諮商局（Conference Board）的統計，2004年，法人投資機構在美國前一千大上市公司的持股比例高達69.4%，而2000年的持股比例為61.4%。[5] 英國也出現類似的經濟勢力的結構性轉移。1963年時，以富豪為主的個人投資人對英國股票的持股比例為54%。目前這些富豪的持股比例不到15%，而法人投資機構的持股比例則由1963年的約25%，提升到目前的超過70%。[6] 除了澳州、法國、德國、日本、荷蘭、瑞典，事實上在全球各地主要的股票市場，法人投資機構的資金也遠遠超出富豪很多。

　　左右國家經濟的能力一度完全掌握在地方政府、羅斯柴爾德家族（Rothschilds）〔譯註：歐洲最著名的銀行世家〕或梅迪奇家族（Medicis）等商賈和親王手中，如今則掌握在代表警察、汽車工人和電腦程式設計師等個人退休儲蓄存款的法人投資機構手裡。[7] 本書的前提是，這是一項革命性改變。這項改變對我們的世界產生深遠影響，從個人的退休儲蓄金到國家經濟的活力。早在1976年的《看不見的革命》（The Unseen Revolution）一書中，管理大師彼得・杜拉克（Peter Drucker）便預言會出現這樣的資金轉移趨勢。[8] 如今，「新世代資本家」的年代已指日可待。

平民大亨？

不過，可別被沖昏了頭。我們絕對不是在說，每個人都能擁有儲蓄，並成為公民投資人。某些社會仍停留在貧窮階段，有數百萬人光是希望賺到能夠維持每日生活所需的工資，就是遙不可及的夢想，更不用提退休儲蓄金。尤有甚者，報紙每天都在追蹤報導企業如何刪減員工的退休福利。兼職或低薪勞工根本享受不到任何退休福利。即使是年資久的全職勞工，也不確定自己一度認為足以支撐退休生活所需的資源是否依然足夠。

但即使普遍的儲蓄依舊是遙不可及的目標，一種史無前例的所有權轉移現象卻已然出現。根據之前提出的統計數字顯示，法人投資機構取代了富豪，成為企業的大股東。但是我們必須進一步探究，這些大型基金代表的是另一群富豪，還是他們真正反映出有更多社會大眾參與資本投資。

因此，我們要在此提出根本性的問題：這些法人投資機構管理的是哪些人的資金？這些機構應該對誰負責？我們首先檢視英國與美國的情形，因為這兩地的資料比較容易取得。

在英國，有多少家庭參加的退休金或保險計畫投資在股票上？根據英國政府最近的調查顯示，大約有55%的英國勞動人口會提撥資金到個人的退休帳戶中；另外還有10%的人表示，自己的伴侶會提撥資金。此外，某些勞工目前或許並未提撥資金，但過去曾這麼做。因此，即使某些公務人員退休基金並未投資股票，但英國大約有三分之二的人口因為退休金計畫而參與股票投資。[9] 根據其他調查顯示，壽險計畫的情形大致也是如此。大約有47%的英國家庭擁有人壽保險計畫；另外還有15%的家庭參加保險公司提供的退休金計畫。

美國的統計數字也反映了類似的情況：1989年，不到三分之一

的美國家庭擁有股票。今天，直接或間接透過共同基金或退休帳戶投資股票的家庭，比例介於50%至60%之間。這項轉變甚至影響到自我認同。1990年代初期，大約有20%的美國選民自認是投資人，現在人數超過一半。[10] 這項趨勢將持續下去，因為企業正快速地以確定提撥退休計畫，取代傳統的退休金計畫。這些企業將投資決定和風險轉移到個別員工身上。

沒錯，有好幾百萬人民——大約是英、美兩國35%至40%的人口——並沒有投資股票，替自己的未來預做儲蓄。但是絕大多數人口——55%至65%，超過許多重大選舉的投票人數——都透過某種形式參與資本市場。專家與政治人物宣稱，新的「投資階級」（investor class）正在北美、歐洲、澳洲與亞洲的某些地區崛起。我們稱這群人為**新世代資本家**。

填補財富差距

的確，公民投資人所享受的退休福利不盡相同。高薪的高階主管享有的退休投資金，遠多於基層員工。[11] 但雙方可能都是透過共同投資計畫進行投資，如公司辦理的退休基金。退休基金對所有儲蓄人都有義務，不僅限於較富有的人。根據大多數信託法的規定，退休基金不得採取有利於富有退休金受益人、但不利於其他受益人的投資政策，反之亦然。

換言之，小股東可以透過集體儲蓄和投資工具，擴大自己的影響力。加州公教人員退休體系（CalPERS）的董事會，或是富達集團的某位投資組合經理人，或是保險公司AXA的總經理，對所有參與退休基金、共同基金或年金的人都具有同樣的受託義務。董事會或基金經理人或許無法分辨，誰是退休金帳戶裡只有500美元的新受雇低薪勞工，誰又是退休金餘額超過100萬美元的屆齡退休高

階主管。當這些基金對企業及國家發言時，他們代表的是教師、公車司機和企業的高階主管。手中握有如此天文數字的資金，他們說的意見自然不會被忽視。

有些人可能會說，公民投資人的概念僅適用於英國與美國。這兩國的企業的股權通常比較分散，所以共同基金的影響力比較大。但是，歐洲大陸、日本、巴西、韓國和世界其他地區又如何呢？在許多市場，豪門家族與銀行往往握有主導權，不過原因未必是他們握有企業的多數股權。他們反而得經常倚賴類似政治權謀的策略，透過人為手段來膨脹自己的影響力，包括無表決股權、限制投票的條例、由關係企業持有的大宗股權、虛擬股票（phantom stock）〔譯註：一種員工獎勵計畫〕、多數表決股權（multiple votes），以及金字塔股權結構。不過，在歐洲與其他地區，這類政治權謀的手法正逐漸消失，因為新世代資本家的資金正蔓延至世界各地，也讓更多企業能夠取得這些資金。

不要高估或低估英、美兩國以外地區的情形。根據學者馬可・貝克特（Marco Becht）和柯林・邁爾文（Colin Mayer）的研究顯示，包括歐洲大陸在內的許多地區，企業實際所有權的數據「根本無法取得」。[12] 不過，我們的確知道一些與企業持股比例相關的事實，甚至是所有權分布的廣度。這些事實顯示，大多數已開發國家也出現相同的現象。舉例來說，1992 年至 1999 年間，荷蘭的法人投資機構的股票投資比例提升了 27%。同一時期，法國是 23%，德國為 18%。[13] 這些改變使得股票市場對一般投資人變得重要起來。舉例來說，在 2001 年的法國，股票投資占家庭可支配收入的比例為 144%，這項數字甚至比美國更高，而且幾乎是英國的兩倍。以同樣的衡量標準來看，其他七大工業國家中，義大利人和加拿大人比英國人持有更多的股票。[14]

此外，非居民法人投資機構的影響力逐漸擴大，而且通常是美

國與英國的法人（還有愈來愈多荷蘭投資法人），也因此帶動了其他國家股票文化的興起（請參閱下面的個案研究「公民投資人撼動一個國家」）。在法國、比利時、瑞典、德國、荷蘭及其他歐盟國家，非居民法人投資機構目前對大型上市公司的持股比例介於30%至75%。[15] 日本的數字則在2004年創下24%的歷史高點。[16] 難怪殼牌石油（Shell）和聯合利華（Unilever）這類過去完全無視於股東行動主義的大型企業，最近也揚棄古老的企業治理傳統，以滿足投資人的要求。

　　換言之，英語系國家以外地區的起始點或許有所不同。各個國家的改變速度或許不一樣。相關的規定、法律與整體的投資工具或許各異。但是，各國朝公民經濟演進的方向卻是一致的。

資金潮

　　現在我們就要問：股權**何以**會從精英手中擴大到廣大群眾？這項轉變的原因可以歸結到人口結構和經濟的雙重影響。

　　人口結構的理由很簡單：世界人口不斷增加，勞動與中產階級不斷成長，對退休資源的需求持續提高。此外，健康照護與生活水準的提升，延長了人們退休後的壽命。經濟的因素同樣顯而易見。北美和歐洲在二次大戰後出現嬰兒潮，一波波勞工已逼近退休年齡，迫使政客與公民們面對一項殘酷的經濟事實：政府的退休計畫不足，必須透過預先累積的退休計畫加以補足。這些退休計畫必須在個人退休前的幾年就開始進行投資，才能隨著時間累積財富。因此，全世界各國的政府制定了為數眾多的計畫，預先替公民的退休金提供所需的資金。尤有甚者，政策制定者也注意到，許多研究不斷指出，相對於債券，長期而言股票投資可以創造更高報酬。

　　結果是：股票投資的普及與股票文化的興起。

相關個案：公民投資人撼動一個國家

2002年2月，菲律賓馬尼拉綜合指數（Philippine Manila Composite Index）一天之內重挫了3.3%。原因是美國最大的退休基金加州公教人員退休體系宣布不投資菲律賓股市。該基金認定，菲律賓股市的結構、法規與交易程序風險令人無法接受。

菲律賓政府花了兩年時間進行一系列改革，想逆轉這項決定。在此期間，該國修改相關法規，派遣大使前往位於沙加緬度的加州公教人員退休體系總部進行特殊任務，希望扭轉情勢。這一切值得嗎？在加州公教人員退休體系撤銷抵制決定當天，馬尼拉股市收在三個月來的高點。菲律賓駐美大使亞伯特‧迪羅薩里歐（Albert del Rosario）表示，「加州公教人員退休體系的投資組合留在馬尼拉是很重要的事。」他解釋說，對全世界的投資人來說，該退休基金的決定代表一種肯定。[a]

雖然迪羅薩里歐可能希望個人投資者投資菲律賓企業，真正的大宗投資卻掌握在匯集個人投資者資金的法人投資機構手中。就像大部分退休基金一樣，加州公教人員退休體系代表的是一群根本不算富有的投資人的退休儲蓄。迪羅薩里歐大使不會去拜訪加州公教人員退休體系的個人會員——公車司機、下水道工人和消防人員。但這就是重點：愈來愈多並不富有的個人，透過各種集體儲蓄／投資工具持有股票。加州公教人員退休體系原本有意撤出馬尼拉股市的資金只占其資產的0.05%，相當於100美元中的5美分。各位的沙發墊下或許就塞著這麼一枚硬幣。但是，如果乘上加州公教人員退休體系所管理的1720億美元，這些硬幣會累積為8500萬美元。[b]

a. Andy Mukherjee, "CalOERS Flips and Flops Pholippines—Again," Bloomberg News Service, April 22, 2004; CalPERS press release, April 19, 2004.

b. Embassy of the Philippines, "Philippines Is Retained by Calpers in Its Permissible AList," press release, January 31, 2005.

　　此外，法人投資機構的資金變得全球化。美國與英國的法人投資機構正引領這項趨勢。光是北美與英國的資金，便占全球三百大退休基金資產的61%。[17] 法人投資機構投資在全球前十大國際股市的資產已高達32兆1000億美元，其中美國、加拿大和英國三地的基金總和占70%。[18] 簡言之，當一家在巴黎泛歐證券交易所（Euronext）掛牌交易的法國跨國企業需要現金時，除了對本國投資人出售股票，該公司還必須設法向代表德州、約克夏或安大略的退休人員的財務代理公司銷售股票。

　　因此，即使你不覺得自己像個國際大亨，所有公民投資人卻擁有掌握全球經濟的控制權。

「沒有股東的資本主義……」

　　公民投資人或許感覺不到權力感，其中的關鍵因素是，他們已經將股東的功能轉移給其他人。我們將在本書的每章中說明，我們全體投資人如何因為不當委派責任，以致於無法讓企業負起應有的責任。我們接著會提出許多新方法，說明如何重新建立這種責任擔當，進而促進公民經濟的崛起。但毫無疑問的是，如果運作失當，結果將不堪設想。

　　若儲蓄人不覺得自己是企業的股東，企業就會像不必負任何責任似地隨心所欲。缺乏擔當，必然導致濫權的後果。極端的情形是出現醜聞：英國的麥斯威爾（Maxwell）與波利佩克（Polly Peck）；美國的安隆、泰可（Tyco）、世界通訊（WorldCom）與艾德菲（Adelphia）；歐洲大陸的帕瑪拉（Parmalat）、阿霍德（Ahold）與斯堪地亞（Skandia）；澳洲的HIH與One.Tel；日本的活力門（Livedoor）。

　　事實上，企業的失當行為很少達到犯罪的程度。然而，如果這

種失當行為發生在足以影響股東資本、員工與環境的日常行為中，雖然比較不會引起媒體報導，但所造成的傷害卻可能更大。這類手法真是五花八門。企業經理人可以緊抓著不必要的現金不放，或是進行令人質疑的收購，以擴大自己的統治版圖，而不是透過庫藏股、派發股利或其他方式，將現金還給股東。執行長可以延遲採取策略行動；保護高階主管的費用科目與專屬福利；將股東資金轉移給具有股權掌控權的投資人；為了擔心危及穩定且可預期的結果，他們可以扼殺創新的作法，即使競爭對手會因此占上風也在所不惜。企業可以沒有理由地緩步走上慘遭淘汰之路，並在過程中流失工作機會、價值與商譽。簡言之，他們可以好像不受管理一樣採取行動。

在資本主義中，這些都是致命的行為。企業能否在市場經濟中成功，取決於企業股東是否有足夠的警覺心，可以在企業步入困境時推動改革，或是獎勵有效的作法。意見領袖鮑伯・蒙克斯（Bob Monks）曾說過一句名言：「沒有股東的資本主義將會失敗。」當企業界普遍缺乏擔當時，代價將會十分慘重。

我們該如何計算由於企業股東不發揮股東功能而導致的損失？我們必須透過推論的方式加以計算。哈佛大學的麥可・簡森（Michael Jensen）預估，1977年至1988年間，僅僅因為五家企業的經營團隊表現失當，便導致大約5000億美元的價值損失。之後經過併購，改組管理團隊，並從股票市場下市，才又重新創造出同等的價值。僅僅是改善少數幾家企業的財務管理，便可創造出如此龐大的價值。簡森認為，這項價值原先之所以無法釋放出來，是因為「上市企業的核心缺點，也就是股東與經理人之間對企業資源的掌握和使用發生衝突」。[19]

這項預估數字足以呼籲各界採取行動、改進企業董事會表現。簡森的發現顯示，改造董事會，讓企業確實依據股東的最佳利益來

經營，可以創造驚人的收穫。

　　無數研究確認了這個道理。舉例來說，麥肯錫管理顧問公司（McKinsey & Company）發現，持有美國企業股票的基金經理人表示，相較於管理不佳的企業，他們會願意多付14%的價格購買管理良好的企業的股票。美國企業的整體價值大約是15兆美元，因此如果我們能讓其中排名後50%的公司股價上漲14%，便會增加超過1兆美元的價值。[20] 不管在哪個國家，這項數字都十分驚人。在英國，投資人願意支付的溢價是12%。義大利的數字是16%，日本是21%，巴西則是24%。

3兆美元的差異

　　當然，投資人不太可能因為投資「管理良好」的企業就自動賺進更多錢，即使是投資「獲利良好」的企業，也不一定能賺錢。股市可不是笨蛋。管理良好的企業的股價，會高於管理欠佳的公司的股價。但根據學術界與產業的研究——其中四項最重要的研究出自密西根大學（University of Michigan）、史丹佛大學（Stanford University）、麥肯錫管理顧問公司及德意志銀行（Deutsche Bank），如果基金公司在市場中扮演行動主義者的角色，可以提升自己的投資價值。[21] 英國的赫米斯基金公司（Hermes）所管理的創新的股東監督基金，不僅替投資人創造出超額的獲利，還為該公司投資的企業增添了數十億美元的價值。[22] 這些利益可直接嘉惠這些企業本身。如果企業透過更完善的治理監督，回應對企業營運保持警戒的股東，便可降低本身的資金成本。

　　更有研究證明，股東行動主義和更完善的企業治理，可大幅提升國家的經濟成長。反之，企業監督不良的國家會流失財富與工作。根據澳紐銀行（ANZ Bank）的計算，光是1998年，企業監督

不良就讓紐西蘭的企業股東損失了相當於國民生產毛額7%的價值。[23]

我們現在計算一些預估數字。如果股市改變對某些管理欠佳的企業的看法,並對這些企業的股價重新評價,這些公司的股價可能上漲10%。就全球的角度來看,這樣的價值可能高達3兆美元。換言之,如果我們看到企業董事會進行一次大刀闊斧的改革,真正以股東的利益為優先考量,那麼全球的經濟將可創造3兆美元的價值。平均而言,全世界六十四億男女老少每人可以獲得500美元,更不用提其他非財務益處。[24]

但是,這筆上兆美元的差額只是公民經濟的效益之一。早期的研究顯示,長期而言,以股東利益為優先考量的企業,會比以經理人或大股東的特殊利益為考量的企業創造出更多就業機會。麥肯錫管理顧問公司預估,如果一個國家的企業將營運目標放在追求股東價值,該國的失業率可以降低2%。[25] 或者說,從相反的角度來看。經濟政策研究院(Economic Policy Institute)在2005年公布,光是美國的「工作赤字」就高達三百二十萬份工作。換言之,在相同的經濟循環階段中原本應該創造這麼多工作機會,但實際上並未出現。[26] 一項新的研究認為,主要的原因之一是作假帳,而這正是造成安隆垮台,迫使美國十分之一的企業重編財報的罪魁禍首。加上2001年至2002年間,剛愎自用的企業間接裁員,損失了近六十萬份工作,這樣大家就可以了解,當企業股東未能或是無法表現得像是企業的所有人時,會對就業市場帶來什麼樣的懲罰。[27]

愈來愈多觀察家意識到公民所有權普及現象所代表的意涵。詹姆斯・豪利(James Hawley)和安德魯・威廉斯(Andrew Williams)主張,規模龐大的退休基金就像「大眾股東」,他們對整體經濟的關心必然不下於對自己的投資的關心。[28] 這些人了解箇中道理。在我們現今生活的經濟體系中,每個人都具有多重身分:工作者、

事業主、消費者、利益團體、政府官員、競爭對手、供應商。這些人過去的關係是單一且線性的，而今天大家的關係環環相扣。我們有了新的責任迴路，而此一迴路的起點與終點都是投資人—退休金受益人—員工—消費者—公民。

新世代資本家的責任迴路

　　這正是本書第一篇關注的焦點。許多管理大師發表過足以堆滿好幾所圖書館的著作，說明這樣的企業內部責任——每位員工向某人報告自己的工作績效——可以讓企業變得有效率。但是這些大師們避開了一個關鍵問題：股票上市公司的**董事會**要向誰報告？在董事會和股東如同裝飾品一般的年代裡，這項議題幾乎無關緊要。但在新世代資本家覺醒的年代，真正的責任路線正逐漸形成，將會影響整體企業界。

　　圖1-1說明了這些責任路線的關係。企業高階主管向董事會報告，後者向代表股東的基金經理人報告，這些經理人通常受雇於退休金受託管理人或其他基金管理機構。接著，這些決策者要對員工的財務狀態負責，因為他們要替這些員工的退休金及其他儲蓄進行投資。

　　因此，整體來看，股票上市公司的員工在這個責任迴路中向上對股東報告，這些股東包括員工、退休人員和員工的家屬，以及供應商、競爭對手與客戶。企業得到誘因，必須有效地將每個人複雜的長期利益提升至最大。

　　許多企業的資深高階主管了解，公民投資人的崛起，使得各界重新將焦點集中在企業責任上。但如圖1-1所示，重點不是只有企業責任而已，還包括投資機構的責任，以及他們如何扮演好自己的角色，監督那些他們代表我們去投資的公司。當圖1-1中的責任迴

圖1-1　責任迴路

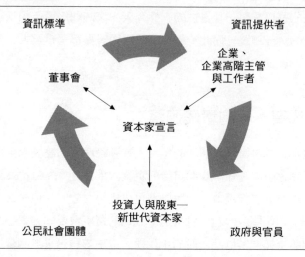

路的每一環節都運作順暢時，結果就會出現我們所謂的**公民經濟**。讓我們說明何謂公民經濟。

　　新世代資本家的普及與覺醒，逐漸創造出許多鮮為人知的創新作法，包括法規、假設及行為上的改變。這些創新作法使得股票市場「體制化」。也就是說，他們已經替企業界建立一套責任標準。儘管有些是自願的，有些是強制的；有些是明顯的，有些是不成文的，但這些架構重新界定了董事會的角色，讓企業的營運更透明化，並賦予股東權力，徹底整頓董事的任命制度。他們也設法改變相關法規，避免引導事情發展為特定的結果，而是強化責任迴路中脆弱的環節，讓市場參與者朝向更有責任感的方向前進。

　　我們現在可以看到，反映公民社會的公民經濟正在萌芽。就政治面來看，公民社會靠的是民主制度、權力分立與保障個人自由。如果處理得當，這些基石可以嘉惠社會中的大多數人民，促進社會的進步和凝聚力。市場體制化意味著，經濟層面也浮現類似的架

構，也就是可以增加工作機會及促進公平繁榮的架構。

　　公民經濟並不是獨特的發明，而是一種參考架構，讓我們把在全球商業界湧現的個別發展連結起來。如果將這些轉變解釋為普遍的現象，便可進一步了解當前的情勢如何，我們如何從中受惠，以及如果願意的話，我們如何貢獻一己之力。

　　在公民社會裡，由政黨成立合乎憲法且負責任的政治機構、獨立的司法制度、自由的媒體、公正無私的法律、市民團體，以及積極參與的公民，這是民主制度的核心支持力量。在公民經濟中的類似架構是：合法且負責任的企業、在背後支持的積極股東與負責任的股東代表、獨立的監督機制、具公信力的評量標準與參與市場的社區組織（參見圖1-2）。當這些代理單位動員起來，進而改變商業的基礎建設和規則，也就是商界的不成文規定時，改變就會出現。

　　公民經濟所體現的全球市場理想為：對投資人負責的法人投資機構透過負責任的管理，迫使企業朝向永續經營的方向前進。

　　我們認為，透過責任迴路這項工具，也就是公民投資人不斷發揮自己的影響力，市場就可能轉型成為公民經濟的型態。我們會在第一篇指出這個迴路的主要環節。但我們也認為，正因為**新世代資本家生態系統**（new capitalist ecosystem）讓責任迴路有效維持運作，責任擔當的概念才得以慢慢成熟。這是第二篇的探討重點。現在，讓我們總結本書的探討方向。

　　企業與高階主管：從非公民經濟到資本家宣言。在第二章中，我們會從責任迴路中最明顯的環節檢視公民經濟：企業。這場股東革命對企業的營運方式有何意義？在傳統的經濟中，企業的高階主管對股東往往只是口頭應付，或是認定投資人只是想獲得最大的短期獲利。但是今天的執行長面對的是不同的要求。新世代資本家股東不再沉默不語；更多股東正在發揮新的影響力，迫使企業創造績

圖1-2　公民社會與公民經濟中相關機構比較

公民社會	公民經濟

負責任的政府
- 憲法
- 選舉
- 權力的限制

負責任的企業
- 董事會章程
- 董事會選舉
- 高階主管的權力受限

資訊充分的選民
- 選民了解並能在選舉時從合理的政治方案中做出選擇

積極參與的股東
- 股東的受託人（如基金經理人）對其投資的企業有充分的了解與專業知識，且發揮適當的監督功能

獨立監督
- 自由的媒體、獨立的司法制度
- 獨立的統計數字、資訊自由

獨立監督
- 完全獨立的年度稽核，提供股東所需的資訊
- 透明、沒有衝突的表決諮詢服務與酬勞顧問服務

具公信力的評量標準
- 相關且獨立的統計數字及其他評量績效的方式

具公信力的評量標準
- 相關且獨立的統計數字及其他評量績效的方式

公民社會組織
- 在法律限定下可自由從事運動，以改變政府政策
- 必須接受其他人針對任何上述行動進行背景及動機檢視的權利

公民經濟組織
- 在法律限定下可自由從事運動，以改變公司政策
- 必須接受其他人針對任何上述行動進行背景及動機檢視的權利

效。既然如此，「公民經濟中的企業」如何調適？企業經理人該怎麼做？

　　為了回答這些問題，讓我們回溯歷史，在預測未來的方向之前，先詳細探討過去走過的路。在我們思考20世紀的全球政治與經濟時，企業角色和活動是非常重要的環節。但是企業所有權的轉變，徹底改變了我們的思維。在第三章，我們會透過**資本家宣言**（capitalist manifesto）概述新世代股東的需求，並說明高階主管可以善加運用哪些策略。第三章一開始我們便承認，所有企業必須努力創造獲利，但同樣重要的是，第三章定義了在有擔當的公民經濟中獲利代表的意義：把資金投資在獲利高於其他資金運用方式的計畫。如果無法找到這類投資計畫，企業必須將多餘的資金歸還給股東。利用投資資本創造超額資金，是企業的主要目的。如果我們忘記這一點，便會破壞整個股票儲蓄與投資體系。

　　但對企業來說，以整體社會作為代價來創造獲利，不再具有策略意義。這項宣言並非出於某些利他理念的結果，而是因為這場股東革命所造成的思維革命。古典經濟學家以**外部效應**（externality）這個名詞，表示某項交易對第三方造成的成本。舉例來說，一家燒煤的電力公司刪減污染控制裝置，或許可以因為減少資本支出，提升下一季的獲利。傳統上，政府官員會透過立法，排除有害的外部效應；他們會對污染處以罰款。可以預見的是，企業會反對這些法規，因為他們可以把成本推給外部人，替自己節省現金。

　　但是新世代資本家採用的是集體投資工具，同時投資多家企業；因此他們沒有興趣看到一家公司採取不當的行為、提升短期獲利，結果卻威脅到整個經濟體系。

　　簡言之，傳統經濟可接受的企業經營風格，今日可能傷害到將資金交付大型基金的公民儲蓄人的利益。相形之下，在公民經濟中，企業經營講求的是追尋長遠的獲利，因為這些作法符合新世代

資本家股東的利益，進而可以逐步提升股票的價值，降低企業的資金成本。

法人投資機構：動員所有權。在公民社會中，我們說的是選民；在公民經濟中，我們討論的是股東。法人投資機構是行動主義網路的骨幹。想想美國的加州公教人員退休體系、加拿大的安大略教師協會、歐洲的赫米斯基金、日本的Sparx、澳洲的ARIA、巴西的Dynamo，以及投資許多新興市場的坦伯頓集團（Templeton）。這些法人投資機構代表他們的投資會員，他們的投資風格強調的是股東行動主義。從這個角度來看，他們代表的是與傳統投資截然不同的作法；傳統投資鼓勵持股人將自己對某公司的投資視為「可買賣的證券」，而不是一小部分擁有權利與義務的股權。連投資術語——**持股人**相對於**股東**——也是模稜兩可。如果被投資的企業表現欠佳，持股人會出脫持股（我們在本書中用的是*shareowner*，因為這種說法比較能反映出現代基金經理人的適當行為）。

當然，許多財務管理公司依然受到傳統投資方法束縛。舉例來說，管理基金時，並沒有特別重視自己身為數百萬儲蓄人的受託者這個角色。他們的行事作風不夠透明，未能透露他們與企業經營團隊交涉的情形，或是說明他們是否盡責地爭取股東利益。退休基金計畫、共同基金或單位基金的利益或許有衝突，因此不去挑戰自己有持股但行為不當的企業。舉例來說，如果一檔共同基金希望與被投資公司的執行長進行交易，該基金就不會投票反對該經營團隊的決定。尤有甚者，共同基金與避險基金等財務管理公司經常（雖然並非總是）是依據短期績效進行評量及推銷，因此他們和企業一樣，都面臨了類似的短期壓力。我們會在第四章探討這些障礙。

接著，我們要說明法人投資機構如何透過市場創新、來自公民投資人的壓力、自發行為準則與相關的法規，變得更有擔當，從而

扮演積極主動的股東角色。

董事會：新的責任擔當。第五章，也就是責任迴路中的最後一站，將透過董事會大門回到企業。直到最近一、二十年之前，各界很少思考企業董事的角色與責任。我們會詳細說明某些後果：麻木不仁或遭到收買的董事會如何辜負公民投資人的期望。不過，新世代資本家卻將董事會視為確保企業努力追求長期營運績效的首要途徑。這樣的動態關係改善了投資人與代表投資人採取行動的代理人雙方之間的關係，進一步促成公民經濟的形成。

新世代資本家生態系統

在第三章，我們會指出潛伏在傳統經濟中的障礙，說明這些障礙如何消退，使得公民投資人得以迫使企業做出改變。

電力迴路必須借助外在的催化力量才能運作。在家庭的電路中，這樣的外在力量來自當地電力公司的電力。在責任擔當的迴路中，這樣的外在催化力量指的是，組成公民經濟生態系統的許多資訊服務與壓力。在傳統的經濟中，監督單位和會計標準原本應該替投資人服務，卻很少發揮這樣的功能。公民團體大多忽略資本，而將焦點放在政府身上，以便達到他們的社會目的。今日，這個生態系統經歷了一場寧靜革命，所有相關人士開始將焦點集中在市場裡新世代資本家的動態。

監督市場：資訊大師。在公民社會中，我們寄望自由媒體的監督與獨立的司法制度，以對抗專制統治。公民投資人也仰賴許多監督機制，讓企業的行為透明化。畢竟，不止一位經濟學家注意到，資訊是決定市場能否有效運作的關鍵因素。但如同我們在第六章中會提到的，長久以來的利益衝突限制了傳統「資訊大師」的價值，

例如原本應該公平監督市場的投資分析師、稽核人員、顧問、信評機構與媒體。

　　隨著公民經濟的形成，這樣的情形在改變當中。上述資訊大師正在轉變：從服務企業經理人，轉而服務新世代資本家。傳統的資本市場媒介已經有所回應，開始嚴密監督企業的董事會與經理人。因此，企業信評機構現在設有企業治理監督人員，負責評估企業的治理風險。招募高階主管的人力仲介公司也宣稱，他們訂定了企業治理的措施。從洛杉磯到約翰尼斯堡，法律事務所也開始提供企業治理服務。

　　接著出現一種新型態的專業服務，提供企業治理分析的付費服務。這些公司就是股東的耳目，股東需要這樣的服務，但之前從未擁有。這些服務跨足全球各地。[29] 還有更多公司深入探究企業在社會責任或環保方面的表現。

　　有史以來頭一次，這些新公民經濟的監督單位賦予投資組合的經理人相關能力，讓他們在決定買賣股票時得以定義「投資等級治理」，也就是評量企業是否符合新世代資本家的利益。企業現在能夠根據母國市場或全球其他市場的同業表現，評量自己在企業責任方面的表現。

　　會計標準：掙脫魯卡修士的盒子。公民社會仰賴與選民關切的議題相關的資訊，幫助選民評估事情的進展，如此一來，公民便可以要求掌權者負起責任。有關犯罪、生產力、工作與住屋的公開數據，可以讓公民透過有效的方法，針對政策的優劣進行辯論。

　　在股東的生態系統中，會計與其他準則約略等同於法律的評估標準。這些規則最早在五百年前由聖方濟修士魯卡・巴托洛米歐・皮西歐里（Luca Bartolomeo Pacioli）提出，引導高階主管和會計師如何管理與評量企業，以及管理與評量的內容為何。但這些規則是

否能反映當今的新世代資本家及其代理人的看法和需求？我們會在第七章中重新說明，由於公民投資人需要不同的標準以評估企業的績效，傳統的評估作法不適用於當今的年代。我們會詳細說明目前有哪些新的標準正引進市場，以及這些標準如何改變投資人與企業執行長的行為。

依據公民經濟標準製作的財報，讓我們有機會正確評量企業創造股東價值的成效。當企業根據這些標準公布財務資料時，股價會反映企業管理有形與無形資產，以及長短期、固定與流動負債的能力，可以精確到小數點以下第二位的數字，或是只能提出猜測數字。新公民經濟會計標準的目的，不僅是要幫助股票市場正確評價某企業的股價，同時也讓企業高階主管更有效管理公司的資產，使公民投資人在企業無法管理好資產時，能夠即時採取補救行動。

非政府組織與資本：公民社會遇見公民經濟。公民社會的成功部分取決於非政府組織的蓬勃發展與影響力，並在法律許可下推動改革，這裡指的非政府組織包括政黨、宗教組織、貿易工會、大型企業、鼓吹團體或學術界。

同樣地，公民經濟的崛起，部分也取決於社區團體的參與，這是第八章的討論重點。有些團體是新成立的組織；其他則是歷史悠久的公民社會實體，他們改變自己的策略，以配合股東資本所要求的發展方向。當然，有些傳統組織依然迴避市場，墨守成規，只從政治面尋求解決辦法。其他組織，例如日本的總會屋（sokaiya）幫派，則是採取暴力的抗議手段或訴諸武力，達到不正當的目的，因此完全置身於公民經濟之外。但是有更多非政府組織了解，公民投資人的資金以和平的方式所展現的潛力。他們正在開創新的道路。

結論：新世代資本家的目標

從達爾文主義的觀點來看，傳統經濟的資本市場架構最嚴重的缺點是股東逆來順受、監督機制權力不足互相衝突、公民團體付之闕如，以及會計標準不當，這些必定導致企業短視近利、追逐股價表現，而不是追求可長可久的成長。可以理解的是，如此錯誤的經濟環境所創造出的許多企業不當行徑，必然引發社會大眾對全球化的憎恨。

相形之下，當公民股東表現得主動積極、監督機制避免衝突發生、績效評量標準可以幫助企業經理人和投資人正確評量真正驅動價值的因素、公民社會團體成為市場中具建設性的力量時，自然會演化出新型態的企業。這種公民經濟所孕育出的企業，懂得如何在講求責任的架構下經營企業。如果各位想找出早期的跡象，說明這項作法何以能成功，請看看消費者和投資人對全球最大型跨國企業所施加的強大壓力，他們已說服英國石油、耐吉與奇異電器等企業積極採行重視社會責任的管理方式，即使這些作法或許不夠完善也沒關係。

來自不同市場的證據顯示，責任迴路已成為一項事實。某些股東長期積極參與的企業會引進更開明的監督措施，這些企業也比較可能創造更高的報酬率，進而吸引更長期、更忠誠的投資人。同時以較低的成本取得資金，因此比競爭對手更具優勢。簡言之，所有相關人員負起責任，正是創造長遠價值的最關鍵因素之一。這樣的責任擔當便是我們所謂的公民經濟的核心所在。

但在全球的上市公司中，只有極少部分公司具備我們所謂的公民經濟企業的特色：專業且獨立的董事會，強調資訊透明的企業文化，以及懂得從企業責任管理中發現並取得價值的高階主管。

基於這項因素，我們要在第九章中針對董事、高階主管、股

東、資訊掮客和公民遊說行動，提出一套行動守則。畢竟，新世代
資本家所策畫的這場革命，只不過是市場參與者可能掌握或失去的
一次機會而已。我們提出這些建議的目的，是要讓每個人有最好的
機會，可以隨著公民經濟的成長獲得最大的收穫。

　　我們也會針對政府的政策制定者提出詳細的議程。在創造鼓勵
商業責任的環境時，法規制定者和政府官員扮演不可或缺的角色。
他們的目標應該是清除責任迴路中的障礙，而不是事先決定結果。
他們可以授權基金代表公民投資人扮演積極的角色，同時提供新世
代公民資本家適當且具可信度的資訊，要求基金公司負起責任。

　　基於新世代資本家所繼承的影響力，公共與民間部門的政策制
定者紛紛了解，新興的公民經濟代表的是一條邁向全球「市場體制
化」的審慎途徑。在這樣的市場中，法人投資機構可以督促企業負
起責任，迫使大型上市公司追求更廣泛、更長久的經濟繁榮。」

註釋：

1. 截至2006年2月之市值與持股統計數字。

2. *Pensions & Investments*, January 26, 2004.

3. James P. Hawley and Andrew T. Williams, *The Rise of Fiduciary Capitalism* (Philadelphia: University of Pennsylvania Press, 2000); Chris Mallin, "Shareholders and the Modern Corporation" (paper presented at the Corporate Governance in Practice conference, London, April 19, 1999); The Conference Board, *Institutional Investment Report: Turnover, Investment Strategies, and Ownership Patterns* (The Conference Board: New York, November 2000); Fabrizio Barca and Marco Becht, eds., *The Control of Corporate Europe* (Oxford: Oxford University Press, 2001).

4. John C. Bogle, *The Battle for the Soul of Capitalism* (New Haven: Yale University Press, 2005), 74.

5. The Conference Board, *Institutional Investment Report 2005: U.S. and International Trends* (The Conference Board: NewYork, 2005).

6. Office of National Statistics (UK), share ownership 2004, www.statistics.gov.uk/.

7. See Nell Minow and Robert A. G. Monks, *Watching the Watchers: Corporate Gover-*

nance for the 21st Century (Oxford: Blackwell Publishers, 1996).

8. Peter F. Drucker, *The Unseen Revolution: How Pension Fund Socialism Came to America* (New York: Harper & Row, 1976).

9. *Second Report of the Pensions Commission* (London: HMSO, 2005), 51.

10. *Federal Reserve Bulletin* (January 2000) and *Investor's Business Daily* (September 13, 2000).

11. 財富差距頗大，但或許並不像某些統計數字所顯示的一般。許多統計方式所衡量的財富，代表的是經濟學家所謂的「可交易財富」（marketable wealth），意指個人可隨意花用之投資或現金。這項數字通常不包括退休金福利。在加計退休儲蓄之後，財富的分布情形似乎更為分散。由於許多人通常是透過退休金福利持有企業的股票，因此若只看有關財富的統計數字，就無法真正了解大眾持股的情形。

12. Marco Becht and Cohn Mayer, "Introduction," in *The Control of Corporate Europe*, eds. Fabrizio Barca and Marco Becht (New York: Oxford University Press Inc., 2001), 32.

13. The Conference Board, "U.S. Institutional Investors Boost Control of US Equity Market Assets," press release, October 10, 2005.

14. OECD data, quoted in RBC Financial Group, "Current Analysis," September 2003.

15. 法蘭克福，2/7/2006（International Market Directorate, European Commission）國際市場理事會歐洲分會企業治理小組負責人皮耶・戴爾索（Pierre Delsaux）於國際企業治理網路發表之演說。

16. Tokyo Stock Exchange, "2004 Share Ownership Survey," www.tse.or.jp/english/data/research/english2004.pdf.

17. *Pensions & Investments*, September 20, 2004.

18. The Conference Board, *Institutional Investment Report 2005*, 55.

19. Michael C. Jensen, "Eclipse of the Public Corporation," *Harvard Business Review*, September—October 1989, 61-74.

20. McKinsey & Company, "Global Investor Opinion Survey on Corporate Governance" (London: 2002).

21. 探討企業治理與績效兩者關係的文獻相當豐富。儘管這類研究的結論相當不一致，但是證據明顯指出，治理績效優良的企業通常股價表現出色。最有力的案例包括：(1) Art Durnev and E. Han Kim, "To Steal or Not to Steal: Firm Attributes, Legal Environment, and Valuation"（向2003年9月22日在美國加州聖地牙哥舉行之第十四屆財務經濟與會計年會〔FEA〕投稿之論文），http://ssrn.com/abstract=391132。Durnev與Kim兩人表示，「股價與企業治理兩者之間存在正向關係，」尤其是在本國法規與法律基礎脆弱的地區。如果某公司的企業治理得分增加10%，該公司的市值有可能增加13%以上。如果該公司的透明度同樣獲得改善，其市值的增幅可能超過16%。(2) Bernard S. Black, Hasung Jang and Woochan Kim, "Does Corpo-

rate Governance Predict Firms' Market Values? Evidence from Korea," *Journal of Law, Economics, and Organization 22*, no. 2 (Fall 2006) http://ssrn.com/abstract=311275。該文作者發現，大幅改革企業治理的企業，其市值可以飆升96%。即使董事會做法與透明度僅有微幅改善，該公司的市值依然可以提升13%。該篇論文提出的證據「顯示在新興市場中，整體治理指數與高股價兩者之間存在有因果關係。」(3)麥肯錫公司（McKinsey & Company）（*Global Proxy Watch 6*, no. 30 [7/26/2006]）於2002年發現，治理績效較為出色的企業享有較高的股價淨值比（price-to-book ration），這代表了投資人的確言行一致，願意對最佳的治理做法付出較高的股價。研究預測，大幅改革的企業，其股價可以上揚12%。(4) Paul A. Gompers, Joy L. Ishii and Andrew Metrick, "Corporate Governance and Equity Prices," *Quarterly Journal of Economics 118*, no. 1 (Feb. 2003): 107-155，http://ssrn.com/abstract=278920。這項分析舉出，比較注重治理的企業享有「較高的價值、較高的獲利、較高的銷售成長率與較低的資本支出，也會進行較少的企業收購。」(5) 德意志銀行的 "Beyond the Numbers: UK Corporate Governance Revisited" (London: July 2005) 一文發現，在英國，「好的企業治理意味著較低的股票風險，進而應該可以反映出更高的評價倍數。」該行於2006年3月分析了亞太地區二百零三家企業，並在其更新後的報告中認定，企業的治理改革「動能」是影響其股價表現的關鍵因素。

22. 本書作者彼特—瓦森曾擔任赫米斯焦點資產管理公司執行長一職，直到2006年為止。

23. Joseph Healy, "Corporate Governance and Shareholder Value," ANZ Investment Bank study (Auckland, March 24, 2000); and Joseph Healy, "The Shareholder Value Performance of Corporate New Zealand," ANZ Investment Bank study, (Aukland, February 24, 2000).

24. 數據係根據針對2004年全球股市市值為3兆美元這項保守預估而來。雖然大部份針對企業治理的研究都與股票持股有關，不過近期的研究指出，出色的企業治理績效也有助於降低舉債成本。舉例來說，Hollis Ashbaugh-Skaife and Ryan LaFond, "Firms' Corporate Governance and the Cost of Debt: An Analysis of U. S. Firms' GMI Ratings," April 2006, http://www.gsm.ucdavis.edu/faculty/Conferences/Hollis.pdf. 我們並未在本書的分析中考慮到降低舉債成本的效應，但這項效應的影響程度，有可能是只考慮到股票的預估益處的數倍之多。

25. Jacques Bughin and Thomas E. Copeland, "The Virtuous Cycle of Shareholder Value Creation," *The McKinsey Quarterly*, no. 2 (1997), 156.

26. *New York Times*, September 11, 2005.

27. Simi Kedia and Thomas Philippon, "The Economics of Fraudulent Accounting," working paper 11573, National Bureau of Economic Research, Cambridge, MA, August 2005.

28. James P. Hawley and Andrew T. Williams, *The Rise of Fiduciary Capitalism: How Institutional Investors Can Make America More Democratic* (Philadelphia: University of Pennsylvania Press, 2000).

29. 光是在歐洲便有 Association of British Insurers、Deminor、European Corporate Governance Service、Pensions and Investment Research Consultants、Manifest與 RREV等組織（這些只是其中一部分）。在位居全球資本市場龍頭的美國則有 Corporate Library、GovernanceMetrics International (GMI)、Institutional Shareholder Services、Egan Jones、Proxy Governance 以及 Glass Lewis 等機構在相互競爭。澳洲有 Corporate Governance International與 Proxy Australia，南韓有 Center for Good Corporate Governance與 Korea Corporate Governance Service，巴西則有 LCV。

2 企業的過去：

非公民經濟

　　為了爭奪經濟力量掌控權，世界曾一度瀕臨核戰邊緣。共產世界與自由市場國家之間的冷戰，已被當今新的風險分水嶺取代，這一次交手的雙方是公民與跨國企業。但新世代資本家正在架設舞台，準備以不同的角度思考企業。

　　與莫斯科海軍指揮中心之間的溝通被切斷，蘇聯B-59潛艇裡的高溫和稀薄空氣，讓艦長有點暈眩。深水炸彈的攻擊正在逼近，撼動他這艘沉靜的船艦。在B-59潛艦上方航行的美國戰艦似乎決心迫使B-59浮出水面。這顯然不是軍事演習。但是這位蘇聯艦長無法取得上級的命令，甚至無法了解當時的狀況如何。這件事發生在1962年10月的古巴外海。為了莫斯科是否會在古巴部署核子飛彈，並將發射方位設定在美國南方的城市，美、蘇兩大強權僵持不下。「戰爭或許已經開始了。」B-59的艦長向其他軍官宣布。美國海軍不知道蘇聯這艘祕密的海中彈藥庫配備有核子飛彈。蘇聯的艦長下令武裝一枚飛彈，準備發射。「我們要把美國打爛，」他誓言道：「我們會陣亡，但是我們會讓他們全部葬身海底。」[1]

　　當然了，這位艦長最後並未發射飛彈，古巴飛彈危機和平落幕。可是，萬一他真的發射飛彈，將引發全球的核彈浩劫，使得數千萬人因為直接的爆炸、隨後引發的海嘯，或遭到致命輻射污染而喪命。在爭奪經濟勢力的角力戰中，情況可能變得十分慘重。

　　在歷史上的這一天，美、蘇兩大強權在狀況不明的古巴外海差點開戰，主要的原因是雙方對於應該如何持有及掌控資本的觀念南轅北轍。蘇聯鼓吹廢除私有資產。共產主義的信念是，唯有透過共有或國有生產方式和工具，才能達到人類的平等及發展。如同卡爾‧馬克思（Karl Marx）在《共產黨宣言》（*The Communist Manifesto*）中所言，「共產主義的理論或許可以用一句話概括說明：廢除私有財產。」[2] 另一方面，美國卻相信，個人擁有及掌控資本的能力是基本的公民權。如果這項權利遭到侵犯，其他的自由很快也

會隨之喪失。在蘇聯潛艦對是否要按下發射鈕而猶豫不決的前二十一個月，甘迺迪總統（John F. Kennedy）在就職演說中說明了這項議題所涉及的代價。美國不惜「付出任何代價、負起所有責任、迎接任何挑戰、支持任何友邦、反對任何敵國，以確保並維護自由」。[3] 在古巴飛彈危機期間，這樣的代價差點成為事實，而且必須由全體人類共同承擔。

綜觀歷史，經濟勢力所引發的衝突，一直都是嚴重破壞環境穩定的因素。今天，有些人認為這樣的衝突已經結束。然而，大家對於全球化自由企業的信心卻不足。在21世紀初期的現在，我們正見證新的衝突。衝突的一方是新世代公民資本家，這些擁有企業的公民投資人發現，很難讓這些企業負起責任。另一方則是有權有勢的體制，因為缺乏擔當而從中受惠。

我們認為還有第三種途徑存在：一場企業所有權的革命，正悄悄地為強調企業責任、有能力贏得社會信任的新資本主義奠定基礎。企業高階主管、政治領袖與勞動階級的未來，全都取決於這樣的結果。如果公民與企業之間的衝突加劇，可能導致社會動盪不安及經濟發展停滯，最後的代價便是工作的流失和收入的減少、更多人陷入貧窮、環境遭到破壞、商業活動大幅刪減。

縫針與貧窮

冷戰早已成為歷史。然而，冷戰的態度依然影響許多經濟學家的想法及企業的營運方式。這一點並不令人意外。經營團隊無視整體股東利益的文化由來已久，企業一直在避免做出改變，直到最近才有了改變。但許多人不知道的是，這些老舊的企業管理方式，與冷戰本身一樣過時。無法快速將自己的公司從「非公民經濟」中脫身的高階主管會發現，自己的企業面臨的風險遠遠高於由有能力的

高階主管所帶領的企業。

　　我們從哪裡了解企業營運的模型？為了回答這個問題，我們要回溯到工業時代的開端，也就是1770年左右。

　　工業革命重新恢復了社會的秩序，由於其所產生的效應非常深遠，許多歷史學家因此主張，這些效應「徹底超越」之前一千年所有其他社會變遷的效應。[4] 當時的思想家努力理解這項改變、預測其後果，並針對如何改進後果提出建言。這些人的腦力激盪，奠定了我們思考當今商業世界的方式。

　　這些18世紀的思考家中，有一位正是蘇格蘭格拉斯哥大學（Glasgow University）的知名教授亞當‧史密斯（Adam Smith）。雖然史密斯是有史以來最傑出的經濟學家之一，他在學校教授的卻不是經濟學，而是道德哲學。這一點部分反映出史密斯廣泛的興趣（例如他強烈贊成美國獨立）。這也反映出一項事實：在史密斯之前的幾個世紀，與金錢有關的事一直被視為道德問題。舉例來說，在中古時期，任何人對於出售物品和服務所能收取的適當價格，屬於「公義」問題。[5]

　　史密斯說明了，拜勞動力分工之賜，工廠的生產力如何達到歷史高峰。在《國富論》（The Wealth of Nations）中，他提到一家雇用十名員工的製針工廠，這個例子眾所皆知。如果每名員工負責一項專門的任務，整座工廠一天可以生產四萬八千枚縫針。如果每名員工像以前一樣獨立作業，「他們每個人絕對無法一天生產二十枚針，甚至連一枚針也做不出來。」[6] 他因此認定，人類世界已經進入全新的紀元。市場對任何商品的需求愈大，製造業者需要分工的範圍就愈廣泛。分工愈精密，生產力和財富的增加幅度就愈大。

　　史密斯還提出第二項劃時代的遠見：商品沒有「正確」的價格；價格會取決於供需定律。市場中的公開競爭會自動讓供需趨近平衡，確保價格反映製造成本。史密斯將這種競爭效應稱為「看不

見的手」。對史密斯來說，尤其是對他的信徒來說，經濟學後來變得比較不具哲學性，反而屬於涉及供需的實務議題。

史密斯去世五十年後，他對生產力的預言成真了，而且結果驚人。在他的家鄉格拉斯哥，商人因為交易紡織品、菸草及其他商品而致富。但是大多數公民，甚至是那些每天工作的勞工，依然一貧如洗，生活在愈趨擁擠的骯髒貧民窟中；愈來愈多貧民窟出現在剝削勞力分工利益的大工廠旁邊。許多格拉斯哥的商人對自己的行動所造成的後果完全無動於衷。甚至有商人試圖（但並未成功）壟斷奴隸市場。我們只能想像，這些行動讓多少人受苦受難。[7]

對某些人來說，勞動階級的悲慘生活是供需的結果，甚至這些貧民窟本身也是如此。批評者認為，貧苦的勞動階級之所以如此悲慘，完全是因為窮人太多。除非政府努力控制生育率或鼓勵民眾移民到北美殖民地，否則平民大眾將會繼續沉淪下去。在此同時，有關當局迫切需要掌控情勢，以免爆發叛亂。

勞工守則

下面是導致今日各界對企業使命意見分歧的起源。有些人認定，勞工之所以貧窮，原因在於工業大師們將勞工勞力的成果據為己有。共產主義分子會解釋說，在土地是財富來源的中古時期，貴族掌控資產並運用權勢奴役勞動人民。現在，資本是主要的財富來源。「資本家」掌控經濟和政治勢力的控制權，剝削勞動階級。

共產主義和社會主義分子認為，唯一的解決辦法是讓勞工掌控生產資本。社會主義認為，可以透過進步完成這項目標。共產主義分子認為，可以透過革命達成目的。但對兩者來說，擁有資產是創造公平與公義社會的關鍵因素，可以讓所有人平等地享有尊嚴和自由，並過著群居的生活。

1907年，英國勞工黨創黨人克爾・哈第（Keir Hardie）以堅決的語氣宣布這項目標：

> 隨著時代的推進，自由的界線一直擴大。一千年前的奴隸所享有的權利不會比他負責照顧的豬還多，而他現在已經從奴工的身分，努力向上提升成為公民。從法律的觀點來看，現代的工人在理論上和其他所有階級一樣平等。選舉時，他的選票與聘用他的百萬富翁具有同等的分量；他與最高貴的貴族一樣，可以在任何時間，以任何方式，自由禮神敬拜……但是他的任務尚未完成；長久以來一直存在的鬥爭尚未結束。還有一場戰鬥要打……他尚未取得財富，贏得經濟自主權。當他成為資產的主宰，而不受制於資產之後，才算真正擊敗所有敵人。[8]

「極端不公平」

社會主義和共產主義比較難在美國找到信徒。原因或許是美國長久以來一直鼓勵小型農場和企業，這是基於美國人民對國家勢力存疑的傳統，以及憲法明文規定保護資產的結果。激進政客偏好的作法不是將大型新興企業國有化，而是打破似乎在破壞市場力量的托拉斯和壟斷事業，同時延伸工會的權力以保障勞工權益。

但即使是在美國，針對企業權力的政治辯論也十分激烈。1930年代，當小羅斯福總統（Franklin D. Roosevelt）針對「受到輿論譴責的厚顏無恥的兌錢機」，向數百萬失業人民發表演說時，他心裡想的是一小撮累積巨額財富的精英分子。[9] 在此之前十年，小羅斯福總統已經明確提到「極端不公平」的年代：

> 採煤和運煤公司可以輕易解雇任何一名礦工。但相對地，礦工無法解除公司。他需要一份工作；如果他沒有工作，他的

妻小就得挨餓。礦工所能出售的東西只有他的勞力，但這是會過期、會消失的商品。今天的勞力如果沒有出售的話，會永遠消失無蹤。尤有甚者，不同於大多數商品，他的勞力不僅是一種貨品，還是一個活生生的人的一部分。勞工了解，勞力問題不僅只是經濟問題，也是道德與人性的問題。[10]

到頭來，注定要讓這場關於資本掌控權的爭議明朗化的重大政治事件還是發生了，但地點並非歐洲或美洲，而是1917年布爾什維克掌權之後的俄國。幾年後，布爾什維克建立了蘇維埃社會主義共和國聯邦，這是根據廢除私有財產此一信念而建立的國家。他們宣稱，蘇聯終結了非公民經濟。

國家守則

在摧毀私有企業、試圖推翻自由經濟市場定律的過程中，共產主義分子對人性化生活及自由展現出無情的冷漠。蘇聯的法律規定個人不得擁有任何生產資本，因此不得進行任何商業活動。國家掌握所有生產決定。企業之間不得彼此「出售」產品，而是根據配額交付或接收物品。企業不能賺取獲利來供自己使用。由中央規畫人員，而不是史密斯的供需原理，負責規定哪些物品可以擺上貨架。

對勞工來說，轉換工作並不容易，主要是因為勞工需要申請許可，才能取得居住權。另一方面，你也不可能失業，因為企業沒有什麼誘因要降低勞工成本。因此，蘇聯掌控了勞工的流動，卻在生產力和人身自由兩項因素上付出極高的代價。

人民可以儲蓄。但與市場經濟不同的是，有錢無法讓你取得商品。中央規畫人員不太注意小事情。他們允許少數餐廳營業，但立法禁止其他像路邊小吃攤等店家。你不能購買房屋；如果你想租大

一點的房子或想買車，必須通過依據需要申請配給的官僚程序，不然就得動用關係。這樣一來就形成貪污文化，並進一步降低生產力，因為普遍的貪腐現象會「抑制」經濟成長。企業基本上是政府之下的部門，負責提供住屋、教育和交通，甚至替員工安排休假時的住宿需求。

　　簡言之，為回應不受限制但極端不公平的資本主義的非公民經濟，蘇聯建立了專制壓迫的非公民經濟。而這個非公民經濟也一度發揮了功效。結果證明，蘇聯共產黨可以有效地提供簡單物品，至少一開始時如此。全球有許多人認為，儘管蘇聯的模式存在許多缺點，卻可以有效挑戰西方的自由市場資本主義。然而，不久之後，蘇聯的模式便從內部開始崩塌。

道德真空

　　直到發生古巴飛彈危機之前，美、蘇兩大超級強權在資本控制權上的思想鴻溝，主導了全球政治的發展。諷刺的是，冷戰期間，共產主義和資本主義分子都謹守著一項基本信念：雙方都不認為商業與道德有太大關聯。

　　共產主義分子和社會主義分子所信奉的理念，將私有資產視為不道德、具壓迫性及剝削性的物品。另一方面，自由市場經濟學家認為資本主義「無關道德」。所有知名大學的經濟學教授，早已與史密斯當時任教的道德哲學分道揚鑣。專家們將經濟學，包括研究企業如何運作，訂定為「社會科學之后」，甚至是「沉悶的科學」，其中至少部分原因是，經濟學的理論模式不需涉及倫理道德或社會責任的討論。[11]

　　今日的企業高階主管真可憐，因為他們得面對相互衝突的需求。冷戰式管理的理論完全認定，生產的目的是要追求最大獲利。

然而，對於其中的關鍵問題：何謂獲利？如何透過最好的方式賺取獲利？往往沒有獲得解答。

事實上，1990年代時，由於冷戰結束及共產主義垮台，許多思想領袖開始擁抱「華盛頓共識」（Washington Consensus）：曾在20世紀將世界帶到核戰邊緣的企業所有權、資本和財務等重大經濟議題，現在已經獲得解決。自由市場經濟大獲全勝。現在，透過立法解禁、民營化及放手讓企業自行營運等方法而釋放出的市場力量，促使企業蓬勃發展。

當然，並非所有人都同意這種看法，但很少有人提出其他可行的替代方案。在1999年的反全球化示威運動中，一位抗議者手舉招牌，敦促在旁圍觀的人「摧毀全球資本主義，以更好的制度取代」。

「更好的制度」根本不能算是一種改革藍圖。但另一方面，這項訊息正確地掌握了大眾一致的看法。共產主義的非公民經濟的瓦解，不僅代表市場資本主義的勝利，真正繼承財務權力的是跨國企業，但這些組織並未贏得世人的信心。這不令人感到意外。冷戰的結束沒有促使大家徹底重新思考企業文化。起源於四個世紀前的企業已經變得缺乏擔當。

「對獲利的病態追逐」

請將目光移到西半球的南美洲，把焦點放到向南極延伸的阿根廷火地島（Tierra del Fuego）。令人難以想像的是，這片位於世界邊緣、波濤洶湧大海中的海峽，紀念著人類最早企圖掌控企業活動的壯舉。

勒梅爾海峽（Strait of Le Maire）紀念的是一位法蘭德斯商人兼投資人的雄心壯志。我們通常不會用大膽無畏這種說法，來形容21世紀的基金經理人。但四百年前的艾薩克‧勒梅爾（Isaac Le Maire）

正是這樣的寫照。他的對手是荷蘭東印度公司（East India Company，原文是Vereenigde Oos-Indische Compagnie，簡寫為VOC），這也是歷史上第一間股票上市的企業。該公司從超過一千名投資人手中，募集到645萬荷幣（guilder）。但是該公司的經理人作風冷酷無情，最後導致東印度公司步上後來安隆、世界通訊等公司的路。安於現狀的企業內部人士坐享優渥的福利，同時有系統地摧毀股東的價值。如同當時一些人所寫的，東印度公司的董事們「像蘑菇成長般」一夕致富。[12] 董事們對東印度公司的財務狀況保密。投資人對經營團隊的選任或企業政策的表決都無從置喙。董事會拒絕派發股利，不然就是以一袋袋荳蔻代替現金，作為股東股利。[13]

勒梅爾在此時登場，育有二十四名子女的勒梅爾是東印度公司最大的少數股權股東。由於對疲軟的報酬率感到不滿，1609年1月24日，他提出歷史上第一項股東異議提案。這位來自阿姆斯特丹的投資人斥責東印度公司經營團隊「荒謬又傲慢」，並宣稱該公司長期以來揮霍投資人資金的作法「形同專政」。光是勒梅爾使用的這些修辭，便開啟了一項意義非凡的傳統。四百年後，作者雅瑞安娜·哈芬頓（Arianna Huffington）以「飼料槽裡的豬」，來形容類似的董事會行為。[14] 新聞記者岡特·歐傑（Gunter Ogger）在一本德文暢銷書中使用的說法，則是「身穿細條紋襯衫的白痴」。[15] 對其他人來說，該受譴責的不是只有經營團隊的貪婪或無能而已。問題出在企業本身。根據加拿大教授喬·巴肯（Joel Bakan）的看法，企業組織的目標在於「病態地追逐獲利和權勢」。[16]

然而，東印度公司的高階主管對勒梅爾的抱怨無動於衷。因此，意志堅決的勒梅爾召集了一群投資人和投機客，透過大量賣出股票的方式，重挫東印度公司的股價，希望逼迫東印度公司的經營團隊讓步。

最後，荷蘭政府趕忙出手干預，對該公司讓步並限制投資人的權力，進而拯救了東印度公司的董事們。這次事件迫使東印度公司的董事會對股東做出象徵性的讓步。在一次不平和的妥協下，東印度公司承諾定期發放股利，同時為了讓公司股票得以交易，他們允許股東將持股賣給他人以取回自己的資金，也因而創造出世上第一家永久性的股票上市公司。但是，東印度公司的董事會同樣說服經營團隊設置了嚴格的防護措施，以免投資人未來再度發動攻擊。

東印度公司等待時機，要對勒梅爾展開反擊。受挫的勒梅爾變得更加固執，決心搗毀該公司。勒梅爾要打破通往印尼高獲利香料市場的交通路線被東印度公司壟斷的局面。1615年，他出資進行一次大膽的遠征行動，並指派他的兒子賈可布·勒梅爾（Jacob Le Maire）出任指揮，這項行動名為「尋金者」（Goldseekers）。他們在太平洋中找到一個尚未有人發現的海峽，就在受東印度公司壟斷管制的麥哲倫海峽南方兩百哩處。勒梅爾的船隻意氣風發地向前挺進到雅加達，船長滿腦子想的都是一個新商業帝國的光明前景。但東印度公司絕不允許這種情形發生。在勒梅爾的船進港三天之後，政府官員將全體船員關進大牢，扣押船隻。東印度公司斷然否認勒梅爾宣稱已經找到前往亞洲新途徑的說法，並將其子賈可布遣送回荷蘭。賈可布在返回荷蘭的漫長旅程中去世。東印度公司終於報復成功。

接下來的兩年間，怒不可遏的勒梅爾對東印度公司展開一場法律戰爭。勒梅爾出乎意料地贏得勝利。他取回自己的船隻，並爭取到以他家族的名稱，替賈可布在世界底端發現的海峽命名。東印度公司對這項挑戰不予理會，持續成長茁壯。

精巧與危險

　　企業的出現徹底改變了商業本質。但企業一開始的發展並非一帆風順。企業這種組織模式非常精巧，因為它可以從許多來源募集資金，讓企業得以永續經營，而投資人卻可以來來去去。然而，這種所有權與資本的分割處理，也引發了一些風險。

　　首先，經理人面臨重大誘惑，在採取行動時會以自己而非企業股東的最佳利益為考量。經濟學家將這種情形稱為「委託人─代理人問題」（principal-agent problem）。其次，如果企業的股票成為投機客的標的，經營團隊便有機可乘，而他們都會把握這樣的機會。

　　1720年，這種濫權的醜聞導致倫敦和巴黎的股市暴跌，使得企業成長遲滯超過一個世紀。當時的問題企業分別是法國的密西西比公司（Mississippi Company）及英國的南海公司（South Sea Company）。後來證明，兩家公司都對貿易興趣缺缺，只顧著收購政府債券，並透過人為操作哄抬公司股價。有些內部員工和股東因而致富，但對大多數股東來說，這些詭計只帶給他們傷心的淚水。社會大眾漸漸認為，企業只不過是一種卑鄙的投機手段而已。連亞當‧史密斯也對企業心存懷疑。唯有在取得大筆資金，同時為服務社會大眾的利益而成立的企業，例如開鑿運河，才有用處可言。但是，「不管為了從事什麼事業，如果僅是因為一家公司有可能經營成功而成立一家合資企業……這種作法顯然不合理」，史密斯如此認定。他的邏輯非常明確：「由於（合資企業的）董事會管理的是別人的資金，而非自己的資金，我們因此無法充分期待，他們會像〔股東〕監督自己的資金一樣，謹慎地監督企業的資金。因此，在這樣的公司，經營團隊處理事情時必定會出現怠忽職守和鋪張過當的問題。」[17]

　　儘管史密斯有這樣的顧慮，企業還是蓬勃發展。事實上，這樣

的企業是自由市場文化的核心，而且已拓展至全球各地，甚至超越國家政府的界限。

　　我們已經了解，過去四百年來，企業如何創造利益，引爆爭議。今天，隨著企業取得史無前例的全球勢力，企業已成為這項爭議的核心所在。但是在我們讚美或譴責企業的作為之前，需要問一個基本問題：企業的目的是什麼，或者應該是什麼？而這場企業所有權革命將如何影響這個問題的答案？

重點整理

- 冷戰時期瀕臨核戰的衝突，證明了爭奪經濟權力的競爭可以變得多麼危險。今日超級強國不再互相對峙，取而代之的是公民與全球化企業之間出現令人憂慮的鴻溝。在新世代資本家的年代裡，為了說明企業的未來，我們需要了解新世代資本家的由來。

- 亞當・史密斯為工業革命建構了最具影響力的經濟個案。在19世紀，關於自由市場的爭論變得兩極化。共產主義和社會主義分子認為私人企業會造成社會分裂，而鼓吹自由市場的人士則替其辯護，認為自由市場有能力創造財富。

- 蘇聯共產黨以專制壓迫的非公民經濟，反制毫無禁忌但極端不公平的資本主義式非公民經濟。

- 冷戰的結束並未促使大家徹底重新省思企業文化。私人企業繼承了經濟權力，卻未能贏得世人的信心。高階主管面臨社會大眾的壓力，要讓企業變成良好的公民。但是很少有批評者詳細說明這句話的真正意義。

- 新世代資本家的崛起創造出新的基礎，讓我們可以回答當今經濟的核心問題：企業的目的是什麼，或者應該是什麼？

註釋：

1. "Recollections of Vadim Orlov' National Security Archive, http://www2.gwu.edu/~nsarchiv/NSAEBB/NSAEBB75/asw-II-16.pdf.

2. Karl Marx and Friedrich Engels, *The Communist Manifesto* (London: Penguin Books, 1967), 235.

3. John F. Kennedy, Inaugural Address, January 20, 1961.

4. J. F. C. Harrison, *Common People: A History from the Norman Conquest to the Present* (New York: Flamingo, 1984), 211.

5. For example, see the discussion in Roger Backhouse, *Penguin History of Economics* (London: Penguin, 2002), 29-50.

6. Adam Smith, *The Wealth of Nations*, bk. 1 (1776; rept. New York: Alfred A. Knopf, Inc., 1991), 1:3.

7. C. A. Oakley, *The Second City* (Glasgow: Blackie & Co., 1947), 16.

8. James R. MacDonald and James Kier Hardie 所著之 *From Serfdom to Socialism* 一書，並為 Gordon Brown 與 Tony Wright 兩人合著之 *Values, Visions and Voices*（Edinburgh: Mainstream Publishing, 1995）一書所引述。即使近至 1990 年代，英國勞工黨依然堅持「生產、配銷與交換的工具應為大眾共有」。

9. Franklin D. Roosevelt, Inaugural Address, March 4, 1933.

10. Quoted in Samuel Eliot Morison and Henry Steele Commager, *The Growth of the American Republic* (New York: Oxford University Press, 1962), 227.

11. 比方說，請參考羅傑・貝克豪斯（Roger Backhouse）所著之 *Penguin History of Economics* 一書，第三百零六頁：「二次世界大戰過後，經濟學變成一項技術性非常高的領域，數學技巧有系統地被應用到經濟學當中。這並非中性的發展……因為某些理論經過某種方式的潤飾之後，便可透過既有的數學工具家以操作。某些基本名詞的意義均已改變，像是「競爭」、「市場」與「失業」。許多發展出來的理論與現實世界間只有些微的連結，甚至完全無關。」

12. Paul Frentrop, *A History of Corporate Governance* (Brussels: Deminor, 2003), 86.

13. Ibid.; Larry Neal, "Venture Shares of the Dutch East India Company," unpublished paper (New Haven: Yale School of Management, March 2003).

14. Arianna Huffington, *Pigs at the Trough: How Corporate Greed and Political Corruption are UnderminingAmerica* (NewYork: Crown Publishers, 2003).

15. Günter Ogger, *Nieten in Nadelstreifen: Deutschlands Manager im Zwielicht* (Munich: Droemer Knaur-Verlag, 1992).

16. Joel Bakan, *The Corporation: The Pathological Pursuit of Profit and Power* (New York: Free Press, 2004).

17. Adam Smith, *The Wealth of Nations*, bk. V (1776; rept. Edinburgh: Brown and Nelson, 1827), 1:311.

第 2 篇

新世代資本家
的責任迴路

3 | 未來的企業：
資本家宣言

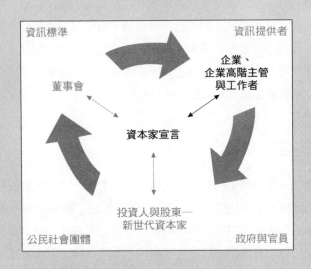

法規、市場與文化限制了企業，使其無法踐踏社會大眾的利益。新世代資本家成為一股帶動長期價值的強大力量，如此一來，企業才會替社會大眾的福祉服務。我們將在本章中概述包含十項重點的資本家宣言，幫助成功的高階主管整合企業與公民投資人的利益。

「貪婪是好事。」在1987年的賣座電影《華爾街》（*Wall Street*）裡，華爾街交易客戈登・蓋可（Gordon Gekko）對唯唯諾諾的投資銀行家們說道。在現實生活中，諾貝爾獎得主米爾頓・費德曼（Milton Friedman）以幾乎同樣直率的措詞表示：「企業的社會責任是追求最大的獲利。」[1]

這句名言，讓費德曼贏得那些誓言反對政府干預經濟、對企業施加社會責任枷鎖的人們的心。同樣地，這句話也讓其他人對費德曼感到不齒。費德曼似乎是在鼓吹，企業的首要使命應該是滿足自己的經濟需求，而且不需在意會因此對其他人造成傷害。這些人堅稱，文明社會怎能容忍如此自私自利的組織？

魔戒之王

企業是非常簡單卻有力的法律組織。這種組織方式讓彼此並不相識的個人得以提供資本給一家公司，但除了原先投入的資金之外，這些個人並不需對該公司的任何行動負起責任。匯集資金的集體行動可以創造經濟規模效應，再加上專業知識所帶來的效率，使得企業的營運帶動了世界經濟的成長。

但是如同我們所了解的，企業同樣具有危險性。請想想，有一位名叫葛勞康（Glaucon）的學生在兩千五百年前對蘇格拉底提出一項倫理問題。假設你有一枚具有神奇力量的魔戒；葛勞康稱這枚戒指為「蓋吉斯之戒」（ring of Gyges）。這枚戒指可以讓人隱形，能夠讓人利用一切手段增進自己的利益，而不必擔心被人發現或遭受處罰。你會怎麼做？「當然了，」葛勞康認為，大家的想法會是：「任何擁有這種魔力的人……〔而〕拒絕做出任何不公義的事或是不掠奪其他人，所有知道他這種行為的人都會覺得，他是最可悲、最愚蠢的人。」[2]蘇格拉底反駁道，這個人——不管他能不能

隱形——最好是行為高尚，因為這樣的作法會反映他的本性，並因此帶給他幸福。

萬一持有戒指的不是一個人，而是一家企業呢？不管你對蘇格拉底論點的看法如何，他的論點很難適用於責任有限公司這種法律組織。企業不具有天性、良心或信念，引導他們做出高尚的行為。企業會隨心所欲，其唯一的制裁是失去資本。畢竟，你可以讓高階主管入獄，卻無法把企業關進大牢；你甚至沒有辦法讓企業感到良心不安！在一些極端的個案中，企業可能可以被迫停業（例如安達信會計師事務所〔Arthur Andersen〕）。但是就大部分情況而言，企業可以讓投資人表現得好像他們全都持有蓋吉斯之戒似的。

幾世紀以來，社會一直在擔心，葛勞康的看法會普及整體商業界。當政府發給企業營業執照時，這些執照的條件嚴格限制了企業只能從事某些活動，例如只能在世界的某個地區從事某特定貿易、成立銀行，或是開鑿與營運運河。企業營業執照的效期也有限制；如果某企業想在執照過期之後繼續保有股東的資本，便需取得特別的許可。事實上，在英國工業革命的早期階段（1720年至1825年），國會必須通過特別法案之後，才允許企業成立。[3] 立法官員擔心，如果不加以約束，如此勢力強大的組織，可能成為一紙可以合法詐欺與浪費濫用的執照。

害人執照？

像費德曼這樣的經濟學家為什麼要賦予企業更大權限的營業執照呢？答案是，這樣的執照正好違反費德曼的本意。他的目標是要確保企業**不會**以專斷且可能造成傷害的方式來運用他們的權力。

請想像一下，如果勢力強大的企業董事會，決定基於自己的私人利益任意運用企業的財務權力，而不是替股東創造獲利。他們的

第一步可能是以無傷大雅的方式，違反企業的獲利目標：例如以公司名義大方地挪用股東現金，捐錢給某些目標高尚的組織，卻讓執行長個人接受表揚。他們可能會得寸進尺，例如增加高階主管的薪水與福利。他們可能會將企業版圖拓展到具有政治影響力或特定社會地位的高知名度明星事業——例如報社與電視台，或是職業運動。他們可能會捐錢給政治選舉的候選人，因為後者會保證保護並增進他們的個人利益。在極端的情形下，他們可能運用公司的資金，「收買」營運所在地的政府。

這種行為在商業界當然是屢見不鮮。正因為如此，才會有這麼多觀察者支持美國最高法院法官路易斯・布蘭代斯（Louis Brandeis）的看法，布蘭代斯將企業形容為科學怪人（Frankenstein），掙脫了原先創造出企業的立法者的約束，現在卻反為其主。[4] 不管各位相不相信，費德曼會支持駕馭企業這隻怪獸的作法。他會主張，企業的目的需要明確且嚴密地加以定義：單純地為股東追求最大獲利。

矛盾的是，費德曼認為，光是追求最大獲利本身便是合理的社會目標。然而，這聽起來卻不像是合理的目標。或許，費德曼的意思是說，**如果**企業要追求最大獲利，自然會對社會造成其他正面的結果，像是生產有需要的商品與服務，以及促進經濟成長與創造就業機會。當然，大略回顧西方世界的經濟發展之後你便會了解，企業在這些目標上的表現十分出色。

因此，費德曼當初提出的公式或許正好相反。問題不在於企業的社會目標是否是追求最大的獲利；這是私人的目標。他原本應該說的或許是：

> 以股東利益為優先考量的企業，或許可以作為替社會創造其所需的長久經濟繁榮的工具。

馴服科學怪人

　　儘管大家會擔心，企業的行為可能像科學怪人一樣，但企業行為不當仍然是例外，並非常態。因為至少存在三個重要的限制因素，引導企業朝向社會目的發展：市場、國家及企業營運所在地的社會。首先，我們要探討每項限制因素如何馴服企業這隻怪獸。接著，我們要檢視新世代資本家股東的崛起，如何徹底改變企業的基本目的與使命。

限制因素一：市場與看不見的手

　　有什麼方法可以阻止一家追求最大獲利的企業欺騙顧客呢？在完全自由的市場裡，受騙的顧客會光顧其他公司。如果企業的收費太高，其他企業會試圖從其手中搶走生意，直到價格穩定到可以反映商品成本，並加上合理利潤的價位為止。這便是亞當‧史密斯提出的「看不見的手」這項突破性的創見。供應商之間的競爭，確保了價格相當於生產成本加上合理的利潤。如果任何一家公司提供劣質的商品，顧客很快就會知道，並降低自己願意支付的價格。

　　理論上，同樣的道理也適用於就業市場。如果雇主提供的工作環境不佳，最優秀的工作者就會另謀高就，企業經營績效因而受到影響，最後將會被迫關門大吉。

　　事實上，自由市場的鼓吹者相信，看不見的手會確保每樁交易都能達成上述社會目標。這些人士主張，如果經濟體中的所有角色被迫彼此競爭，價格就會逼近於成本。因此，這些人認為，政府必須確保所有市場盡可能維持競爭的狀態。所以沒有哪家企業可以享有壟斷的地位。正是基於這項原因，各國政府才會如此積極地消除「托拉斯」或壟斷事業，尤其是美國和歐盟。

　　因此，政府已開始採取各項措施，確保企業能在一個允許開放

競爭、資訊透明與具備契約法規的自由市場中營運。

　　但這還不足以規範企業的行為。何以如此呢？因為大多數情況下，我們很難找到適當的環境，讓亞當・史密斯的看不見的手可以如理論所預期地那般運作。自然形成的壟斷事業將使得市場無法自由運作。有時候，龐大的經濟規模、特殊的地點優勢或科技，會讓某家生產業者比其他業者更具優勢。或者由於資訊的限制，供應商比顧客更了解產品與服務。又或者，工作者的流動因為語言、法律、人口結構或文化的因素而受到限制。當這些條件出現時，就輪到政府官員登場。

限制因素二：法規

　　如果各位走進任何一家商店去購買任何商品或服務，很可能會發現，商品或服務必須符合許多法規，才能被製造、分銷與出售。全世界各國都在針對多少法規限制才算適當的問題進行激烈的辯論。不管法規的寬鬆與嚴格程度如何，法規對定義市場十分重要，就像比賽規則對美式足球比賽的重要性一樣。場地的大小、球的形狀、球員人數——在每場比賽開始之前，這些條件都不能協議變更。同樣地，早在每樁商業交易進行之前，市場的基本規則便已決定了。

　　法規對企業行為的影響程度有多深？家用物品需要通過嚴格的測試，才能確保沒有火災的危險。建築物的建造必須符合通過檢驗的標準。同樣的道理也適用於我們的汽車、光臨的餐廳與旅館，以及購買的保險與投資產品。簡言之，法規標準會給予市場的每項產品或服務應有的限制。

　　將時間往回調到一百五十年前，我們就能了解，為何需要這些法規以維持市場經濟。在過去，不道德的商人經常製造黑心食品，在麵粉裡摻入白堊，或是在啤酒裡添加硫酸。當時的產品內通常添加會讓人上癮的成分；其中最著名的是添加了微量古柯鹼的可口可樂。

　　當然，法規不是保護消費者的唯一辦法。合作社運動（cooper-ative movement）是另一種選擇。20世紀初期，合作社運動是主導英國零售交易的力量之一，因為人們非常信任合作社，相信後者會以合理的價格提供可靠的生鮮產品。[5] 如果當初政府選擇繼續不作為，合作社或許就會成為最主要的企業形式。但是立法者出手干預並提出一套產品標準，所以今天大家才會相信，大多數營利企業出售的是品質優良的產品。

　　不過，商品並非法規唯一的規範對象。法規規範的是商品的製造方式。許多國家訂有最低工資，還有最高工時、健康與安全保護、出任工會代表的權利，以及平等享有機會、休假、加班費與免於遭到任意解雇的權利。

　　每間工廠、辦公室、餐廳與旅館，以及每種形式的運輸交通都要接受檢驗。污染物的排放也設有限制。地區區域畫分與規畫決定工廠的設置地點。法規甚至可以決定一家企業能否經營夜總會或賭場。想在全球資本市場募集資金，企業必須遵守各式各樣的規定與條例，違規者有時會遭到嚴厲的懲罰，以確保投資人受到公正與平等的對待。

　　這些法規的目的何在？答案是要確保企業在追求最大獲利時，採取可以同時兼顧社會利益與私人利益的作法。此外，法規能幫助所有市場參與者了解，他們遵循的規則完全相同。如此一來，依照承諾生產正常啤酒的釀酒公司便可以確信，自己不會因為對手生產黑心啤酒而被迫破產。

　　法規並非政府所能使用的唯一工具。政府也會建立賦稅與補助機制，或是對企業提供誘因，鼓勵他們增加或減少從事某種特定活動。舉例來說，徵收二氧化碳稅或許可以抑制溫室氣體的排放；或者是，提供補助或許可以刺激企業提供與生物科技相關的就業機會或訓練。然而，除了市場效應、法規與獎勵誘因之外，還有其他同

樣強而有力的力量可以影響企業的行為。

限制因素三：企業文化

　　大多數資深的商界人士都知道，能夠讓大型企業上下團結追求成功的因素是，企業的全體員工具有共識，了解企業文化為何，知道哪些行為是正確的、哪些行為是錯誤的。如同大型組織一樣，如果沒有自己的文化，大型企業根本無法生存，而倫理道德正是企業文化的關鍵基石之一。

　　文化可以解釋組織及其內部員工為何展現某種行為、他們如何對待彼此，以及他們如何對待組織以外的人。就像人類學家一樣，分析師會以下列各種方式描述某個商業組織：員工在談到自家公司時使用的象徵符號、故事與傳奇；制定決策與採取行動時遵循的正式和非正式職務階層；以及哪種舉動會被視為正面或負面的行為。[6]

　　問一問企業的領導者。他們會告訴你，文化往往是阻撓企業改造最棘手的障礙。在前身為國營事業的企業中，雖然已完成民營化近一世代的時間，但高階主管可能依然在抱怨，公司根深蒂固、行事講求小心謹慎的「公務員」文化阻礙公司的快速創新。併購行動往往因為企業文化的衝突而宣告失敗。更新某企業的法律架構是一回事，想要改變影響公司內個人行為的基本文化則另當別論。

　　對於跨國經營的企業來說，這項挑戰更加艱鉅。企業文化並非存在於真空之中。組成企業的工作者本身就隸屬某國或多國文化。舉例來說，沃爾瑪（Wal-Mart）準備實施禁止員工談戀愛的政策，這也是該公司在美國對付性騷擾的重要控管措施，但此舉卻遭到德國杜賽多夫法院的反對，認為該政策違反德國的風俗。

　　企業文化不能忽視企業營運所在地的社會文化。大多數企業之所以不將說謊、耍詐與欺騙列為公司政策，原因在於大多數員工不會說謊、耍詐或偷錢。事實上，從外部繼承而來的文化，其所引進

的新作法可能會遭致當地文化的反對。請想一想，有太多誘因促使企業根據員工的優點這項單一因素拔擢員工。然而，許多公司在拔擢女性和少數民族方面的表現卻不盡理想。原因就在於這些公司營運所在的社會的信念與期待，而非經濟壓力直接造成的結果；商業界的信念是，鼓勵這些企業從最優秀的人才庫中聘僱與拔擢員工。

商業圈以外的批評人士往往相信，獲利的動機必然導致企業採取不道德的行為。不過，商業圈裡的人大多知道，為了維持營運，明確的道德感與最高程度的信任兩者缺一不可。在許多市場，能夠在握手後便談妥生意的能力，對企業的營運非常重要。具備開放與誠實這兩項名聲的企業，能創造長期的成功。相反地，詐欺的名聲可能抑制企業的成長，或者最嚴重時可能導致企業走向滅亡。

事實上，證據顯示，能創造獲利的企業也會善待員工，並將營運重點放在替客戶提供價值。基於這個道理，1970年代晚期，最暢銷的管理學教科書宣稱，「卓越的」企業會「將〔員工〕視為合夥人；對其表示尊崇與敬重。將其視為生產力提升的主要來源——而不是資本支出或自動化。」[7]

脆弱的枷鎖

我們並不是說企業已經或者將會完美無缺。不過，我們已經有了長足的進步，能夠以不同的角度解讀費德曼的名言：「企業的社會責任是創造最大獲利」。我們發現，企業受到競爭市場與政府法規的嚴格限制。此外，成功的企業文化往往會促進正面的社會行為。請記住，這三股力量彼此會交互作用。舉例來說，某項要求企業必須提供資訊給消費者的法規，可以作為支持或反對某產品的消費者運動的基礎，進而決定該產品能否在市場上成功。有些人士對不受約束的企業資本主義提出批判，但不同於這些批評者的憂慮，

上述提及的相互作用的壓力，已經促使科學怪人朝向比較正面的社會目標前進。

在今日的世界，隨著國家的界線在全球化趨勢下逐漸模糊，達到這樣的目標是否已經足夠？科學怪人雖然可以受到約束，但他還是一個怪物，有可能在任何時候掙脫任何國家加諸在其上的枷鎖。採取這種看法的人士提議，必須對企業進行更嚴格的規範。其他人則主張建立新的企業憲法，鼓勵受企業影響的關係人相互合作，制定企業策略。有些國家已經將部分的「關係人資本主義」（stake-holder capitalism）納入法規，尤其是德國：企業的監督董事必須有員工代表出任。

理論上，關係人這項概念具有吸引力。但在實務上，如同許多評論家警告的，這種作法的風險在於，經營團隊必須聽命於許多主人，進而引發始料未及的後果：賦予高階主管過度的權力，以調解這些不同主人的命令。其他問題同樣棘手。要如何決定哪個關係人可以出任董事？舉例來說，德國的跨國企業只針對**德國**員工分配董事代表的席次，不包括其他國家的員工。當關係人進駐董事會之後，如果他們所代表的選民最佳利益與企業的短期利益相互衝突，這些關係人是否能真正捍衛前者的利益？最後，如何提出適當的解決方案，又不踐踏企業股東既有的權利？對支持關係人解決方案的人來說，這些議題才是真正的挑戰。

但是，支持關係人權益的古老論述是基於一項信念，那就是不管面對多少限制，如果企業將注意力集中在滿足股東利益，往往會忽視更廣大的社會利益。在一個大型企業股權分散、匯集公民資金的基金當道的世界，這樣的教條或許不再具有同樣的重要性。讓我們檢視新世代資本家如何透過替企業設定新的目標，進而顛覆這項等式。

通往公民企業的道路

讓我們換個比喻。不要把企業看成一個怪物，而是視為一台普通的鋤草機。市場、法規與文化的所有限制，都會影響鋤草機馬達的安全、污染、績效、外觀與燃油效能，以及生產馬達的方式與地點。但是，如果沒有人啟動並駕馭這台鋤草機，控制機器的行進方向，機器將閒置在茫茫的雜草中。這便是股東，也就是新世代資本家能夠發揮作用之處。

從經濟學家與律師的角度來看，企業是股東的所有物，因此應該服務股東的利益。如同我們在之前的章節提到的，今天的股東絕大部分不是少數的有錢人，而是數以百萬的退休金受益人與其他儲蓄人。這些人民擁有全球的企業巨擘。我們這些人民是新世代資本家，我們非常樂於認同費德曼所主張的，「企業是屬於股東所有的資產。企業的利益就是股東的利益。」[8] 但這就引發了我們必須自問的根本性問題：我們的利益是什麼？明確定義這些利益之後，我們應該要求我們擁有的企業採取什麼樣的行為？

公民投資人的崛起，意味著我們必須從兩種觀點中找尋答案，這兩種觀點正是現代與過去的差異所在。首先，新世代資本家非常有可能高度「分散」自己的投資。其次，全球資本市場中最強大的力量是代表數百萬儲蓄人的基金。在推動鋤草機時，數百萬人對於速度、方向與目標的想法各異。一家公司該如何改變其目標，以考量公民經濟的這些基本事實呢？

分散投資的力量

管理完善的退休計畫、共同基金與其他集體儲蓄計畫都投資了許多企業。這些投資計畫並非針對單一企業進行大筆投資，而是針對全球數百家、甚至數千家企業進行小筆的投資。這項投資計畫成

功與否，並非取決於某家被投資公司的成效，而是整體投資的所有企業的成效。事實上，分散投資的主要原因之一，正是要避免投資績效受制於任何單一企業的營運成果。

分散投資如何能改變投資人的利益？想像你的所有儲蓄都投資在一家公司上。這家公司的成敗將是你的唯一利益。你會希望該公司生存下去、業績蒸蒸日上、不斷成長茁壯，就算這會對整體經濟體系造成傷害亦復如此。但是，如果你投資許多企業，你的想法就會改變。

讓我們看看以下的範例。假設X公司想贏得某樁外國大型契約。買方明白表示，如果X公司將現金存入某個銀行帳戶，就可以贏得這筆生意。雖然這筆款項看起來像是賄賂，律師卻發現一個漏洞，可以將這筆現金付款合法化。X公司該怎麼辦？如果從只在乎X公司績效的投資人角度來看，花錢賄賂是合理的作法。但是，如果X公司這麼做，就是打開潘朵拉的盒子；從此以後，在該國經營的所有公司都會被要求付出這筆賄賂——這將會傷害分散投資的投資人的利益。

從分散投資的投資人角度來看，最好的解決辦法是，消除任何可能對公開且公平的市場交易有害的漏洞。在這個案例中，雖然X公司會發現，自己可能因拒絕賄賂而受到傷害，而且可能失去這項契約，但這種作法卻有利於其分散投資的股東，條件是沒有其他公司會鑽這項漏洞而贏得這項契約。換言之，新世代資本家希望制定可以促進整體經濟體系成功的規則，即使在某些特殊的環境下，這些規則可能讓企業受到限制也在所不惜。

企業執行長和經理人看事情的觀點自然有所不同。可想而知，他們的任務是要將**自家**公司的獲利提升至最大——這是他們能否得到獎勵的關鍵因素。從實務的角度來看，想改變個別經理人的目標是愚蠢的作法。我們希望他們專心一意地以公司的成功為目標。從

事其他活動會讓他們幾乎無法管理公司。不過，如果他們進行的活動有利於他們私人的利益，卻傷害經濟體系，就不是在服務股東的利益。

此外，大多數商界人士都知道，成功的商業社群必須有一定的規則。我們之前曾討論過政府如何制定規範條例，保護社會不會因為企業的不當行為而受到傷害。事實上，企業需要規則，確保經濟體系可以讓企業界成長茁壯，保護他們免於受到不法行為的傷害。讓我們回到前面的例子。第一筆「賄賂」可能會帶來經濟上的利益，但參與這種詭計必然導致某種後果：鼓勵更多貪腐行為。不久競爭對手也會跟進，以致於企業需要支付給該銀行帳戶的金額愈墊愈高，如此才能維持自己的有利地位，同時迫使對方提高賄賂的金額。換言之，貪腐的漩渦會提高個別企業與整體經濟體系的成本，而不是利益。

許多人主張，這些行為的本質是反市場競爭的，目的是要以犧牲明確的競爭規則作為代價，獲取短期優勢，就像運動員違法使用禁藥一樣。運動員或許可以在短期內取得優勢，卻會縮短自己的事業生涯，嚴重危及長期健康，甚至造成死亡。當然，一旦事跡敗露，他的紀錄和名聲將會因此蒙羞（運動員通常支持大規模的藥檢措施，這點並不令人意外）。

在企業界，類似的作法便是支持制定大規模的規範措施，禁止所有企業進行賄賂或是採取其他不道德的競爭手段。讓我們走出理論，進入實際的世界。最近，有幾家參與新興市場石油探勘與能源開採的公司，聯合簽署了名為「透明法案」（Transparency Initiative）的協議。根據這項協議，他們支付給政府及官員的款項都必須公開。他們對媒體公開宣布這項消息，希望有助於革除腐敗風氣，進而促進發展。但是，不管是否有助於促進發展，分散投資的新世代資本家股東都會支持這項協議，因為公開且合乎道德的規則，比貪

腐的作法更有助於促進商業成功。

因此，分散投資的投資人的經濟需求會與集中投資的投資人不同。然而，新世代資本家不僅是分散投資於好幾家企業，他們是數以百萬計的公民投資人。整體而言，他們的需求不同於早期掌控資本市場的單一投資人。

大眾股東

公民投資人擁有股票，因為他們希望替自己的長遠未來進行儲蓄，不管是為了退休、接受更高等的教育或是購屋。以專業的術語來說，他們希望透過投資長期的實際資產（幾家公司的股票），對於長期的實際負債（他們退休時所需的資金、用以支付教育或購屋的資金）「進行避險」。因此，雖然股票的交易客往往將注意力集中在股價的短期表現，但企業的最終目標應該是好好管理自己，將股東的長期價值提升至最大。不管一家企業的股東人數是一個人或數百萬人，這項目標都是一致的。

對一家股東人數眾多的企業來說，差異在於股東定義價值與時間架構的方法。如果股東只有一人，那麼這一個人、家族、公司或政府將獨自決定自己對該企業的要求為何，還有何時提出這些要求。如果股東特別注重社會責任，就會讓企業表現出具有責任感的行為。相反地，企業的股東也可能快樂地到棕櫚泉市安享退休生活，同時鼓勵他的經理人盡可能創造最大的私人利益，而不用顧慮會對整體社會帶來何種後果。

對新世代資本家來說，情況相當不同。相當程度上，他們**就是**整體社會。公民投資人沒有道理一方面鼓勵企業替自己的股東創造豐厚的獲利，另一方面忽視這種行為所造成的傷害，例如污染環境。如果他們這麼做，只是在挖東牆補西牆。同樣的道理也適用於任何企圖將成本轉嫁給整體社會的企業活動。不可否認地，並非所

有傷害都是違法的。然而，透過了解分散投資的股東的需求，我們替公民經濟的企業創造新的行為規範，那些規範不同於由某個個人股東擁有的企業。此外，一度被視為與企業無關的效應，也開始與這些企業的公民投資人息息相關。

1930年代，管理大師阿朵夫·貝里（Adolf Berle）和葛第納·米恩斯（Gardiner Means）描繪了企業擁有龐大的經濟力量、卻不須負起任何責任的世界。為了在社會大眾面前維持企業的商譽，他們鼓勵企業執行長採取自動自發的行為，就好像他們公司的目標是要嘉惠整體社會一樣。[9] 在21世紀，我們認為上市企業的股東可以反映整體社會的需求。我們的主張與費德曼的看法——股東的利益便是企業的利益——以及那些主張企業應負起更多社會責任的人一致。社會與股東兩者正合而為一。

但是，這樣的大眾股東到底希望企業怎麼做？我們能否明確定義新世代資本家的目標，制定出嚴格但可行的標準，作為企業執行長的指導方針？

新世代資本家宣言

以下是我們對董事會提出的十大守則，我們將這些守則稱為「**資本家宣言**」（capitalist manifesto）：

1. 要有獲利——創造價值。
2. 只在能夠創造價值的地方拓展業務。
3. 對正確的作為給予合理的報酬。
4. 不要浪費資本。
5. 將焦點集中在自己最擅長的地方。
6. 進行組織更新。

7. 公平對待客戶、供應商、工作者與社區。
8. 找出相關法規，確保你的業務不會造成間接傷害，競爭對手不會獲得不公平的優勢。
9. 遠離政黨政治。
10. 清楚說明你目前的作法，並負起應負的責任。

這不是一套隨意制定的「黃金戒律」。上述每項規定，都是為了因應新世代資本家的需求而產生的。[10] 雖然這些守則乍看之下似乎簡單明瞭，都是老生常談的說法，但每項守則在理論上都可能使企業經理人面臨相當複雜的問題，實際執行時更是如此。請詳細檢視這些守則。

守則一：要有獲利——創造價值

或者，正式地說，企業應該努力替股東**創造最大**的價值。

對分散投資的大眾股東來說，這條守則為何是核心目標呢？因為公民投資人基金購買股票、創造價值，作為投資人未來的收入。[11] 因此，代表新世代資本家的企業的首要目標是，將這項價值提升至最大。企業需要創造獲利。畢竟，如同我們之前說過的，沒有獲利就沒有退休金。企業並非社會服務組織。企業募集資本的目的，不是要任意將股東的財富花在善舉上。如果他們這麼做，便違反了退休基金投資這些企業的理由。費德曼說得沒錯：企業有責任替自己創造最大的價值。

這衍生出實際的問題：我們往往很難決定一家企業是否在追求最大的價值。我們很難確定企業是否成功，而且企業通常得花很長的時間才能成功。

讓我們舉例說明何以如此困難。想像一下尚未開始進行從威尼斯往返中國這趟歷史之旅的馬可‧波羅（Marco Polo）。出發前，他

從金主那裡募集了數千金幣，並利用這筆資金替自己添購食物與支付住宿費用，以及購買他有意轉賣到中國的商品。三十年之後，他幾乎已用罄投資人當初給他的資金。他身在中國，手上堆滿在北京不太值錢的商品，但是他了解，這些東西可以讓他在威尼斯大賺一筆。當然，威尼斯與中國相隔千山萬水，會經歷洪水與暴風雨，遭遇盜匪與小偷，還得繳交過路費與稅金。馬可‧波羅是否替他的投資人創造出最大的獲利？還是說，他只是拿了金主的錢，在成吉思汗的皇宮裡度了二十九年長假？

今天的會計師會根據一套複雜的方式，計算出馬可‧波羅每年獲利的「真正且公平的」價值。但是，我們也能想像的是，在馬可‧波羅回到威尼斯並出售他的商品之前，我們很難認定他是否有任何獲利。如果馬可‧波羅了解會計師如何進行艱澀難懂的數學計算，他或許會做出有利於自己的行為，只要這些事情能讓他在帳上的報酬率看起來不錯，即使這麼做不會替他的股東創造價值也不在乎。

現在，請將馬可‧波羅換成一家公司的經理。企業往往會追求某些會計目標，像是「提升每股盈餘」或「創造最高的資本報酬率」。他們甚至會運用會計花招，隱藏公司並未創造價值的事實。他們可能無法指出應該如何，以及該從何處創造獲利，有時是因為事情太複雜，但通常只是因為檢討計畫為何未如原先預期般成功，是件令人尷尬的事。

公民經濟的企業應該努力創造最大的價值。意思是，在所有其他條件相同的情形下，企業應該盡可能持續最長的時間、創造最多剩餘現金（扣除資金成本之後）。[12] 畢竟，整體來說，新世代資本家需要的實際投資必須能創造出高於通貨膨脹率的報酬率，以抵銷他們的長期負債。

守則二：只在能夠創造價值的地方拓展業務

　　換言之，企業應該努力成長，但只限於可以創造高於資金成本的獲利的活動。

　　分散投資的大眾股東可以將資金投資在數以千計的企業上，更不用提像房地產和債券等其他資產。他們會努力將資金投資在最具生產力的地方，也就是讓他們獲得最高報酬率的地方。企業的執行長經常像在複誦箴言般地表示，他們的目標是要創造股東價值（而且立意的確如此），但實際做的事正好相反。舉例來說，他會根據樂觀的盈餘預估或目標公司握有多少現金，決定進行收購與否，而不是考量該收購案有什麼真正的價值。各項研究顯示，大多數收購案都無法替收購的一方創造適當的報酬，他們的投資人也因此損失了數十億美元的金錢。

　　既然如此，董事會為何要繼續追求這種浪費資本的策略呢？答案往往只是因為樂觀或過度自信，但有時是其他動機扮演了關鍵的角色。有些執行長毫無疑問地會屈服於誘惑，盲目揮霍股東的資金，而非努力工作以創造實質的成長。投資銀行為了豐厚的收益，大力促成這些交易。此外，高階主管的酬勞往往與企業的規模比較有關，而非公司所創造的報酬率。另外，當高階主管完成併購案後，不論該計畫能否創造價值，董事會通常會給予前者為數可觀的獎金。總之，這些現象形成強而有力的誘因，鼓勵企業合併、收購或出售企業。

　　以貝斯企業（Bass plc）為例，這是貝斯釀酒公司（Bass Brewers）的母公司。1990年代初期，貝斯不僅是英國最大的釀酒公司，在英國也擁有數千家酒館。這家公司非常賺錢。然而，隨著消費者花更多時間待在家裡，並將飲酒的習慣從啤酒改成紅酒之後，消費者對該公司的啤酒及酒館的需求日趨下滑。

　　貝斯該怎麼做？一種可能是將獲利回饋給股東，直到經營團隊提出更有創意的成長計畫為止。而貝斯卻運用為數可觀的現金，聘用倫敦最知名的廣告公司，付出昂貴的價格收購國際連鎖飯店，包括假日飯店（Holiday Inn）、洲際飯店（Intercontinental）、皇冠飯店（Crowne Plaza）及其他連鎖飯店。

　　顯而易見地，在伯明罕經營酒館，不同於管理紐約的高級旅館。如此大手筆的收購行動未能創造適當的報酬率，這點並不令人意外。然而，該公司依然有意繼續進行收購，因為該公司信心滿滿地認為，新的收購案比較不會傷害公司的價值。

　　直到股東介入之前，現已改名為六洲集團（Six Continents）的貝斯公司花費在收購行動上的金額，已經相當於整個集團整體股票的價值。投資人花了三年時間介入，才說服董事會終止這項策略。最後，該公司出售了釀酒廠，將酒館與旅館的業務一分為二，並把數十億英鎊發還給股東。

　　貝斯的個案凸顯了企業在追求價值的過程中慣常發生的錯誤。他們將獲利花費在分散經營事業，讓自己成為規模龐大的集團，因為高階主管相信，這種作法可以降低風險。不過，大眾股東原本就在分散投資；他們不會因為公司代替他們分散投資，因而獲得任何價值。這種看法或許與經營團隊的觀點完全不同，後者可能希望同時擁有許多事業，因為萬一其中一項事業失敗，其他事業仍可支撐企業總部的營運。事實上，這是經理人習慣採用的作法，尤其是在成長緩慢的公司。這些經理人不斷尋求經營新事業所帶來的刺激感，不願堅守自己的本位，替現有的事業找尋更具創意的成長途徑。

守則三：對正確的作為給予合理的報酬

　　酬勞與獎勵制度的設計必須符合成本效益，才能創造最大的長期價值。

　　幾乎沒有哪項商業爭議，能像某些上市公司的執行長和資深經理人獲取天文數字的酬勞一樣，更能吸引頭條新聞的報導。有些人的年薪動輒以千萬美元計算，比美國總統的年薪還高出好幾倍。

　　高階主管酬勞失控的原因在於，在執行長開口要求薪水多少之前，董事會已決定金額的多寡。他們也沒有太多理由必須立場強硬地針對這件事進行磋商。獨立董事中有許多董事本身也是執行長，他們通常不願給自己找麻煩，反對替執行長加薪的決定。同樣地，企業花錢聘請的薪酬顧問，不會因為敦促企業刪減高階主管的薪資，而替自己爭取到新的生意。

　　違反新世代資本家利益的，不僅有天文數字的酬勞而已。另一個重要的弊病是，這些高薪往往與個別主管的工作績效，或是他們能否替企業股東創造長期價值毫無關聯。此外，經營團隊的薪水可能遠遠高於員工的平均薪資水準。景氣好的時候，這種作法可能打擊員工的士氣。甚至當基層員工的工作與福利雙雙遭刪減時，如果執行長的薪水、獎金與福利仍持續增加，可能帶來嚴重的後果。

　　薪水不僅是攸關創造或摧毀價值的重要因素，也是最重要的評量基準，可以藉此衡量企業是否已成為經營團隊手中的玩物，而非股東的僕役。適用於企業全體員工的條件，也應該適用於執行長。這項守則的目標在於支付執行長合理的酬勞，鼓勵他們在採取行動時以公民投資人的利益為優先考量。

守則四：不要浪費資本

　　企業應該建立足以將成本降至最低的有效資本架構。

　　分散投資的新世代資本家希望自己的儲蓄盡可能創造最大的獲利。然而，許多企業募集的資金遠遠超過實際所需，而且握有大筆現金以供公司之用。這種作法讓經理人更好做事，在績效不彰時可以有較多的緩衝空間。但是，這種自我保護的作法卻讓股東沒有機

會投資其他可以創造獲利的事業。

相形之下，有些公司舉債過高。如果一切順利，那麼手上握有多餘的現金或許可以創造更高獲利，執行長的股票選擇權的價值也會跟著水漲船高。然而，萬一時局不順，股東（週轉不靈時的債權人）就得承擔所有損失。事實上，在某些國家（尤其是美國），破產法庭甚至經常裁定，破產的企業必須支付高階主管一筆特別酬勞。法官相信，這樣的慰留獎金可以鼓勵經理人帶領破產企業走出困境，甚至當這些主管正是導致公司破產的罪魁禍首時亦復如此。這反映出經理人「穩贏不輸」的心態，而所有風險卻要由股東及債權人承擔。

守則五：將焦點集中在自己最擅長的地方

企業應該根據自己可以替客戶創造更多價值，或是以低於競爭對手的成本替客戶創造價值的能力，來發展出前後一致的策略。企業應該扮演好「最佳家長」的角色，管理自己的投資組合中的所有事業。

在競爭的市場，較能迎合顧客需求或是以較低的成本迎合顧客需求的生產者，將會獲得最大的獲利。較能迎合顧客需求的業者，可以提升業績或收取較高的價格。成本較低的業者可以創造更高的獲利，或是能夠降低價格、提升業績。因此，在競爭的市場，如果企業將注意力集中在比競爭對手更具優勢的活動上，就能替股東創造最大的資本價值。如此一來，該企業不僅可以有效地運用現金，也體現了亞當‧史密斯的偉大創見：分工與競爭市場往往會讓資源獲得有效的運用。因此，將注意力集中在企業擁有最大優勢的地方，可以同時嘉惠顧客及新世代的資本家。

然而，這會造成另一種結果。如果企業從事某些自己不具備最大優勢的事業，那麼該企業便應（以適當的價格）盡可能將這些事

業出售給更具優勢的業者。如此一來，該企業便能成為其營運事業的「最佳家長」。

守則六：進行組織更新

一定要替經營團隊、工作人員、產品、製程與科技設定發展計畫，以迎接未來的挑戰。

經營事業是世上最不穩定的活動之一。市場、科技、基本架構與社會經常在改變。事實上，如果不這樣做，自由市場經濟很快就會凍結成蘇聯式的僵化經濟。

企業必須做出回應，而且速度要快。他們得經常自我革新，以新的方式滿足顧客需求，或是以更低的價格滿足顧客需求。如果無法做到這點，競爭對手將取而代之，而他們的資本也會消失無蹤。

所謂的革新，不僅是花錢進行更多研發，而是整體組織都應具備的心態。從上位者開始，企業的董事會應該思考如何把自己的工作做得更好。隨著世界改變，企業應該做好計畫，思考如何盡可能利用這些動態關係增加價值。

守則七：公平對待客戶、供應商、工作者與社區

企業需要有效地管理自己與顧客、供應商、員工，以及與公司活動有利害關係的人彼此之間的關係。企業的作為應該講求道義，同時顧及自己對環境及整體社會所造成的衝擊。

管理良好的企業不能忽視自己對廣大社會所造成的衝擊。即使從自私的角度來看，無視這些衝擊也是愚蠢的作法。漠不關心的行動可能導致自己在市場失利，促使政府進行規範，並在企業文化與廣大社會文化兩者之間製造對立。

但是分散投資的大眾股東的要求遠遠不止如此。新世代資本家希望整個經濟體系長期繁榮進步，而不只是他們所投資的單一一家

公司業績蒸蒸日上。他們不會因為付出社會成本、創造私人獲利而得到任何好處，因為他們也會因為付出社會成本而受到傷害。

這並不意味著企業必須毫無限制地負起社會責任。企業的目的是要替股東創造獲利。企業沒有道理忽視自己的活動所造成的社會成本。如果他們這麼做的話，新世代資本家股東將會大聲反對，認為企業只是在挖東牆補西牆而已。

這也不代表企業應該像我們之前所討論的持股人模式一樣，特別照顧某種利益，例如工作者或顧客。不過，如果企業要滿足股東的要求，的確意味著企業的經理人必須了解，那些受他們的行動影響的個人的立場為何，並且公平對待這些人。原因在於，股東與關係人的利益往往相互重疊。我們會在第九章提出建議，幫助大家達成這項目標。

守則八：找出相關法規

企業應該支持自發性與強制性的措施，將可能危及社會大眾或可能導致市場不公平且不透明競爭的外部效應降至最低。

探討第七條守則時，我們並未考量許多企業在兼顧成功與公平性時所遭遇的困難。我們大可暢言企業不應製造污染。但是，如果競爭對手利用你的負責行為迫使你退出市場，你該怎麼做？我們要如何兼顧競爭市場與社會責任？

如同本章所論證的，企業可以設法達成這項目標：透過市場、法規、獎勵誘因與文化。如果競爭對手採取反社會行為，企業應該代表他們的公民投資人，透過法規或尋求誘因修改競爭規則，以確保競爭對手不會造成間接的傷害。理想的狀況是，這樣的規則應該是自發性的，而且盡可能保有彈性。但若實務上不可行，鼓勵立法是比較恰當的作法。

守則九：遠離政黨政治

　　企業是法律之下的產物。企業不該利用經濟勢力取得政黨政治的優勢，來改變法律圖利自己。

　　責任有限公司是一種能有效組織資本的精巧設計。如果能在競爭的市場中營運，同時在股東的嚴密監控之下，接受由獨立官員制定的法規規範，最能發揮效益。如果企業企圖影響政府官員以謀得私利，且無視大眾必須付出的成本，不僅會傷害新世代資本家股東的需求，也破壞了民主公民社會的上層架構。企業資助政黨政治，通常不是明智的作法。如果他們有意這麼做，也必須獲得股東明確的許可才能進行。

守則十：清楚說明你目前的作法，並負起應負的責任

　　企業應努力與股東及其他受到自己的計畫影響的人，進行公開且誠懇的對談。他們應該明確地對自己的行動負起責任。

　　新世代資本家希望企業維持透明化營運，原因有二。首先，有效率的市場取決於資訊的透明，尤其是有效率的資本市場。其次且更重要的理由是，如果企業要對公民投資人負責任，這些股東需要取得能讓企業負起責任的必要資訊。

　　責任擔當是公民經濟的核心。就像其他組織一樣，不論是好是壞，我們都應要求企業對他們自己的行為負起責任。市場、政府官員及社會或許可以限制企業的作為，但只有股東能創造出完整的架構，讓企業展現應有的擔當。

贏得信賴

　　如果企業根據資本家宣言的十大守則行事，我們便能替上市公

司建立新的自由企業模式。

　　除了公民經濟出現之前早已存在的傳統經濟壓力之外，企業還得面對新公民投資人的監督。由於興趣廣泛，這些投資人催生了不同型態的企業。透過市場力量，公民經濟企業在營運時能兼顧社會與私人價值，因為這些企業注重新世代資本家股東的需求。

　　今天，許多上市公司已經展現長足的進步，遵循資本家宣言經營公司。但是傳統的理論已經與事實嚴重脫鉤。如同我們在本章一開始提過的，理論上企業可能表現得像是持有蓋吉斯之戒，允許股東從事不受限制的活動而獲利，而不會感到良心不安。但事實上，企業持續受到市場、官員及社會等外力約束。他們也愈來愈受到公民投資人及公民經濟組織日趨擴大的基本架構所鞭策和限制。

　　隨著這些壓力加劇，企業將會有更好的表現，事實上他們也會被如此要求。如果成功，他們會因創造了長期的經濟繁榮，而贏得公民投資人的信心。下一章要討論的問題是，法人投資機構是否扮演好自己的角色，讓責任迴路發揮作用。

重點整理

- 在21世紀大部分時間，全球的政治與經濟思想家都不斷在爭論，誰
——個人或國家——應該擁有生產資源以保護社會。有些人擔心，一
心一意要替股東創造最大獲利的企業，可能踐踏社會的利益。

- 有三種限制因素促使企業無法傷害社會：市場運作（「看不見的
手」）、法規，以及企業文化必須反映企業營運所在地的社會價值觀。

- 一股新的驅動力已然出現。股東革命促使新世代資本家崛起，這些人
投資許多企業，代表數以百萬計的公民投資人。他們甚至可以代表整
體社會。隨著新世代資本家在董事會的影響力愈來愈大，擔心企業會
對社會造成傷害的憂慮將逐漸消失。

- 新世代資本家基金沒有興趣去支持對單一企業有利，卻會傷害經濟體
系中其他企業的行動。當企業將成本轉嫁給整體社會時，新世代資本
家並不會因此獲利，因為企業的公民投資人也必須承擔這些成本。

- 從分散投資的大眾投資人的觀點來看，我們提出了大多數企業應該遵
守的十項最重要的商業守則。這些政策或守則便是我們所說的新世代
資本家宣言。

- 這項宣言主張，企業的高階主管應該以有效的方式追求獲利，只在自
己能創造價值的地方拓展業務，將高階主管的酬勞與企業的長期實際
績效連結，確保企業不會浪費資本，將焦點集中在自己最擅長的地
方，進行組織更新，公平對待客戶、供應商、工作者與社區，找出適
用的法規，遠離政黨政治，清楚說明自己目前的作為，並肩負起應負
的責任。如此一來，他們便能有效地整合自己的營運績效與新世代資
本家股東的利益。

註釋：

1. Milton Friedman, cited in the *New York Times*, September 13, 1970.

2. Plato, *The Republic*, quoted in Peter Singer, *How Are We to Live? Ethics in an Age of Self Interest* (Oxford: Oxford University Press, 1997), 5.

3. Paul Frentrop, *A History of Corporate Governance* (Brussels: Deminor, 2003), 42-143.

4. *Louis K. Liggett Co. et al. v. Lee, Comptroller et al.*, 288 US 519 (1933), 548, 567, quoted in Joel Bakan, *The Corporation: The Pathological Pursuit of Profit and Power* (New York: Free Press, 2004), 19.

5. Johnston Birchall, *Co-op: The People's Business* (Manchester, England: Manchester University Press, 1994), 134.

6. 在討論企業倫理時，我們並不是在試圖作出規範評斷。我們只是注意到，企業不能在對何謂適當行沒為有任何共識的情形下生存。舉例來說，請參考 Gerry Johnson 與 Kevan Scholes 合著的 *Exploring Corporate Strategy: Texts and Cases*, 3rd ed (Upper Saddle River, NJ: Prentice Hall, 1993)。

7. Thomas Peters and Robert Waterman, *In Search of Excellence* (New York: Harper and Row, 1982), 238.

8. Cited in Bakan, *The Corporation*, 34.

9. Adolph Berle and Gardiner Means, *The Modern Corporation and Private Property* (Somerset, NJ: Transaction Publishers, 1991), 312ff.

10. 這份清單係根據本書作者彼特—瓦森共同提出的赫米斯原則而來，並獲得英國最大型退休基金採用，作為衡量投資企業的標準。Tony Watson and David Pitt-Watson, *The Hermes Principles: What Shareholders Expect of Public Companies-and What Companies Should Expect of Their Investors*, (London: Hermes Pensions Management Ltd., 2004)

11. 雖然我們注意到，從資本加權的角度來看，大多數投資來自退休基金，但是，如果是要替大學教育或是度假進行儲蓄，或甚至只是想「更有錢一點」，同樣的論述也適用。

12. 請參閱第六章針對經濟附加價值的討論，這是評量企業創造價值成效的方式。

4 | 法人投資機構：
動員所有權

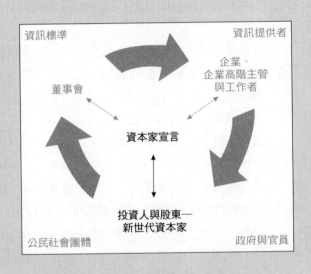

資訊標準　　　　　　　　　　　　　　　資訊提供者

董事會　　　　　　　　　　　　企業、
　　　　　　　　　　　　　　　企業高階主管
　　　　　　　　　　　　　　　與工作者

資本家宣言

投資人與股東—
新世代資本家

公民社會團體　　　　　　　　　　　政府與官員

儲蓄人將自己的資金託付給規模龐大的財務機構。本章將說明這些機構如何執行自己的任務，管理新世代資本家的儲蓄，還有哪些致命的衝突與責任落差造成數十億美元損失。這些錯誤正逐步獲得修補，替公民投資人找到向企業經營團隊施壓的管道。

「在世界歷史上，從沒有人清洗租來的汽車。」前哈佛大學教授勞倫斯‧桑馬斯（Lawrence Summers）曾說道。[1] 相形之下，我們會愛護自己的所有物，不管是汽車或卡車、房屋或公寓。各位只要看一看房屋修繕、自助修繕與汽車零件商店的數量，或是介紹如何「改造」汽車或住家的電視節目受歡迎的程度，就會了解這個道理。如果是自己擁有的東西，我們就會努力維護、修繕與改造。不是嗎？

錯了，至少在我們探討投資議題時不是如此。歷史上，數以百萬計的投資人表現得像是企業股權的租用者，而不是實際擁有部分股權的股東。更糟的是，許多共同基金、退休計畫體系及其他接受公民投資人託付資產的受託機構也是如此。當投資人長期被動消極，事情就會嚴重出錯。企業將績效不彰，行為失當。退休金受益人會失去他們退休生活所需的現金。國家將無法創造工作與財富。

但是，這些集體儲蓄工具是什麼？「法人投資機構」指的是誰？這些法人投資的世界極其複雜，充斥著難懂的專業術語，像是分離帳戶資金經理人、單位信託、共同基金與避險基金等。這些投資工具同樣充滿了專業術語，例如確定給付制（defined-benefit）與確定提撥制退休金、養老退休年金計畫（superannuation schemes）、變動與固定年金，以及美國的IRA與英國的ISA等儲蓄工具。

然而，沒有人應該被不帶感情的名詞或複雜的東西耍得團團轉。這些個體代表的是數百萬勞工的退休金、儲蓄與投資。[2] 總的來說，這些基金比歷史上其他投資計畫，更能有效地匯集資產、運用資產與出售資產，服務的人數也更多。不過，如果責任迴路要發揮作用，這些投資工具必須將自己視為新世代資本家的受託人。

許多機構的確如此。美國的共同基金醜聞與英國的分割資本信託公司（split-capital trust）的災難之所以引起新聞界大幅報導，正是因為這些案件涉及令人無法接受的作為。但這些不法行為令人怵

目驚心的原因在於，它們並非單獨的個案，而是反映了普遍性的結構缺陷。這類結構缺陷持續危害市場，使得太多人表現得像承租人一樣，或是以資本市場的專業術語來說，表現得像個「交易客」，而非長期持股的股東。這類投資人的存在代表了初步的證據，證明這個體系需要改進。

　　我們首先必須指出責任迴路中脆弱的環節。如此一來，就能了解目前進行中的大刀闊斧的改革，如何迫使這些投資機構的作為符合公民投資人的利益。

我們可以信任誰？

　　你會將畢生積蓄託付給一個以「口齒不清、冷漠被動、麻痺遲鈍又前後不一」聞名的財務顧問嗎？大概不會，但是這段用來形容基金管理產業的話，卻出自一位基金經理人之口。任職於康乃狄克州依瑞狄安資產管理公司（Iridian Asset Management）的大衛・科亨（David Cohen），曾於2004年10月對美國國立教師退休協會（US National Council on Teacher Retirement）發表演說。「法人投資機構，」他在會場內對一群對退休金是否安穩感到焦慮的教師提出警告，「被禁閉在一個講求逆來順受的制度裡，而這個制度對法人機構利益的重視程度，勝過對這些基金的投資人的利益。」[3]

　　這可不是肩負著管理勞動公民的積蓄此一重大責任的法人投資機構所努力要呈現的形象。這些機構的口號與行銷訊息都希望傳遞專業知識、信心、謹慎和穩健的形象，例如保德信（Prudential）著名的直布羅陀岩山（Rock of Gibraltar），全州保險（Allstate）的「可以信賴的手」（good hand），還有許多基金管理公司以「誠信」（Fidelity）與「信任」（Trust）兩個字命名。「我們以傳統的方式創造獲利，」演員約翰・豪斯曼（John Houseman）在美邦公司

（Smith Barney）一支令人難忘的電視廣告中自豪地說道：「我們努力賺取獲利。」

　　然而，拋開誇張的廣告手法不談，有多少基金真正努力管理你的資金？讓我們大略檢視資金產業的兩大區塊：負責管理共同基金、單位信託基金等商品的資產管理產業，以及退休基金。

脆弱環節一：資產管理產業

　　惠普（Hewlett-Packard）知名的前執行長卡莉‧菲奧莉娜（Carly Fiorina）急於爭取最後一筆大宗選票，支持該公司以190億美元併購康柏電腦（Compaq）。惠普的董事、同時也是創辦人威廉‧惠勒（William Hewlett）之子華特‧惠勒（Walter Hewlett）對這項倍受爭議的合併案感到不滿，因為該合併案將危及股東價值，而他的努力已經有了成效。贊成與反對雙方的票數太接近，令人不安。接著，菲奧莉娜風聞可能出現一場大災難。德意志銀行旗下的共同基金持有一千七百萬股惠普的股票，而他們準備投下反對票。該基金公司內部的分析師認定，這項合併交易將不利於他們的投資客戶。德意志銀行的大宗持股似乎足以影響投票結果。

　　菲奧莉娜即刻致電公司的財務長羅伯特‧威曼（Robert Wayman），留下語音留言。「我們可能必須採取非常手段，以爭取〔德意志銀行的〕支持。」她提到。威曼與德意志銀行聯繫，希望在最後期限逼近之前說服德意志銀行改變心意。高階主管很清楚這項留言的意義：如果德銀堅持原來的立場，惠普可能撤銷原先有意投資德銀的數百萬美元。菲奧莉娜直截了當地說明，德銀的一票「對我們雙方的關係非常重要」，她在一場與德銀主管的電話會議中表明惠普的立場。德銀的高階主管盡職地召來旗下的共同基金經理人召開緊急會議，告知他們，德銀「與惠普之間無比重要的金融關係」

正面臨危險。

這些共同基金經理人原本可以不理會這些高階主管。畢竟，他們已經仔細考慮過自己的決定，而資深經營團隊提供給他們的新資訊，與惠普／康柏合併案能帶給（或是無法帶給）投資客戶哪些好處根本無關，經營團隊完全只著眼於惠普能帶給德銀哪些利益。但是，這些基金經理人在最後關頭改變了立場，菲奧莉娜終於讓事情拍板定案。合併案驚險過關，德銀手中的大宗爭議選票左右了投票結果。[4]

如同惠普這個個案所說明的，投資組合經理人既不邪惡也不腐敗，更不是傻瓜。在獨立行使職權的情況下，他們對自己的持股做出了獨立、合理的投票立場。問題是，資產管理產業內部的經濟與結構性缺陷，使得立意最良善的經理人也會面臨許多路障。許多資產管理公司隸屬於某些大型企業，其母公司的商業利益無可避免地會和其客戶股東的利益產生衝突。結果可能造成利益衝突，也就是某個部門（資產管理）的最佳利益遭到其他事業部（投資銀行）的踐踏，如同惠普／康柏的合併案所顯示的情況。但是，不同的商業利益也會影響股東資金的日常管理。「普通的投資人並非第一優先考量。」《退休金與投資》雜誌（*Pensions & Investments*）在一篇探討共同基金產業的社論中寫道。[5]

雖然某些基金經理人可能有利益衝突，但新世代投資人與服務這些投資人的資產管理產業之間，還存在著其他三項根本的衝突：

一、如何支付基金管理公司酬勞
二、如何計算投資績效
三、應該以哪種時間架構來評量投資績效

獎勵資產累積而非資產管理

基金管理公司通常根據資產的規模，抽取某個百分比例的管理費用。換言之，他們收取的費用係根據他們管理的資金規模來計算，而不是他們的管理績效，這是眾所周知的事。但是請停下來想一想：整個產業的經濟模式的設計目的，是為了支持世界級的資產**累積**，而不是世界級的資產**管理**。事實上，許多資產經理人真正關心的是做好自己的工作，原因緣自於他們的個人特質，而非產業提供某種誘因。卓越的資金管理成效，應該（而且往往的確）可以創造出更多資金以供管理。但是若談到累積資產，廣告、支付經銷佣金及其他各種活動，比投資技巧更重要。

即使基金經理人立意良善，由於產業特殊的結構，透過買賣股票創造績效的作法，比扮演好股東的作法更具吸引力。請看下面的範例：

> 假設一家基金管理公司投資500億美元購買某些美國大型企業的股票。該公司的基金經理人從史坦普五百指數（S&P 500）中選定兩百家企業，準備利用客戶的資金投資這些企業。這意味著在他們的投資組合裡，他們對每家企業的持股大約是1%，並因此成為每家企業的最大股東之一。[6] 他們每年向客戶收取0.25%的費用，以管理投資組合。

> 經過一段時間，該基金公司一位年輕出色的分析師發現，某家企業的表現不如預期。該企業的高階主管管理不當，而且沒有受到監督。該企業透過關係人交易，將股東的財富轉移給內部人員。該企業核准了一些迎合個人利益的計畫，但這些計畫不可能賺回資金成本。事實上，該企業濫權的情形十分嚴重，根據這位分析師的計算，如果監督得宜，該企業的價值會

從現在的100億美元提升到150億美元。這位分析師自然非常興奮，於是去見了資深投資組合經理人。

「是這樣的，」這位分析師說道：「如果這家企業的股東行使身為股東應有的權利，終止公司管理不當的現象，就可以多創造出50億美元的價值。」

資深投資組合經理人望著這份分析報告，內心十分激賞。「當然。」她回答道。她先停了一下，接著說道：「但是，要推動這樣的改革必須有資源和專業知識，而我們公司內部並沒有太多這樣的支援，包括律師與管理專家。我們可能得花上100萬美元，甚至更多成本，才能看到事情出現轉變。這顯然不划算。」

「妳說不划算是什麼意思？」這位分析師回應道：「100萬美元根本不算什麼。潛在的獲利是50億美元哪！」

「沒錯，」這位主管說道：「可是賺錢的不是我們。我們的客戶對這家企業的持股只有1%。」

「沒錯，可是50億美元的1%是5000萬美元，」分析師怯生生地回答：「我們可以替客戶賺進5000萬美元！」

「我們可以從中賺進0.25%的費用。那是12萬5000美元。就像我說的，不划算。」

於是，這位分析師回到自己的座位。這位投資組合經理人接受分析師的說法，相信該企業管理不當，並根據計算了解，積極參與該公司的經營這種作法並不划算，於是出售手中的持股。該公司持續表現不佳，不斷裁員並流失價值。

由於這個因素，大多數基金經理人不會扮演積極股東的角色。原因不在於他們不關心，而是他們會根據理性的經濟考量出售持股，而不是選擇介入一家表現欠佳的企業。幾乎每家投資管理公司

的行銷資料強調的都是**買**、**賣**股票時要有紀律，而不是**持股**時要有紀律，這也就不足為奇了。

錯誤評量績效

第二項利益衝突是評量投資技巧的方式。傳統經理人的評量標準是相對而非絕對報酬率，也就是在與其他共同基金及股票市場指數比較後的表現如何，如史坦普五百指數、法國券商公會指數（CAC 40）或倫敦金融時報三百五十指數（FTSE 350），而非基金替投資人創造的總報酬率。[7]

這與新世代資本家有什麼關係？雖然機警、積極參與的股東可以預先避免某些企業弊端，但這種審慎作法的受惠者卻是全體投資人。假設上述資深投資組合經理人說沒問題、放手去做吧，並聘請律師協助，結果成功地阻擋了不當的行為。然而，事實上，該基金公司的大部分競爭對手同樣持有這家公司的股票，並因此搭上順風車而跟著獲利，但他們不用花費任何資源，或者不需要面對菲奧莉娜對德意志銀行施加的那種壓力。

花旗集團前明星資產經理人湯姆‧瓊斯（Tom Jones）赤裸裸地說明了這種情況。「我要做我受雇效命的事，」他表示，「股東行動主義不是我受雇的原因……如果我們花錢去從事股東行動主義，花旗集團資產管理的股東就得負擔這筆費用，卻無法獲得不同於其他股東的益處。」[8]

當然，連這樣的分析也認定，基金經理人希望自己的投資組合中的企業能夠成功。但有些基金經理人可不這麼想。搶短的賣方，也就是今天賣出持股、希望明天能以較低價格買回的基金經理人，就是明顯的範例。但是，追求**相對**而非**絕對**績效的競賽產生了變態的誘因，使得傳統的基金經理人希望被投資的企業表現不佳。他們這種不當運用公民投資人的積蓄的方式，可能讓最成功的企業受到

傷害。

原因如下。為了控管風險，大多數基金經理人會投資數十家、甚至數百家企業。他們對自己喜愛的企業的持股比例，會高於一般經理人或基準指數（如史坦普五百指數）的持股比例。對於他們不喜歡的企業，他們也會持有股票，但持股比例會比一般的股票市場指數低。以基金業的行話來說，他們會「減碼」（underweight）投資這類股票。因此，如果奇異占史坦普五百指數的比重是3%，一位看多史坦普五百指數的基金經理人可能將4%的資金投入奇異的股票；看空該指數的基金經理人投入的比例可能是2%。但是很少有基金經理人完全不持有奇異的股票；奇異占該指數的比重實在太高，完全不持有該檔股票，會讓投資組合相對於基準指數的風險大幅增高到多數基金經理人無法接受的水準。[9]

因此，如果某基金經理人減碼持股的企業表現不佳，該經理人的操盤績效會如何呢？結果當然是投資人會遭受損失。但以**比例**來說，該基金經理人的損失會少於同業。該經理人的表現會優於市場，相對績效也會提升。因此，雖然客戶有損失，基金經理人卻認為自己表現得還不錯。

短期投資

第三項結構上的缺陷是時間架構。對於為退休或購屋而儲蓄的新世代資本家來說，將目光放遠是很重要的事，而基金經理人卻很少能夠接受這種時間架構，因為他們是根據相對績效或相對較短的時間架構來接受評比。基金每季要接受評比，各界的焦點通常放在一年與三年的紀錄。投資組合經理人及分析師的獎金，通常是根據每季或每年的相對報酬率加以計算。結果自然是，他們會將焦點集中在獲利豐厚的短期交易，而非審慎地思考長期投資績效。

「我們以前從事的是長期投資，」先鋒基金公司（Vanguard）

創辦人傑克‧波哥（Jack Bogle）悲嘆道：「而我們現在做的是短線投機。」[10] 今天，共同基金的平均年週轉率不會低於110%。根據電子交易市場流動網（Liquidnet）的預估，共同基金產業每年平均浪費投資人1000億美元的資金在過高的佣金、不必要的交易和執行不當的交易上。[11] 如此創造出的金融市場，相當於桑馬斯所說的租車心態。如果你準備在幾星期後賣出某企業的股票，何必為了一項有瑕疵的交易策略與經營團隊溝通呢？

　　交易與持股所涉及的技巧不同。事實上，許多基金經理人會將「持有」一家企業（也就是行使委託代理投票權，必要時與經營團隊溝通），與交易該公司股票這兩項工作區隔開來。許多人將持有股票窄化為遵守法律與規定的行為，而不是一種創造價值的活動。因此，他們會將這項任務交付給資淺的分析師，後者往往會機械式地投票贊成或反對某項決議，很少或者完全不與負責買賣這些股票的投資組合經理人交換意見或商討策略。

　　因此，除了傳統的數字分析之外，投資組合經理人會覺得自己沒有義務分析像董事會品質等這種「軟性」議題，雖然這些議題和下一季的獲利結果關係較小，卻更能準確預測企業的長期營運結果。[12] 資訊往往就在「交易」與「持股」的部門之間流失。難怪企業的高階主管經常抱怨，基金的投資分析師很少在巡迴說明會與私人說明會上提出企業治理的問題，而同家基金公司的另一位分析師，卻在企業的股東年會上投票反對經營團隊的提案。

　　隱密的行事作風也助長了企業管理不當的現象。舉例來說，美國的公民投資人甚至無法了解，他們的基金在被投資企業的股東年會上的投票立場為何。這項資訊一直被保密，直到美國官員在2004年（後來加拿大和法國也跟進）強迫基金公司每年必須揭露自己的投票紀錄。共同基金產業竭盡全力反對這項規定，但並未成功。這是好事一樁。在美國推動揭露投票立場的制度之前，對於被投資企

業的經營團隊所提出的提案，基金公司幾乎都是例行性地表示支持。舉例來說，2002年，在所有董事會選舉中先鋒基金投下贊成票的比例高達90％。由於猜想這樣的結果會被公布，隔年該公司提高標準，投下贊成票的比例降為29％，管理團隊提案遭到否決的企業家數比之前增加了七倍。[13]

　　這種只投贊成票的誘惑，幕後的推手是一項經過時間考驗的商業戒律：不要咬餵食你的手。每個共同基金都渴望向具有投票權的企業，爭取獲利豐厚的投資業務。請想想富達與安隆。「富達應該會希望自己對安隆的持股不會毀於一旦，但是該公司也負責管理安隆員工的401(k)退休金計畫。」學者吉姆・豪利（Jim Hawley）、安德魯・威廉斯（Andrew Williams）和約翰・西歐費（John Cioffi）寫道。但是這幾位作者認定，富達或許會擔心，「即使對安隆進行最客氣的監督，都可能危及富達管理這些退休金計畫所能收取的手續費收入。」[14] 然而，對投資人來說，就算對自己共同擁有的企業進行「客氣」的監督，仍是輕忽了自己的股東權益。在政府規定必須揭露表決立場之後，這個道理也就不言而喻了。

　　共同基金的董事會原本應該形成一道保護新世代資本家的屏障，事實卻並非如此。原因不難理解。挑選董事成員的責任經常落在基金公司身上，而不是股東。TIAA-CREF是美國唯一一家讓投資人投票選舉董事的共同基金；TIAA-CREF之所以被視為全美最重視股東行動主義的基金公司之一，絕非偶然。另一個問題是，這份職務必須承擔令人難以想像的工作量。單一一家基金公司的董事，經常出任數十家、有時高達數百家共同基金的董事。舉例來說，2003年，富達的每位董事都要負責監督兩百七十七檔基金。這些基金的管理方式當然會有雷同之處，因此可以發揮效率，但在面對如此多檔基金時，想嚴密監督個別基金的表現，可能是一項不可能的任務。

　　美國證券交易委員會（SEC）規定，基金公司的大多數董事必

須獨立於母公司之外，以便獨立做出最有利於股東的艱困決定。然而，如同《商業週刊》（*BusinessWeek*）的觀察，「許多董事只是例行性地核可管理契約，但付給這些董事的費用卻是退休基金支付給選股服務費用的兩倍。他們也不太堅持淘汰紀錄不佳的投資顧問。」[15]

由於這些結構上的缺陷與利益衝突，資產管理產業通常、但並非全部表現得像個漫不經心又被動怠惰的股東，也就不足為奇了。

脆弱環節二：退休基金

退休金計畫代表會員的利益，這應該是基本假設。大多數國家的法律都有這種明文規定。共同基金的特許執照與契約也有相同的條文規定。但事實是，大多數基金根本不是如此。

公民社會的基本教訓是，沒有哪個組織會自動照顧某個特定的選民族群，除非該族群在制定決策時可以表達意見。「無代表權不納稅」（No taxation without representation）是美國獨立革命時的著名口號。但是許多退休基金卻沒有從他們理應照顧的會員中，選任代表參與基金的營運。舉例來說，幾乎所有美國與日本企業的退休基金都是由企業的主管負責管理，而且並未設置由現任或退休員工組成的受託董事會。2002年，美國草擬了一項法案，要求美國企業401(k)退休金計畫的監督單位中，有50%的代表必須由退休金計畫的會員出任。[16] 這根本不算是激進的措施；澳洲、英國、南非與其他國家的法律都規定，退休金董事會中有50%的代表必須由退休計畫的會員出任。就連在美國，服務對象橫跨多種產業，而不只限於單一企業的塔夫特－哈特利基金（Taft-Hartley funds），也有一半的受託董事是由會員推舉產生。然而，這項草案很快便因為商界與白宮的強大遊說勢力，胎死腹中。

　　掌控退休金計畫，可以讓企業經理人具有明顯的優勢，但其中有些優勢直接與退休基金會員的利益衝突。企業的主管可以、也的確雇用某些與財務管理公司有關係的基金管理公司，這些公司會非常樂意與企業執行長站在同一陣線，以免失去其他獲利豐厚的生意，如承銷業務。這樣的基金管理公司幾乎沒有任何誘因，要去代表退休計畫的會員扮演積極股東的角色，但卻有十足的動機要迎合企業贊助人，如同我們在惠普／康柏電腦合併案中看到的情形。

　　這樣的衝突不見得那麼戲劇化。許多企業會讓員工有機會投資自家公司的股票，但這些股票不具有投票權。[17] 企業的經營團隊通常任命一位代理人進行投票。這位代理人通常傾向於支持經營團隊的決議，不是在企業的股東年會中投下贊成票，就是在其他相關業者的年會中表態，如供應商、顧客或競爭對手。因此，有效地掌握退休基金的資金，成為鞏固經營團隊權力的方便作法。

存錢筒

　　有時企業的經營團隊會得寸進尺，從掌控退休基金到直接盜用這些資產。威利・蘇頓（Willie Sutton）〔譯註：美國著名的銀行搶匪〕說過，他搶銀行是因為銀行有錢。英國的羅伯特・麥斯威爾（Robert Maxwell）認為，相較於企業的退休基金，銀行只不過是存錢筒而已。由於沒有任何獨立監督機制的制衡，這位出版大亨從退休金計畫中侵吞了4億4000萬英鎊。1991年，麥斯威爾在迦納利群島（Canary Islands）附近自己的遊艇旁離奇溺斃。他的鏡子集團（Mirror Group）很快就因為出現財務危機而垮台。該集團的三萬兩千名員工驚駭莫名地發現，公司幾乎沒有任何資金可以實現原先對員工提供退休金的承諾。[18]

　　這場災難在英國引發了大規模的調查，試圖釐清當鏡子集團報社的執行長在盜用公款時，負責保護該報社數萬名員工退休儲蓄的

主事者何以視而不見。之後古德調查委員會（Goode Committee）提出許多新的規定，其中很多規定後來納入1995年的退休金法案（Pensions Act of 1995）。這些措施發揮了功效。拜這些改革之賜，當安隆垮台時，該公司在英國的員工發現自己的退休金完全未受影響，而他們的美國同事的退休金卻所剩無幾。

大約十年後，美國國家審計總署（Government Accountability Office, GAO）的分析師也發現企業退休計畫的風險與衝突問題。美國國家審計總署在2004年9月發布了一份殺傷力十足的報告，當中指出1974年制定的員工退休收入安全法（Employee Retirement Income Security Act, ERISA），是保障退休計畫會員利益的唯一一道關卡，該法案規定經理人必須完全以退休會員的利益為考量。[19]只是，訂定規則是一回事。確保這些規則被遵循，完全是另一回事。美國國家審計總署發現，自1996年起，聯邦勞工部便未要求企業遵守員工退休收入安全法中的投票權規定；換言之，企業經理人可以自由地詮釋何謂「最佳利益」。

美國國家審計總署提出的解決辦法是，加強執行這些規定，並要求更進一步的資訊揭露。然而，該組織並未提出新世代資本家期望的解決辦法：確保退休計畫的會員在管理自己的退休儲蓄時有發聲的管道。這種作法至少可以保證，當投資決策可能影響退休金會員的前途時，這些面臨最大風險的人可以有發言的權利。這樣的保證可以排除責任迴路中的障礙。

如果各位懷疑，責任擔當是否真能讓退休基金表現得像個股權所有人、而非租賃者，那麼，請想想下面這項事實：截至2006年為止，在美國推行股東行動主義超過三十年之後，只有一檔由企業經營的退休基金，曾經在上市公司的股東大會上支持或共同支持過一項反對企業經營決策的股東決議。相形之下，光是2003年一年，其他投資人便提出了超過一千項決議。[20] 從投資的角度來看，這項

三十年來未曾被打破的紀錄根本沒有道理可言。退休金投資組合中的每家企業並非一直沒有問題，或是表現好到足以讓股東保持沉默。相形之下，公職人員基金與塔夫特－哈特利基金是最積極支持這類異議提議的基金，兩者的董事會都有員工代表出任。不同於德意志銀行的主管們改變對惠普的投票立場，這些受託人對儲蓄者負有明確的責任。

成績單

不可否認，即使能在投資委員會中占有一席之地，這件事本身也不會因此形成以公民投資人為考量的公民資本經濟。何以如此？因為大多數基金的受託董事會依舊採用老式的作風：他們看起來就像1990年代早期的企業董事會。董事會成員通常沒有受過訓練，而且是經由不透明的提名過程選任。有些董事則是由退休計畫的贊助者、而非會員決定選任或解任，所以他們效忠的對象不止一人。他們可運用的資源很少，甚至沒有任何資源可言，因此幾乎完全倚賴投資組合專家與負責管理退休計畫的主管所提供的建議。這些基金受託人沒有太多指引可供參考，不知道應該如何宣示掌控權或是挑戰資金經理人的傳統短線思維，例如後者薪酬制度通常間接地鼓勵他們注重短線績效。到最後，基金受託人只能在最基本的權職上發揮少許的獨立性，包括聘雇、監督與解任資金經理人。

2003年和2004年，英國勞工與退休金部（Department of Work and Pensions）公布受託董事會的績效結果，以量化指標說明這些董事會的表現。不勝枚舉的失職現象顯示，員工的儲蓄有多容易遭到濫用──退休金就像一部租車一樣被草率地管理。這項調查發現：

- 平均而言，受託董事每年花在召開董事會以處理投資相關事宜的時間，不到四小時。

- 只有25%的基金要求基金受託人接受訓練。
- 基金受託人很少挑戰或檢視投資顧問的績效。
- 少於40%的受託董事會曾經花時間研擬關於股東行動主義的政策。
- 只有22%的退休基金會向會員揭露，他們如何遵守政府的準則，以及他們未遵守這些準則的原因何在。
- 只有18%的退休基金制訂與社會投資風險相關的政策。[21]

「結果造成大部分股東漫不經心，原本應屬於股東的基本權力全落入經營團隊手中。」聯合金礦公司（Consolidated Gold Fields）前常務董事艾倫・塞克斯（Allen Sykes）認定。[22]「似乎沒有哪個受託人擁有〔這項退休計畫〕，」加特摩投資管理公司（Gartmore Investment Management）前執行長、同時也是英國企業治理大師保羅・麥納斯（Paul Myners）在2005年發表的一場演講中表示，「沒有人能真正掌握狀況。」[23]

在了解英國的退休基金是全球管理最優良的基金之一後便能了解，原本應該連結新世代資本家與他們的積蓄的責任迴路為何經常中斷。

然而，責任迴路也可以自行修復。新構想的種子正在萌芽，從上述各種資產管理與退休金產業的結構障礙所形成的裂縫及缺口中找到養分。富創意的新措施將與傳統的作法共存或加以取代。接下我們來要探討，這些由新世代資本家推動的想法，如何讓投資環境演變為公民經濟。

修復責任迴路：股東覺醒

1987年的企業界充斥著各種可怕的企業鯊魚、掠奪者與綠郵件

綁匪（greenmailer）〔譯註：在併購攻防戰中積極收購目標公司的股票，企圖從中賺取暴利者〕。企業的經營團隊決心採用「除鯊劑」與「毒藥」等防護措施，來阻擋這些掠奪者。這群人的共同特色，便是有辦法占一般股東的便宜以圖利自己。[24]

在紐約市東區第三大道某棟大樓的高樓層上，一位投資人對這種現象已經感到不耐。TIAA-CREF是一個獨特的綜合體：一部分是大學院校教師的退休計畫，一部分則是共同基金管理公司，其投資客戶與退休金受益人均有代表出任董事。TIAA-CREF面臨的狀況並非特例。國際紙業公司（International Paper）的經營團隊正試圖緊急發動反併購防禦機制，而TIAA-CREF認為，這些作法可能導致該基金的價值受損。TIAA-CREF的投資長向法務長彼得・克萊普曼（Peter Clapman）尋求協助。兩人絞盡腦汁，想找出創新的作法來保護自己的投資。「我們總是可以提出股東決議案。」克萊普曼最後說道。他的戰略是在被投資企業的股東年會中向經營團隊提出請願，在此之前，只有關心社會議題的股東才採取這種作法，像是要求企業從南非撤資。「我們真的可以這麼做嗎？」該公司的投資長問道。

答案是肯定的。他們的確這麼做了。TIAA-CREF針對國際紙業公司的毒藥式反併購防禦機制所提出的決議，成了美國史上第一次由股東針對企業治理提出並交付表決的異議決議。這項提議並未獲得通過，但在多數決議只能拿到個位數百分比的同意票的當時，TIAA-CREF這項決議卻拿到27.7%的贊成票，可說是新世代資本家股東行動主義的重要里程碑。

提案請願只不過是反映投資人覺醒的一項指標。看看當今市場的狀況就可以了解，自從克萊普曼在不到一個世代前提出那項看似不可能的構想之後，事情已經出現重大轉變。2003年，美國企業的股東們提出了一千零七十七項表決提案。[25] 這些一度被視為不可思

議的挑戰也出現在英國、加拿大、法國、德國、澳洲及其他國家。

在美國，股東決議已經有好幾個世代的歷史，社會運動分子大量運用這些決議，對抗南非的種族隔離政策。1973年，在一群強調宗教信仰的投資人的帶領下，企業的股東們在股東大會上提出四十項異議決議。[26]

十年之後，法人投資機構發現一項令人震驚的事實：這種股東行動主義已獲得證明，確實有效。有些企業正從南非撤資，避免遭遇杯葛及投資人不滿等難堪場面。其他企業則是與這些提案的支持者進行對談。因此，在面對這些破壞價值、啟發克萊普曼提出請願的機制時，基金公司開始問自己一個簡單的問題：為什麼不對董事會施加類似的壓力，達成主流投資人關切的目標呢，也就是創造更高價值，或至少避免企業創造的價值遭到濫用？

建立防護機制

傳奇的加州財政廳長傑西・恩魯（Jesse Unruh）也有相同的想法。恩魯在1984年某天早上醒來後發現，德州石油（Texaco）在面臨併購的威脅下，支付了1億3800萬美元的「綠郵件贖金」（給某位企業掠奪者，請求他放手。恩魯怒不可遏。他推想，這筆錢出自全體股東的口袋，包括加州州立退休基金，最後卻進了某個人的口袋，目的只是為了保護經營團隊。恩魯希望採取全國性行動，揭發這種濫權行為。1985年，他與紐約市審計長哈利森・「傑」・哥汀（Harrison "Jay" Goldin），以及紐澤西州退休基金負責人羅藍・麥克霍德（Roland Machold）共同合作，成立劃時代的法人投資機構理事會（Council of Institutional Investors），目的明顯是要保護企業股東的權利。[27] 這項構想出現得正是時候。今天，法人投資機構委員會已經有一百四十位退休基金會員，資產總值高達3兆美元。

三年後，一個令人意想不到的單位──雷根政府的勞工部──

大力推動一個觀念：投資人應該是被投資企業的監督者，而不只是交易客而已。在羅伯特‧蒙克斯（Robert A.G. Monks）的幕後推動下，勞工部發布了所謂「雅芳報告」（Avon Report），該報告宣示，股東年會的投票權是基金公司一項重要資產。因為這項宣示，在美國企業的股東年會上行使投票權，成為許多退休基金的受託義務。[28]

在此之前，投資機構很少在任何市場花工夫行使投票權，基於我們之前說明的某些理由，他們寧願依賴短線交易，而不注重長期持有股票。即使在這項命令頒布的幾年之後，美國的基金產業公布一項調查結果發現，對自己持股的非美國企業行使投票權的比例只有24%，主要原因在於代理機構向來未能及時送達委託書，或是因為對投票收取高額的手續費。[29] 1994 年，柯林頓政府擴大解釋這項規定，將持有非美國企業股票的投票權也包含在內。今天，在美國的基金公司之間，行使投票權已經成為例行性工作，而且可透過網路進行（雖然依舊充滿一些小問題）。

代理投票的推動者

在歐洲，投資人參與投票的習慣和行動主義發展得比較慢。由於大多數歐洲國家的規模較小，歐洲的基金遠比美國的基金早分散投資到許多國家，分散投資的程度也遠遠超過後者。然而，即使到了1996年，除去對本國企業的持股不談，所有歐洲大型法人投資機構，對自己持股的企業行使投票權的比例也都不超過10%。[30] 今日在歐洲，跨國投票依然是相當複雜的作業，但情況已經有所改善；歐盟更在2006年提出一項消除這些障礙的草案。如今行使投票權已是普遍現象，而非例外情況。舉例來說，英國股東的投票比率從1990年的20%驟升到2002年的55.9%。[31] 根據經濟合作與發展組織（Organization for Economic Co-opertion and Development, OECD）的企業治理準則，股東投票現在已經被定義為一項信託義務。

　　如同美國的基金，當歐洲的基金開始表現得像股東時，會以受託人身分監督自己的投資組合中的企業。英國的韓森企業（Hanson PLC）震驚地發現，自己竟然成為最早的監督目標之一。該集團在1993年引進的限制股東權益的措施，過去被視為是司空見慣的作法。但是投資人權益促進團體PIRC找到機會，發動了史無前例的跨海反對行動。「韓森發動嚴酷的反制措施，就像在股東的民主世界裡發動軍事政變一樣。」倫敦《泰晤士報》（*Times*）嚴重抨擊道。[32]但面對失敗的可能性，韓森取消了這些措施。

　　三年後，法國埃赫曼公司（Eramet）證明了跨國投資人行動主義並非曇花一現的運動，也不僅限於英美市場。1997年，持有該公司55％股權的法國政府有意吊銷重要的南太平洋採礦執照，目的是為了推動外交政策，卻要由該公司的小股東們付出代價。一群不滿的法國與外國投資法人共同組成聯盟起身反抗，他們坦白表示，如果法國政府要如此對待企業的股東，就不要妄想推動法國電信（France Telecom）民營化這項雄心萬丈的計畫。此舉迫使法國政府讓步。[33]

爭取股東權力的不同路徑

　　如同這些範例所顯示的，有些基金已經意識到自己身為股東的責任；他們不僅提出異議決議，經常參與投票表決，也採取不同的手段，包括建立聯盟、引發公眾注意與採取法律行動。有些作法相當引人注目，其他作法則極為低調。

　　法人投資機構委員會發布了一份黑名單，列出1992年以來表現欠佳的美國企業。當表現落後的企業家數已達關鍵多數，足以推動企業治理改革後，該組織便能幫助新世代資本家投資人淘汰績效不佳的經營團隊，並挑戰錯誤的策略計畫。自從這些目標企業推動行動主義之後，投資人額外獲得11.6％的獲利，相當於多出397億美

元的市場價值。[34] 如果股東們繼續保持沉默，這筆「被發現的資金」將繼續隱而不見。

　　加州公教人員退休體系每年會公布名單，列出公司治理頑固、績效不彰的美國企業，並將焦點集中在每家企業的社會服務活動。紐約市的基金也有自己的「黑名單」。英國的全國退休基金協會（National Association of Pension Funds, NAPF）設有「個案委員會」（case committes），這些是由大股東共同組成的祕密行動小組，目的是與他們認為有損投資人價值的企業進行幕後對談。投資人團體一直扮演關鍵角色，因為他們匯集了投資人集體的財務力量。[35] 但是，當平靜的聯合行動失敗時，某個或某些共同基金就會公開對行為失當的董事會發動攻擊，以便解決問題。

　　自1990年代中期起，投資機構行動主義已經跨越了國界。1995年3月，來自全球各地的四十九位代表齊聚華盛頓特區的水門飯店（Water Hotel），成立國際企業治理網路（International Corporate Governance Network）。該組織目前是全球法人投資機構最有力的發聲筒，代表的資產金額超過11兆美元。其他投資人很快便了解，若要達成全球的資本流動，必須成立全球聯盟組織。因此，工會成立了勞工資本委員會（Committee on Workers' Capital），個別投資人也創辦了歐盟股東（Euroshareholders）。

破解公民股東的密碼

　　第一代行動主義法人投資機構具備一項共同的明顯特色，他們宣稱有能力監督必須對他們代為管理資金的投資客戶負責的團體。加州公教人員退休體系、安大略教師退休計畫、澳洲UniSuper等公立退休基金，或是英國電信的退休計畫等企業退休基金，都在各自的市場中扮演新世代資本家股東的先鋒角色。每支基金都有直接由選舉產生的理事長或受託人，或是有會員參與。這些領導者了解自

己受到監督與批評。他們也知道，如果他們的作法不符合基金會員的利益，可能遭受責難，或者在極端的情形下遭到解任。簡言之，他們會避開許多有損於責任迴路的結構性議題。強化責任迴路促使基金公司真正表現得像是擁有公民投資人的資本，而不僅是租用這些資金而已。

推動改革的推手

強化責任迴路的工作已有長足的進展。對大多數觀察者來說，個別發展之間的連結看似毫無關聯。不過，你仍然可以找到某些線索，來證明一項全球性的現象正在形成當中，這些線索包括新的公共政策、投資基金公司的主動作為，以及創新的市場工具。

政策推手

改變會引發壓力。拜全球資本主義之賜，所有經濟勢力已經從知名的家族或國家手中，轉移到本國與外國的神祕陌生人手裡。當醜聞對資本市場造成傷害時，大眾的焦慮會進一步加深。德國社民黨前黨主席法蘭茲‧蒙特菲林（Franz Müntefering）最著名的一次談話，便是將某些非德國的共同基金公司說成是「蝗蟲」，因為這些基金強迫某些具有代表性的德國企業進行改革。[36]

但是，謝天謝地，而且或許令人意外的是，政策制定者制定的新法規，似乎意在建立透明度與凸顯健全性，而不是強制要求業者採取某種特定的行動。這些措施加重了法人投資機構的責任，有助於公民經濟的建立。因此，不管是否有意，這類政策讓新世代資本家行動主義人士，有機會接掌過去曾屬於政府法令管轄的領域。

舉例來說，英國近期推動的法律改革，目的是形成全新型態的退休基金受託人。勞工黨政府推出兩項措施。首先，該政府在法規

中明文規定，受託董事會必須至少有一半的董事由員工出任。然後在2004年，該政府通過了劃時代的退休金法案，替受託董事會設定了資格條件與資訊揭露的標準。在這項法案下，受託人有史以來第一次必須向政府官員及退休計畫的會員證明，他們的確具備監督投資基金的能力。

值得注意的是，該項退休金法案**並未**限定這些資格為何，而是允許市場以各種訓練計畫補充不足之處。許多計畫提供受託人訓練課程、資格認證與進修教育，而且是由全國退休基金協會、英國投資專業人士協會（UK Society of Investment Professionals）、退休金管理學會（Pensions Management Institute），以及工會協會（Trade Union Congress）等單位辦理。獨立退休金受託人團體（Independent Pension Trustee Group）等全新成立的組織也貢獻一己之力，協助受託人增進專業知識。公民社會團體已經提出計畫，幫助受託人進一步了解更廣泛的投資議題。在英國政府的協助下，公正退休金計畫（Just Pensions）針對受託人推出了一套令人信服的措施。碳化基金（Carbon Trust）也是如此，從商業角度說明環境管理的重要性。相較於先前的一片沉默，現在出現了許多不同的意見，探討如何成為一位負責任的受託人。不同的想法自由流通。

英國對受託人責任的重視也在其他市場引起回響。2005年3月，一家南非公司針對這項議題出版了《今日受託人》期刊（*Today's Trustee*）。加拿大勞工智囊團SHARE及美國國家勞工學院（National Labor College）都舉辦了課程豐富的受託人訓練計畫。位於多倫多的科特斯應用研究公司（Cortes Applied Research）、總部設於華盛頓特區的獨立信託服務公司（Independent Fiduciary Services），以及倫敦的潘菲達合夥事業（Penfida Partners），只是眾多針對受託人提供獨立服務的商業公司中的三家。基斯‧安巴西爾（Keith Ambachtsheer）的K.P.A.顧問公司（K.P.A. Advisory）協助基

金公司革新治理措施。美國知名期刊《計畫贊助人》（*Plan Sponsor*）
每個月都會刊載一則探討退休基金受託人義務的專欄，而在2006年
成立的部落格www.pensionriskmatters.com，則專門探討退休金監督
的議題。

新世代資本家行動主義

　　基金監督團體不再只是呼應企業和基金經理人的橡皮圖章。具
備專業知識、擁有充分資訊且有會員代表出任的董事會代表了實質
的改革，而其影響深遠的結果才正開始浮現。史密斯書局（WH
Smith）的退休基金信託人甚至拒絕某私募基金對該公司的收購提
議，因為該提議未能彌補其2億5000萬英鎊的退休金赤字。想一
想，如果安隆或聯合航空（United Airlines）的員工當初有一個果決
可靠的受託董事會可以信賴，那麼他們的退休金將受到非常好的保
護。要求積極任事的受託董事會督促基金經理人更負責任地管理基
金，以保護資產免於遭到掠奪，或是監督被投資企業以追求最高的
長期價值，這才是合理的作法。

　　在大西洋另一端，政府官員目前正要求業界進行徹底的改革，
調整共同基金扮演公民投資人角色的方式。面對產業的頑強抵抗，
美國證券交易委員會採行了一連串的措施，處理紐約檢察總長艾略
特‧史畢澤（Elliot Spitzer）所揭發的交易醜聞。該委員會不僅規
定董事會中必須有75%的成員獨立於投資母公司之外，同時要求聘
用獨立的董事長。基金產業正透過法律途徑，企圖推翻這些規定。
然而，新型態的董事會已經變得更專業，而且更重要。由於這些董
事會接受公民投資人的監督，他們的行動也比較符合新世代資本家
的利益。

　　其他國家的政策制定者已經開始效法美國證券交易委員會。舉
例來說，巴西、法國與泰國已經制定法令，規定法人投資機構必須

行使股東投票權，並揭露他們的投票決定。這些官員認為，透明化的行事可以賦予公民投資人必要的監督工具，確保其代理人會保護他們的利益。

最有政治頭腦的政壇人士了解，最有效的公共政策可以賦予投資人力量來保護自己，但不要求結果必須如何。這句話是什麼意思？英國的頭條新聞經常大肆報導企業執行長的「肥貓」酬勞。這樣的關注給政府帶來政治壓力，要求他們必須至少採取某些行動。英國當時的工業部長派翠西亞‧修威特（Patricia Hewitt）推行一項措施，要求企業在股東年會上針對其酬勞政策進行股東投票。對財政部而言，實行這項政策毫無成本可言。但有了這項規定之後，投資人現在擁有必要的工具，可以修正高階主管失控的酬勞，或者認定八卦報導只是無事生非，因此不需採取任何行動。英國政府已經不需要再對此項議題負起政治責任，澳洲政府隨後也制定類似法案。

基金公司的主動作為

第二項可以證明某種公民經濟原型存在的線索，出現在基金公司本身的作為上。2001年英國公布的麥納斯報告，迅速在國際上間接催生了許多投資人行事準則，這股風潮看起來幾乎像是一種自燃現象。事實上，隨著呼籲基金公司主動展現這些作為的零星聲音持續出現，引燃這股風潮的動能早已在累積當中。[37] 不過，麥納斯報告無疑是重要的催化劑，至少對歐洲而言如此。

在英國財政大臣葛登‧布朗（Gordon Brown）〔譯註：布朗在2007年繼任為英國首相〕的指示下，當時擔任加特摩投資管理公司董事長的麥納斯花了一年時間，對退休金產業進行調查，隨後發布令人憂心忡忡的評估報告。麥納斯發現，大部分退休基金的受託人都缺乏訓練、資源不足，而且未支領分文酬勞。這些人甚至無法要求資金經理人挑戰投資組合中表現不佳的企業。麥納斯的補救辦法是，建

立全新的「基金監督文化」。其中心思想是強調**主動作為**的準則。退休基金、共同基金與保險公司應該寄發一份年度報告書給會員，說明他們是否遵循這項準則；如果沒有，應該說明原因何在。[38]這份報告可以「作為一個平台，讓決策制定者說明及解釋自己的作法，並讓股東藉此監督經營團隊代表他們所制定的每項決策是否恰當」[39]。這項準則的重點在於，每家基金公司都應該制定相關策略，處理股東介入參與的事宜，並評量其效應。

　　不久之後，英國基金管理產業的重要監督團體透過法人股東委員會，加入這個行列，提出新的行事準則。一切努力無非是要協助建立完善的基金監督架構。有史以來第一次，有適當的架構可以真正對公民投資人負起責任，而其必然的結果是，這項架構也能對基金管理公司發揮實際的監督作用，如此一來，後者的績效表現便能符合新世代資本家投資人的利益。

　　麥納斯的作法也意外地出現在全球各地。舉例來說，加拿大、法國與荷蘭的股東團體最近已提出自己的投資人監督準則。[40]2006年，國際企業治理網路針對基金公司發布了透明度與責任擔當的基本準則，適用於跨國企業。尤有甚者，經濟合作與發展組織、聯合國及世界經濟論壇（World Economic Forum）新近提出的基金監督與責任準則，投資人也貢獻了一己之力。

股東革命的里程碑

　　各界對基金監督所投注的關注絕對會進一步擴大，成為影響全球市場的重要因素。這項骨牌效應將影響深遠，持久不退。請各位看一看，即使是在公民經濟的早期發展階段，某些渴望有所作為的受託董事會也已經交出了哪些成績單：

- 2002年，美國三個州立退休基金聯手出擊，解決了投資生態鏈中的利益衝突與整合不良的問題。根據「投資保護準則」（Investment Protection Principles）的規定，退休基金必須要求資金經理人針對是否有利益衝突的情形、他們如何支付旗下的投資組合經理人，以及他們如何扮演公民資本的真正擁有者這個角色等事項提出報告。現在，在雇用、監督與解任投資組合管理公司時，退休基金都必須考慮這些因素。

- 2004年10月，某些大型歐洲基金成立了加強分析暢議計畫（Enhanced Analytics Initiative, EAI），規定會員提撥5%的經紀佣金給某些股票研究機構，分析可能影響企業的非財務因素。這是一項突破性的計畫，因為該計畫投入實際的資金，從事符合公民經濟的投資。現在，在評估企業時，會員基金公司可以檢視哪些因素能夠創造永續的長期價值，而不是追求狹隘、短期的表現。「進行更好的研究以創造更好的投資」是該組織的座右銘。截至2006年年初，該組織已經吸引近1兆美元的基金資產。[41]

- 各種本國與跨國的基金聯盟也正在形成中，目的是為了處理某些受到忽視的長期投資風險。現在，英國、北美、澳洲與紐西蘭的論壇將焦點集中在氣候變化對投資組合的影響。[42]其他聯盟已經開始與企業合作，以檢視製藥產業特有的風險。[43]

基金管理產業的重大變化

最後或許也最重要的是，基金管理產業本身已經開始意識到股東積極參與的力量。該產業甚至已開始改變其半世紀以來奉行不悖的基本經濟思維。

　　首先，該產業已經開始進行一波波重大的理念革命。直到最近以前，「一次購足」一直是基金產業信奉的箴言，財務管理公司企圖透過掌控客戶的零售與企業金融、資產管理、保險、甚至投資金融等業務，進而取得其中的「部分利益」。漸漸地，這種作法本身存在的衝突和困難一一浮出檯面。今天，該產業強調的目標已有所不同，開始轉向互不衝突的核心競爭能力。因此，花旗集團與美盛投資公司（Legg Mason）已經同意，以美盛的經紀與投資銀行部門交換花旗的資產管理部門，如此一來，美盛便能成為專業的資產管理公司，而花旗則能將焦點放在金融業務。[44]

　　更值得注意的是，基金管理公司已創造出全新的投資類別，努力透過行動主義的作法，從企業身上找尋隱藏的價值。這些強調企業治理的基金刻意挹注資金給表現欠佳及管理不良的企業，然後著手說服這些企業的董事會改進他們的營運方式，乍聽之下有些違反直覺。歐洲的赫米斯基金公司是採行這種作法的最大基金公司，該公司由五十位專家組成的團隊負責這項任務。該公司的聯盟夥伴、位於聖地牙哥的關係投資人基金公司（Relational Investors），是北美最大的同類型基金。這兩家基金公司管理的投資資產總額高達100億美元。

　　奉行行動主義的基金本身所能從事的活動有限。在缺乏大型投資機構投資資金的奧援下，這些基金可能無法掌握足夠的籌碼，難以迫使抵抗行動主義的董事會做出改變。但是，如果一檔行動主義基金已準備好起帶頭作用，其他基金往往會樂意跟進。

重新設計獎勵誘因

　　財力雄厚的領導業者是如何生存在這個世界上呢？之前我們不是已經觀察到，基金管理產業的特殊結構會讓基金公司表現得不像積極的股東，而是交易客？行動主義基金如何在多個競爭的環境中

存活下來，成長茁壯？

答案是，這些基金公司採用的費用結構有利於持有股票。關係投資人基金、赫米斯基金及其他許多行動主義基金不僅對自己管理的基金收取一筆固定的費用，還收取績效費。一般來說，這項費用大約是投資組合超額報酬金額的20%。

行動主義領域也開始出現新面孔：避險基金。這些基金採用的獎勵結構也不同於主流作法。然而，大家對避險基金的了解不多，因此對這類基金敬而遠之。目前市場上大約有超過一萬檔避險基金，而且規模根本稱不上龐大。有些避險基金投資股票，有些投資貨幣，有些投資固定收益商品。大多數避險基金都是獨立的公司，但有些是大型銀行或基金管理公司的關係事業。有些避險基金投資新奇的衍生性金融商品，這類商品的確需要高深的學問（至少要懂得艱深的數學），有些則是只投資流動性高的大型上市股票。

事實上，大多數避險基金只有少數共同點。首先，他們追求的是絕對報酬率，而不是相對於某種評量基準的報酬率。其次，就像行動主義基金一樣，避險基金會根據投資組合的卓越投資績效收取績效費。

由於無須追求相對績效，避險基金的投資方式因而不同於其他基金。事實上，這是避險基金唯一**不該**做的事。

有些避險基金表現得像是個絕對的資金租用人，從事極度短線的交易，有時會根據傳言、甚至內線消息進行交易。這些基金公司可能為了達到目的，削弱或摧毀企業。他們的行為可能像個掠奪者，導致企業的處境進一步惡化。舉例來說，一名綠郵件綁匪會向被接收企業勒索一筆金額作為交換，才肯放手。這種行為不過是將資產從企業中轉移出去，從新世代資本股東的手中奪走。不過，有些避險基金會大筆投資遭逢困境的企業，設法解決這些公司的問題。

讓我們重新回到本章稍早提到的分析師與主管之間的談話。只

是這一次，我們將地點從傳統的資產管理公司，轉換到收取績效費的基金公司，例如一家全心奉行行動主義的基金或採取關係投資風格的避險基金。為了方便討論，我們將該公司的資產縮減98%，由500億美元減為10億美元，對這類基金來說，這樣的數字比較實際。但是請記住，該基金的經理人現在可以自由投資比較少的「績優股」企業。我們假設該基金對每個標的的投資部位都是5%：總共投資二十家企業，每家企業的投資金額都是5000萬美元。現在，讓我回到談話的現場。

　　該基金公司一位年輕出色的分析師發現，某家企業的表現不如預期。該企業的高階主管管理不當，而且沒有受到監督。該企業透過關係人交易，將股東的財富轉移給內部人員。該企業核准了一些圖利個人的計畫，但這些計畫不可能賺回資金成本。事實上，該企業濫權的情形十分嚴重，根據這位分析師的計算，如果監督得宜，該企業的價值會從現在的100億美元提升到150億美元。這位分析師自然非常興奮，於是去見了資深投資組合經理人。

　　「是這樣的，」這位分析師說道：「如果這家企業的股東行使身為股東應有的權利，終止公司管理不當的現象，就可以多創造出50億美元的價值。」

　　資深投資組合經理人望著這份分析報告，內心十分激賞。「當然。」她回答道。她先停了一下，接著說道：「但是，要推動這樣的改革必須有資源和專業知識，而我們公司內部並沒有太多這樣的支援，包括律師與管理專家。我們可能得花上100萬美元，甚至更多成本，才能看到事情出現轉變。去幫我找出一筆預算，放手去做吧。」

　　「真的嗎？妳願意花100萬美元整頓這家公司？」這位分析

師不可置信地回答道。

「沒錯，」這位主管說道：「這顯然很划算。我們對這家公司的投資是5000萬美元。如果真的可以增加50%的價值，就相當於多出2500萬美元的價值。我們可以從中收取20%的績效費，相當於500萬美元；換言之，會有400萬美元的淨利入袋。我願意花100萬美元去賺500萬美元。」

於是，這位分析師雀躍地回到自己的座位，再次檢查自己的分析結果，開始著手整頓該公司。

當然了，並非所有情況都是以喜劇收場。基金公司的分析可能錯誤。即使分析的結果正確，他們提議的作法也可能行不通。即使分析結果正確且作法可行，經營團隊還是可能抗拒不從，有時還可能占上風，最後只是導致企業付出額外的成本。但重點是，新的經濟生態使得積極持股成為符合經濟考量的作法。因此不難理解，根據彭博資訊（Bloomberg）的統計，截至2005年年底，市場中總共有九十檔奉行行動主義的知名基金。

這些基金正對大西洋兩岸發揮實際的影響力。2005年，在富達與國際資本（Capital International）等主流基金管理公司的支持下，由英國TCI公司（The Children Investment Fund Management，兒童投資基金管理）帶領的避險基金，成功地封殺了德國交易所集團（Deutsche Börse）對倫敦證券交易所（London Stock Exchange）提出的管理不當的併購提議。[45] 然而，在避險基金所策畫的行動主義干預行為中，最知名的案例是位於康乃狄克州的ESL基金：當時很少有其他基金公司發現凱瑪百貨（Kmart）的價值，他們卻慧眼獨具。[46] 事實上，當時凱瑪百貨已經破產。ESL取得該公司的控制權，接收董事會，大力整頓。由於整頓成效卓越，凱瑪百貨因而能夠收購歷史最悠久、規模勝過自己的競爭對手席爾斯百貨（Sears）。

今天，ESL的經營團隊會參與凱瑪百貨與席爾斯百貨的每項重大決策。ESL的董事長兼執行長艾迪‧藍波特（Eddie Lampert）也是席爾斯百貨的董事長。任職於ESL的威廉‧克勞利（William Crowley）則是席爾斯的財務長兼行政長。席爾斯的事業發展副總和不動產資深副總也是ESL的員工。[47] 這就是積極持股的表現。

並不是每個人都可以因為積極持股而受惠，至少短期來說如此。股東的干預行動有時會導致經營團隊改組、裁員，甚至大規模的關廠行動。然而，當企業的營運狀況惡化到無法修補的地步，當**逃避**改革可能導致嚴重的後果時，新世代資本家通常會支持這些激進的作法。

如果發生上述情況，公民經濟與支持「利益關係人資本主義」的人士可能意見分歧。提倡利益關係人權益的人希望，可能受到企業影響的所有當事人都能參與企業的重大決策。但是，利益關係人的主張有時可能成為企業出現弊端的**原因**。企業經理人或許會獲得不合理的高薪。在變動的市場中，勞動力的安排不可能維持不變。供應商**可能**因為條件過於優惠的契約而受益。這些利益關係人中的每個人可能基於自己的短期利益而阻撓改革，但長期而言此舉卻會傷害企業。新世代資本家投資人必須根據企業的長期利益，做出最好的選擇。他們希望主動設立董事會，以便與利益關係人培養正面的關係，並避開危機。但若董事會未能克盡職責，同時企業的經營陷入困境，這時公民股東可能別無選擇，只能服用苦口的良藥。[48]

因此，重點不在於所有行動主義的作法都是「好事」，因為結果總是對所有人都有利，而是如果要建立動態又健全的資本主義，同時「創造性毀滅」能夠發揮其混亂的神奇力量，企業的股東就必須積極參與，並有能力採取行動。

市場工具

最能證明公民經濟存在的重要線索是，基層投資人的需求已經創造出全新的產業：股東產業。

市場上出現許多服務，為渴望有所作為的退休基金與資金管理公司提供需要的工具，行使他們身為股東的權力。至少有三家全球性及多家區域性評等機構，開始評比企業的治理績效。業界已經發展出有用的監督機制，檢視企業董事會是否做出威脅股東價值的行動或出現利益衝突。市面上有些顧問公司會針對出現問題的企業，提供專業的行動主義相關服務。有些網站提供論壇，讓投資人公開討論如何針對投資組合中出現問題的企業，採取聯合行動。即使對20世紀晚期的資本主義來說，這些服務大多不為人知，但在今日講求積極持股的21世紀卻已生根發芽。我們會在第六章進一步探討這些選擇。

然而，股東產業其中一個分支引起我們的關切，因為它既催生又真實反映了公民市場的實況，那就是針對共同基金與退休基金責任而建立的新監督機制。這些機構連結了責任迴路，他們協助公民投資人評估那些受他們託付資金的機構的治理品質。

你可以登錄財務數據公司晨星（Morning）的網站，如果你是該網站的訂閱讀者，就可以看到兩千檔美國共同基金在客戶資本管理指標的績效評比。晨星在2004年推出的「信託評分」（Fiduciary Grade），是第一項嚴格檢視共同基金責任擔當的商業服務。該項服務檢視董事會的獨立性，評估基金經理人的酬勞是否符合基金的績效，並以A到F的成績對基金公司進行評等。

自從美國與加拿大要求投資公司公布其代理股東行使投票權的紀錄之後，未來共同基金產業將出現更多評比基準。事實上，基金公司是否行使投票權，可以反映出他們的表現是否像個股東。有些

團體正利用這些資料庫設計產品，幫助新世代資本家從不同的角度評量共同基金。其中有些是學術機構，例如柏魯克學院（Baruch College）的財務操守中心（Cener for Financial Integrity）設立了共同基金行使股東投票權紀錄的資料庫。其他產品的設計目的則是要代替客戶對共同基金公司施壓，迫使他們的行為更符合客戶利益。香港深具影響力的網站Webb-site.com正利用這些新資料，「點名批判」未能支持這些投資人行動的美國基金。環境責任經濟體聯盟（Ceres）則針對共同基金對於氣候變化議題的投票立場，進行了分析。美國勞工聯盟暨工業組織協會（AFL-CIO）也針對勞工議題，對共同基金進行類似的評比。

除了這些新服務，現在還有新興的網路監督團體，例如為提倡共同基金投資人權益而成立的基金民主（Fund Democracy）。隨著上述監督機構的成立，共同基金公司不得不更重視公民投資客戶的需求，否則就面臨失去市占率的風險。

慎選你的監督工具

連備受肯定的分析服務公司也加入這個行列，因為他們察覺到，責任擔當的議題在資產管理產業中遭到忽視。

信評機構惠譽（Fitch）率先提出評比基金管理公司品質的方式，其部分考量因素是基金公司扮演股東角色的表現。這項在2001年推出的評比系統一開始使用的是不具說服力的指標。但三年後，由於預期英國政府會特別注意基金的行為，因此位於倫敦的顧問公司林史塔克（Linstock）推出了法人投資機構資料庫（Institutional Investor Profiles, ii-Profiles），這是一項監督資金管理公司投票行為的商業服務。退休金受託人利用這項服務，來審查哪些基金經理人的行為符合基金董事會的監督原則。

接著在2005年，全球規模最大的顧問公司之一的美世（Mercer）

推出新服務。該公司根據基金管理公司的投票習性、參與被投資企業營運的情況，以及在選擇投資組合時納入環保、社會和治理分析的程度等指標，針對全球的基金管理公司進行評比。除了基金管理公司的傳統財務評比之外，客戶還可以看到管理評分。

　　除了這些商業服務，還出現了愈來愈多網路部落格、鼓吹投資人權益的工具，以及專門監督基金和資金管理公司治理績效的公民社會團體。詹姆斯・麥克奇（James McRitchie）的CorpGov.net網站樹立了榜樣，它的主要服務是追蹤加州公教人員退休體系的表現。2005年推出的公平退休金（FairPensions）計畫，目的在於動員新世代資本家監督英國的退休金董事會。美國、加拿大和英國的勞工團體每年都會進行「關鍵投票」調查，要求基金管理公司說明自己在被投資企業的股東年會上的投票立場。這些相關報告也讓退休計畫的會員能夠檢視，自己的退休金受託人是否盡到監督財務代理公司的責任。

正確的作法

　　讓我們透過真實的範例，說明股東如何積極參與被投資企業的營運，作為本章的結尾。

　　投資人這端是赫米斯基金，這是一家英國電信退休計畫百分之百擁有的基金管理公司。被投資的企業是優質石油公司（Premier Oil），當時對企業治理及企業社會責任有興趣的人，都認為優質石油大有問題。該公司的股價走勢疲軟，似乎無法有所表現。

　　時間是2000年，赫米斯基金已經向該公司的董事會表達憂慮，後者似乎傾向迎合兩大股東的要求，也就是美國的亞美拉達赫斯石油公司（Amerada Hess），以及馬來西亞國家石油公司（PETRONAS），決定不理會包括赫米斯在內的小股東。此外，該公司還陷入策略困

境。該公司的規模不夠大，無法與新興的石油巨擘競爭，行動速度也不夠靈敏，無法掌握探勘機會。由於負債過高，使得優質石油自由行動的能力更加受限。雪上加霜的是，該公司正負責帶領緬甸境內葉得敢（Yetagun）天然氣田的開採作業。由殘暴軍事獨裁統治的緬甸（之前名為Burma，現已改稱Nyanmar），因為遭到國際杯葛，淪於孤立的狀態。因此，優質石油陷入了重大的倫理與聲譽風險中；該公司也不必要地限制了自己可選擇的集資管道選項。

赫米斯基金對優質石油董事會缺乏足夠的信心，不認為後者真正了解自己公司所處的困境，或是有能力提出解決辦法。但赫米斯基金並未出售持股，或放任該公司犧牲其他投資人的利益而繼續沉淪下去。他們決定展開行動，以股東的身分積極介入。

在此同時，工會的退休金受託人，包括擁有赫米斯基金的英國電信退休金計畫的受託人，建議赫米斯基金向優質石油施壓，要求該公司退出緬甸市場。赫米斯基金的高階主管、同時也是本書作者之一的大衛‧彼特－瓦森（David Pitt-Watson）向他們解釋，赫米斯基金不能根據某項「特殊利益」便支持工會的行動，當然也不能支持會讓企業損失重大資產的行動計畫。但彼特－瓦特森也注意到，赫米斯基金非常希望介入無法解決威脅長期股東價值的風險的公司。優質石油便是這樣的對象。

赫米斯基金同時與英國支持緬甸行動（Burma Campaign UK）及國際特赦組織的代表會面，主動表明願意帶領一群關切這項議題的資產管理經理人。該基金反對提出股東異議決議，但提出了許多股東積極參與的方案。

赫米斯基金要求會見優質石油董事長大衛‧約翰爵士（Sir David John），於是雙方在2001年1月見面。「雖然大衛爵士或許不同意我們所說的每一句話，」彼特－瓦森後來在赫米斯基金的一份報告中寫道：「他卻願意提供協助，確保將股東的顧慮傳達給董事

會，並在必要時解決這些問題。」大衛爵士承諾推動監督改革，他個人還首度同意與英國支持緬甸行動的代表會面。

優質石油在3月時增設了一位完全獨立的董事。該公司的決策重心正慢慢傾向少數股權股東的利益。10月開始，該公司出售了印尼的某些資產，並重新調整在巴基斯坦的投資部位，藉以闡明自己的策略地位。但進展的速度緩慢，赫米斯基金認為原因出在前述兩大股東。

赫米斯基金寄了一封「直言不諱」的信給大衛爵士，表達自己的不耐。該基金表示，如果亞美拉達與馬來西亞國家石油公司派任到優質石油的董事阻撓有利大眾投資人利益的行動，赫米斯基金將對全球其他法人投資機構提出警告。該基金希望此舉可以提醒這些公司，要他們正視公平對待所有股東的重要性，否則他們將更難在市場中募資；如此一來，他們便會對優質石油這個事件抱持比較贊同的態度。赫米斯基金提高了賭注。該基金暗示，依照英國的公司法，亞美拉達指稱該公司的董事從未參與討論優質石油在緬甸的業務活動，這完全不符合董事會的受託義務。

優質石油了解這些行動的意義。2002年3月13日，該公司的經營團隊宣布了解決問題的行動策略：該公司將出售運作成熟的資產，以交換大股東退出董事會，並讓自己再度成為一家目標專注、作風靈敏的能源開採公司。這項交易於9月完成。優質石油表示，將以資產交換股東手中的股權，由馬來西亞國家石油公司接收緬甸的業務、優質石油在印尼的部分業務，同時將印尼的部分利益轉手讓給亞美拉達。馬來西亞國家石油公司將支付優質石油一大筆現金，交出手中25%的優質石油股權，並放棄指派董事的權利。

如此一來，優質石油一舉解決了持股與治理的問題，並改進公司的資產負債情形。此外，該公司還縮減了石油和天然氣業務，轉型成行動靈敏的探勘公司。此外，該公司也以英國電信退休金計

畫、英國支持緬甸行動和其他人權遊說團體都能接受的方式退出緬甸市場，而且這種方式完全符合經濟考量。

　　但是對英國電信退休金計畫的公民投資人來說，最重要的結果或許是，優質石油的股價大漲。在赫米斯基金介入的這段期間，優質石油的股價漲幅是同類股票的兩倍，為赫米斯基金的客戶淨賺入超過100萬英鎊的超額報酬，是其他少數股權股東獲利總和的五十倍以上。

　　優質石油這些改變，當然不是赫米斯基金一家公司努力的結果。赫米斯基金或許催生了這項改變。然而，確認並推行上述新策略的是優質石油的董事會。如果運動團體並未主動接觸赫米斯基金，或者如果該基金並未獲得其他同業的支持，赫米斯基金還會採取行動嗎？我們不知道答案。我們能說的是，如同我們將在稍後的章節中討論的，在這個個案中，公民經濟生態體系裡的許多部分都發揮了功效。

重點整理

- 傳統的資產管理公司及退休金計畫，匯集並運用了史上最龐大的資金。但是就迎合新世代資本家投資人利益的角度來看，這些投資計畫卻造成了結構上的缺陷。

- 基金管理公司面臨三項缺點。首先，他們是根據管理的基金金額的某個百分比支領酬勞，而非管理的**品質**。這樣的結果導致基金管理公司只強調募集資產，而不是擁有資產。其次，由於基金管理產業強調相對而非絕對的績效，傳統的基金管理公司不太可能因為以股東的身分介入被投資企業，而獲得合理的報酬。第三，根據短期的基礎評估相對績效，會導致基金管理公司過度依賴交易，進而培養出資金租賃者的心態。

- 由於退休金計畫的會員在基金治理方面往往沒有太多、甚至完全沒有影響力，因此這些計畫經常出現缺點。更糟的是，隱密的行事作風使得公民投資人很難監督其代理機構的所作所為。

- 儘管有這些缺點，少數退休金計畫及資產管理公司已開始以公民股東的身分監督，並介入被投資企業。這樣的行動是由退休金計畫帶領，而公民儲蓄人可以針對這些計畫的治理問題自由發言。

- 公共政策制定者已針對投資階層的人口結構變動及投資醜聞做出回應，特別是在歐洲。他們並不限制企業的行為，而是強化責任迴路，並給予新世代資本家股東必要的工具，監督代表他們投資的財務管理公司。

- 包括避險基金在內的某些資產管理專業公司，已設計出獎勵誘因，促使股東積極參與成為有利的作法。截至筆者寫作本書之時，市場中總共有一百檔強調股東行動主義的基金。

註釋：

1. Quoted in Thomas Friedman, "There Is Hope," *New York Times*, October 27 2002.

2. 光是在美國，工人與退休人員在指定退休儲蓄計畫的儲蓄金額便高達12兆9000億美元。不過大多數專家相信，平均而言，大家將太多資產放在低風險的證券上，根據第一章的說法，首選的「風險」資產顯然是股票。

3. *Global Proxy Watch 8*, no. 42 (November 19, 2004).

4. Luh Luh Lan and Loizos Heracleous, "Shareholder Votes for Sale' *Harvard Business Review*, June 2005, 20-24.

5. *Pensions & Investments*, September 15, 2003, 10.

6. 截至2005年8月5日，史坦普指數的市值是11兆4000億美元。

7. 相形之下，大多數退休金受益人所得到的報酬相當於整體市場的報酬，而不是某個分散的共同基金與另一個分散的共同基金兩者之間報酬的差距。事實上，多項研究顯示，平均而言，在投資人所享有的報酬率當中，有超過100%的比例是由整體市場所創造。何以如此？整體而言，共同基金是價值的摧毀者，而非價值的創造者。原因在於費用以及平均法則。世界上數以千計的共同基金基本上決定了市場，因此，總的來說，這些共同基金替投資人創造的報酬率，大約就是市場的平均報酬率。扣除各項費用之後，各位很快就會了解這些基金表現落後的原因。事實上，像是富達的彼得・林區或是美盛（Legg Mason）的比爾・米勒（Bill Miller），這些能持續打敗大盤的真正頂尖的共同基金經理人實在是鳳毛麟角，因此被各界推崇為超級巨星。這樣的殊榮本身便是一種反證，證明了共同基金產業何以通常表現落後大盤。

8. Quoted in "Tom Jones to Keep Citigroup Fund Unit on Song' *Financial Times*, June 16, 2003.

9. 大多數共同基金不希望與同業太過不同。與眾不同是一種明確的風險。持股內容正確，就可以大幅提升報酬率，進而吸引新的投資人，共同基金也可以因此賺取獲利。但是萬一持股內容不正確，共同基金就會出現贖回潮。這種不平衡的風險／報酬光譜促使共同基金業者展現出與同業相同的行為，並仰賴行銷資源，而不是績效的差異，以吸引資產加入。事實上，產業甚至將相對於市場指數的績效差異稱為「追蹤誤差」（tracking error），好像這是某種不好的東西似的，而不再是顯示共同基金經理人為獲得報酬而積極選股的證據。因此許多共同基金經理人的投資組合的持股內容重複，不僅持有的標的相同，連同一家標的的持股比例都大同小異。

10. Quoted in "Saint Jack On The Attack," *Fortune*, January 20, 2003, 112.

11. "How to Fix the Mutual Funds Mess," *Business Week*, 9/22/2003, 106. 另一個資料來源FundExpenses.com也會追蹤共同基金的費用結構。

12. See Andrew Clearfleld, "'With Friends Like These, 'Who Needs Enemies?' The Structure of the Investment Industry and Its Reluctance to Exercise Governance Oversight," *Corporate Governance: An International Review* 13, no. 2 (March 2005), 114; and UNEP Finance Initiative and World Business Council for Sustainable Development, "Generation Lost: Young Financial Analysts and Environmental, Social and Corporate Governance Issues," 2005, http://www.unepfi.org/fileadmin/documents/ymt_summary_2005.pdf.

13. *Global Proxy Watch 7*, no.41 (November 14,2003). See also *Mutual Funds, Proxy Voting and Fiduciary Responsibility* (Washington, DC: Social Investment Forum, April 2005).

14; Jim Hawley, Andrew Williams, and John Cioffi, "Why Did Institutional Investor Governance Activism Fail? Towards a New Model of Corporate Governance Monitoring" (unpublished manuscript, The Center for the Study of Fiduciary Capitalism, Saint Mary's College of California, April 2003).

15. Op cit.,"How to Fix the Mutual Funds Mess."

16. S.1992, sponsored by Sen. Edward Kennedy, passed the Health, Education, Labor and Pensions Committee in March 2002.

17. 在許多市場當中，固定提撥制退休計畫（簡稱DC）正快速取代固定給付制退休計畫（簡稱DB）。固定提撥制退休計畫計畫將風險轉移到個人身上；未來的給付金額絕大多數取決於會員的投資決定。在固定給付制退休計畫當中，給付的金額事先便已決定。根據美國勞工部的統計，光是在2000年，美國的固定給付制退休計畫計畫的數量便減少了4.1％。

18. 鏡子集團的退休員工最後取回了大部分的現金。英國納稅人付出了1億英鎊，此外，一群查核會計師、投資銀行與其他相關人士則因庭外和解而支付了2億7600萬英鎊。

19. *Pension Plans: Additional Transparency and Other Actions Needed in Connection with Proxy Voting*, GAO-04-749 (Washington, DC: US Government Accountability Office, 2004).

20. 投資人責任研究中心（Investor Responsibility Research Center）。投資人責任研究中心追蹤的一千零七十七項提案當中，有七百九十四項被歸類為狹隘的「治理」提議，其他的則被歸類為「社會」提案。

21. 請參考www.dwp.gov.uk/asd/網站。荷蘭產業界退休基金協會Vereniging van Bedrijfstakpensioenfondsen（VB）於2004年6月針對基金治理發表了一份類似的報告。請參考www.vvb.nl網站。

22. Allen Sykes, *Capitalism for Tomorrow* (Oxford: Capstone, 2000), 4.

23. Quoted in "Compulsory trustee knowledge is a bridge too far, says Myners," *Pensions*

Week, May 16, 2005.

24. 以下內容擷取自史帝芬‧戴維斯對彼得‧克萊普曼（Peter Clapman）的專訪。

25. Investor Responsibility Research Center.

26. Stephen Davis, *Shareholder Rights Abroad: A Handbook for the Global Investor* (Washington, DC: IRRC, 1989); and Lauren Talner, *The Origins of Shareholder Activism* (Washington, DC: IRRC, 1983).

27. "Governor's Plan Could Erode Ca1PERS Clout," *Sacramento Bee* (California), February 28, 2005.

28. 諷刺的是，雷根最初是因為擊敗傑西‧昂魯（Jesse Unruh）贏得加州州長選舉，因而贏得政治聲譽。

29. Rachel Ongé Lerman, Stephen Davis, and Corinna Arnold, *Global Voting: Shareholder Decisions 1991-1992* (Washington, DC: IRRC, 1993).

30. Stephen Davis and Karel Lannoo, "Shareholder Voting in Europe," *Center for European Policy Studies Review 3*, (Summer 1997), 22.

31. International Corporate Governance Network, "Cross Border Proxy Voting: Case Studies from the 2002 Proxy Voting Season," http://www.icgn.org/organisation/documents/cbv/cbv_crossborder_voting_may2003.pdf

32. *The Times* (London), June 14, 1993.

33. For instance, see *Pensions & Investments*, July, 21 1997.

34. Tim C. Opler and Jonathan S. Sokobin, "Does Coordinated Institutional Activism Work? An Analysis of the Activities of the Council of Institutional Investors," Working Papers Series 95-5, Dice Center for Research In Financial Economics, October 1995. Available at SSRN: http://ssrn.com/abstract=46880 or DOI: 10.2139/ssrn.46880.

35. 其中最具影響力的機構包括NAPF、英國的Association of British Insurers、美國的Council of Institutional Investors、澳洲的Australian Council of Superannuation Investors、加拿大的Canadian Coalition for Good Governance、愛爾蘭的Irish Association of Investment Managers以及法國的Association Française de la Gestion Financière。

36. *Financial Times*, April 19 2005.

37. See Mathew Gaved, *Institutional Investors and Corporate Governance* (London: Foundation for Business Responsibilities, 1998); Anthony Williams, *Who Will Guard the Guardians?* (London: Management Books, 2000); Minow and Monks, Watching the Watchers; and Sykes, *Capitalism for Tomorrow*.

38. 這種「遵循或解釋」類型的準則，正快速成為美國以外的政府主管機關用來解決問題的方法，以免在無意間又創造出其他問題。在英國，自從凱德伯瑞委員會（Cadbury Commission）於1992年向英國企業界提出建議之後，「遵循或解釋」才

開始受到各界重視。

39. Principle 11.4 in Paul Myners, *Institutional Investment in the United Kingdom: A Review* (London: HM Treasury, March 6, 2001), www.hm-treasury.gov.uk/media/2F9/02/31.pdf.

40. 贊助單位是專業的投資機構：Pensions Investment Association of Canada，法國的 AFG 以及荷蘭的 VB。還有歐洲的 Eurosif，其中包括專門從事社會型投資的基金公司。

41. 請參閱 www.enhanced-analytics.com 網站所公布之最近期簽署數據。

42. 舉例來說，請參閱碳化揭露計畫（Carbon Disclosure Project）、the Investor Network on Climate Risk 以及 Institutional Investors Group on Climate Change。

43. See http://www.pharmafutures.org/.

44. 美林提出類似的解決方案，將其資產管理事業部門與貝萊德（BlackRock）相互結合，同時對合併後之事業單位持有少數股權。有趣的是，美林曾在一年以前考慮過類似於花旗與美盛兩者的合併案，理由大致相同。

45. 有關避險基金的大部分討論，最早出現在由本書作者戴維斯與盧孔尼克兩人合著之 "Who Are These Guys? Welcome to the Hedge Fund Era" *Compliance Week*, April 5, 2005, www.complianceweek.com

46. 本書作者之一盧孔尼克於 2006 年 5 月 9 日獲選為 Sears Canada 的董事。

47. 截至 2005 年 10 月 29 日期間席爾斯的 10Q SEC 申報資料。

48. 其中一項想法是，強迫董事會在大幅裁員之前先取得股東認可。這種做法會迫使董事們提出令人信服的說法，說明裁員係基於股東長期利益的考量。否則，精簡人事有可能變成用來刺激股價短期表現的草率做法，代價則是掏空公司的實力。不過，批評者有可能擔憂，這樣的做法可能會導致投資人過度干預企業的日常管理。請參閱史帝芬‧戴維斯所著之 "Corporate Downsizing: Let Shareholders Vote" 一文，*Pensions & Investments*, 4/29/1996, 14。

5 | 董事會：
新的責任

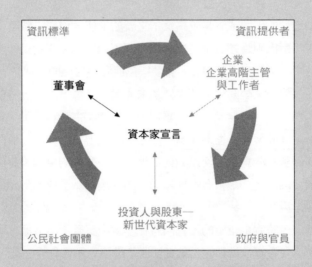

資訊標準　　　　　　　　　　　資訊提供者

董事會　　　　　　　　　　企業、
　　　　　　　　　　　企業高階主管
　　　　　　　　　　　與工作者

資本家宣言

投資人與股東—
新世代資本家

公民社會團體　　　　　　　　　政府與官員

董事會監督股票上市公司，並對股東負責。在過去，董事會只不過是
裝飾品，因此造成責任迴路中斷。但是本章將說明，董事會已變得主
動專業，且能迎合新世代資本家的需求，進而迫使企業的高階主管推
動大刀闊斧的改革。

1986年一個寒冷的午夜，賓州與紐約的兩家鐵路公司的董事會，隨著剪綵典禮的彩帶被剪斷，代表了這兩家原為競爭對手的鐵路公司合併成為賓州中央鐵路公司（Penn Central），這將是全美最大的鐵路公司，同時也是規模排名第六大的企業。不過，賓州中央鐵路公司卻在兩年後破產，隨之消失的還有十萬名鐵路債權人的資金，以及十一萬三千名股東的積蓄！[1]

創造性的破壞或許是效率資本主義的常態，但是，整體市場數十年來不斷出現這類企業災難，讓我們不禁要問：究竟是什麼因素允許董事會眼睜睜看著醜聞、貪婪與無能吞沒自己的公司？

在每樁企業醜聞中，董事們都未能保護股東。然而，這些董事並非全都是貪腐或無能之輩。事實上，根據文書資料顯示，有些董事似乎是商界與學界裡最傑出、最正直的人士。[2] 但是，他們卻沒有扮演好董事的角色。何以如此？這只是一連串的爛蘋果事件，還是結構上的問題？是否有哪些結構上的缺陷助長了或至少允許這樣的災難出現？

總之，答案是肯定的。我們將在本章中試著指出這項缺陷，並說明新世代資本家推動的企業責任改革措施，保證會解決這問題。

三大因素

管理大師杜拉克對這個問題的立場很明確。「所有董事會都有一個共同點。」杜拉克表示。「他們並未發揮功用。」他認為董事會的失職是全球現象。大型上市公司的出現，是其中的關鍵因素之一。「不論在美國、英國、法國或德國，董事會原本的設計目的是要代表股東……每位董事對企業都有相當重大的利害關係……但是，先進國家的上市公司並非掌握在一小群股東手中。這些企業的合法股權掌握在數以千計的『投資人』手裡，董事會因此不再代表

股東，事實上根本不代表任何一位特定的股東。」[3]

這項嚴重的結構性缺陷，正是當今企業的核心特質。從書面的資料來看，董事要對股東負起法律與道德責任。股東將任命執行長、制定策略、核准資本支出與派發股利的權力交付董事。雖然新世代資本家擁有企業，除非董事會回應他們的需求，否則他們無法發揮影響力。然而事實上，在股權分散的企業裡，董事幾乎不認識股東，或是聽得到他們的聲音，也不覺得自己的職務有賴股東的支持。在由握有主導權的投資人掌控的企業裡，董事與少數股權股東之間往往沒有太多關聯存在。

結果便造成責任迴路的中斷。想一想只回應政府部會首長或內閣大臣、而不與百姓對談的國會議員，或是自我選任而不必經由定期選舉產生的立法委員。在政治界，這種現象稱為照顧特殊利益。在社會工作界，這稱為遭到委託人俘虜。在過去的商業界，這是一種常態。

董事不再對股東負責，一直是企業正當性（corporate legitimacy）核心中的毒瘤。還好，這個毒瘤正開始接受治療。董事會正回復過去該有的責任擔當，這又是公民經濟崛起的另一個證據。首先，讓我們檢視董事會何以如此無能。背後的三大因素分別為缺乏資訊、影響力不足、與無能，這三項因素的交互作用影響了董事會表現。

因素一：資訊

路易士‧卡波特（Louis Cabot）的資歷足以擔任大型企業的董事。事實上，他曾擔任過好幾家大公司的董事，而且原本要出任波士頓聯邦準備理事會（Federal Reserve Bank of Boston）與波士頓東北大學（Northeastern University）的理事。然而，他也是眼睜睜看著賓州中央鐵路公司跨台的董事之一。以下是他對自己在擔任該公司董事的一年期間內對董事會議的描述：

　　　　在賓州中央鐵路公司每場歷時一個半小時的董事會議當
中，我們會審核一長串小筆金額的資本支出計畫，我們看到的
是草率的財務報告，而且幾乎不探討任何細節。這些報告的目
的不是要提供資訊，我們也被要求，不得將這些報告帶離會議
現場。執行長總是以口頭的方式向我們保證，下個月的營運結
果會有所改善。[4]

　　哪些資料會呈交到董事會以及何時呈交，將決定董事會的功效
如何。不管有多積極任事，資訊不足的董事會無法如投資人預期地
一般，發揮適當的監督與管理功能。

　　可是各位可能會問，如果賓州中央鐵路或是其他公司的董事發
現，自己無法取得必要的資訊，他們為什麼不開口提出要求呢？其
中一個原因是，外部的董事往往面對各種誘因要他們照章行事，而
且受到勸阻不要提出問題；如果他們想盡忠職守，就會被孤立成為
麻煩製造者。

因素二：影響力

　　執行長對董事會具有影響力，而且是很大的影響力。雖然大多
數執行長歡迎董事會提出意見，有些執行長卻對董事會的任何限
制、甚至對董事會客氣提出的問題感到惱怒，並運用自己的權力迴
避董事會的有效監督。

　　想一想執行長羅斯・強生（Ross Johnson）採取哪些行動，以
確保他本人而不是雷諾納貝斯克公司（RJR Nabisco）的股東成為董
事會關愛的對象；布萊恩・巴洛（Bryan Burrough）與約翰・海爾
亞（John Helyar）兩人在合著的《門口的野蠻人》（*Barbarians at
the Gate*）一書中，詳盡探討了雷諾納貝斯克的不當作法。以下摘
錄的內容說明了，在董事長保羅・史蒂克（Paul Sticht）去職之

後，強生如何阻止董事們提出抱怨：

這些董事發現，自己的所有需求現在都受到妥善的照顧。安迅資訊（NCR）的比爾・安德森（Bill Anderson）繼史蒂克之後成為國際諮詢理事會（International Advisory Board）的理事長，每年的酬勞是8萬美元。強生裁撤了雷諾納貝斯克的股東服務部門，並將相關的業務外包給約翰・麥德林（John Medlin）的美聯銀行（Wachovia Bank）。強生給了璜妮塔・克瑞普絲（Juanita Kreps）200萬美元，讓後者在杜克大學（Duke University）設立兩項榮譽教授職位，其中之一以她自己命名。此外，杜克大學還收到200萬美元的捐款，其商學院還將一座新大樓的一間大廳命名為「霍瑞根大會堂」（Horrigan Hall）（強生並被任命為杜克大學的董事之一）……

在此同時，董事會議的次數大幅減少，董事們的酬勞則增加到5萬美元……強生鼓勵董事們免費隨時使用雷諾納貝斯克的企業飛機飛航至任何地點。「有時我覺得自己像是運輸處處長，」替某位董事安排一次飛航行程之後，強生如此嘆氣說道。「但是我知道，如果我幫助他們，他們到時候也會幫助我。」[5]

強生與雷諾納貝斯克並非單獨的個案。強生所傳達的教訓：要讓董事成員妥協，就得透過他或她的荷包，新一代的執行長都牢記在心。世界通訊的創辦人兼前任執行長伯尼・艾柏茲（Bernie Ebbers，已被判處詐欺與共謀罪），曾經同意讓董事史戴茲・凱勒特（Stiles Kellett）以1美元的月費租用公司的飛機。凱勒特是世界通訊董事會的獎勵委員會主席，該委員會接著同意以世界通訊的資金，提供艾柏茲4億美元的個人貸款。凱勒特的確幫了艾柏茲一個「大忙」。當美國運通（American Express）出紕漏的時候，結果發

現，其前任執行長吉米‧羅賓森（Jimmy Robinson）支付董事亨利‧季辛吉（Henry Kissinger）一筆顧問費。當然了，這會讓人懷疑，凱勒特與季辛吉會不會幫股東的忙。

因素三：無能

最後第三項因素是無能。董事會由個人所組成。只要掌控董事會的組成分子，就能掌控董事會。如果你邀請的是一心想建立社會地位的人、不具有商業知識的名流、不具備相關知識的人士、或是與執行長或具有掌控權的股東有特殊關係的人等組成董事會，那麼要這樣的董事會發揮監督功能，不啻是一則神話。

以下的個案可說明一切。1911年，針對巴西橡膠農場公司（Brazilian Rubber Plantation and Estates Ltd）垮台所進行的調查顯示，主事的董事會太過無能，簡直就像英國知名喜劇小說家伍德豪斯（P.G. Wodehouse）小說中的人物一般：「亞瑟‧艾利莫爵士（Arthur Alymer）對商業一無所知……塔克威爾（H.W. Tugwell）……高齡七十五歲而且嚴重重聽……巴柏（Barber）是一個橡膠代理商，他被告知，他唯一要做的是，在橡膠運抵英國的時候說明橡膠的價格。」[6]

兩個世代之後，董事會文化並未有明顯的改善。資深董事布斯畢男爵（Lord Boothby）於1962年左右說明了董事會的工作內容：「沒有人要求你做出任何努力。你搭乘公司提供的汽車，每月參加一次董事會議。你的表情要既嚴肅又睿智，說兩次『我同意』，說一次『我不同意』，如果一切順利，你每年可以拿到5500英鎊的酬勞。」[7]

這種情形現在比較少見，但絕非完全不存在。美國近期由名流出任的董事包括二流名人（貓王遺孀普西拉‧普萊斯利〔Priscilla Presley〕）、運動員（美國職棒洛杉磯道奇隊〔LA Dodger〕前經理

湯米‧拉索達〔Tommy Lasorda〕，拳擊手萊拉‧阿里〔Laila Ali，拳王阿里的女兒〕）、民主與共和兩黨的政治人物，以及其他各式各樣因為具知名度而獲選擔任董事的人。在英國，戴瑞克‧希格斯爵士（Sir Derek Higgs）於2003年公布的報告中表示，只有4%的董事成員與其他所有等級的員工一樣，經過一定的聘用過程遴選而產生。事實上，麥當勞在招募與訓練漢堡調理員的程序的嚴格程度，遠遠高過資產高達數十億美元的企業選任董事的程序。

因此這三大因素：缺乏資訊、影響力不足與無能，塑造了特殊的條件，導致董事會完全無法發揮應有的效用。

違反地心引力的執行長高薪

讓我們檢視一個足以證明董事會昏睡不醒的鮮明範例。最能引起媒體注意的，或是最能明確顯示董事會的效忠對象已由股東轉成執行長，莫過於董事會支付高階主管的天文數字酬勞，尤其是美國企業。當然，執行長長久以來一直享受著優渥的生活、豪華的辦公室、高雅的娛樂活動、私人飛機與其他優厚待遇。但是從1990年代起，董事會開始允許執行長大手筆圖利自己。諷刺的是，這些人憑藉的理由是，這是為創造股東價值的必要之舉。

執行長的說詞基本上是，股東有獲利時，他們也應該受到獎酬，如此一來，才能鼓勵他們關心股東的利益。首選的作法是股票選擇權，也就是讓高階主管有權以今天的價格在未來買進公司的股票。不同於在市場中買賣的選擇權，執行長可以免費獲得這些選擇權。他們所持的理由是，如果股價上揚，這對股東與高階主管雙方都是好事一樁。董事會很快便開始送給執行長數以千計的選擇權，有時是數百萬股選擇權。但是，如果股東因股價下滑而受傷，執行長卻毫髮無傷。執行長告訴董事會，公司必須支付他們「具競爭力」

的酬勞才能吸引他們留任。換言之，他們的薪水只能往上調整。

　　許多公司的股價在1990年代飆高，原因不只是因為執行長領導有方，也是因為利率走低激勵股價出現循環性的上揚，因為低利率會刺激股票買氣。就連沒有創造股東價值的高階主管也跟著受惠。但是董事會往往太照顧經營團隊，以致於未能重新思考高階主管的高薪是否合理。他們的資訊太過不足，無法充分了解這種僵化而死板的薪資制度的後果，他們也太過順從，因此無法反對獎酬制度顧問（這些人往往接受執行長的聘用）的意見，後者似乎總是主張，如同神秘的沃布岡湖鎮（Lake Wobegon）〔譯註：一個虛擬小鎮〕一樣，企業執行長的身分非比尋常，因此也應享有非比尋常的酬勞。過去便曾發生令人尷尬的情景，紐約證券交易所（New York Stock Exchange，當時並非股票上市公司，而是負責規範數千家股票上市公司的準政府機構）的獎酬委員會的主席表示，他從來不知道前任執行長理查・葛拉索（Richard Grasso）的薪資酬勞總額居然高達1億8700萬美元。[8]

　　所以，美國企業執行長的酬勞高聳入天，衝出雲霄，之後脫離太陽系。而董事會卻放任這種情形發生。MVC顧問公司（MVC Associates International）發現，截至2004年底的五年期間，羅素三千指數（Russell 3000）中排名墊底的六十家公司的市值減少了7690億美元，並造成4750億美元的經濟損失，而董事會付給每家公司前五大高階主管的薪資卻超過120億美元。[9] 1992年，美國前五百大企業執行長的平均薪資是270萬美元（以2002年的實質美元計算），這還不包括退休金、特殊福利與各種「暗盤」。到2000年，這項平均數字是1400萬美元，漲幅超過500%。[10] 在這八年期間，這五百大企業的執行長光是反映通貨膨脹的加薪，便讓企業與其股東們每年多損失56億美元，相當於美國每年援外金額的一半。[11]

頭等艙待遇

　　許多執行長或許是辛苦掙得自己應有的酬勞，因為他們的績效卓越。他們的董事會真正了解自己對股東的責任是要替企業建立可長可久的價值。然而，有些公司的相對績效不彰，高階主管卻坐領高薪，或者更糟糕的是，有些人是因為利用詐騙手段美化績效而獲得高薪。事實上，股票選擇權或許助長了這些詐騙行為，因為高階主管有了誘因推升自家公司的股價，以進一步拉抬自己的股票選擇權的價值。麥可‧簡森、凱文‧莫菲（Kevin Murphy）與艾瑞克‧洛克（Erick Wruck）在三人合著的《執行長薪資》（*Remuneration*）一書中，將股票選擇權形容為「組織海洛因」（organizational heroin），因為高階主管會養成對股東報喜不報憂的惡習，以保護自己的選擇權的價值。[12]

　　當高階主管的貪婪作為損及股東權益，甚至到令人髮指的地步時，有些董事卻對此視而不見。環球通訊公司（Global Crossing）的董事們大方地頒發一分四千字的聘書給執行長羅伯特‧安努奇亞塔（Robert Annunziata），要求公司為這位執行長購置一台添加特殊裝備的賓士500 SL轎車，每月還要提供頭等艙機票給安努奇亞塔的妻子、兒女與母親以探視前者。此外，安努奇亞塔還有1000萬美元的簽約獎金，以及低於市價的兩百萬股股票選擇權。「我們認為，只要出現在公司就能拿到相當於3000萬美元薪水的人，可以自己花錢購買賓士轎車跟機票。」企業圖書館（Corporate Library）的尼爾‧米諾（Nell Minow）表示，他對環球通訊董事會在回應股東意見時的表現給予極低評價。可想而知，環球通訊後來宣布破產。[13]

　　經濟學家約翰‧肯尼斯‧蓋爾布雷斯（John Kenneth Galbraith）在一分嚴厲抨擊董事態度被動消極的評論中表示，「大型企業執行長的薪水不再是獎勵績效的市場，如今變相成了個人圖利自己的舉

動。」[14] 但是，這些高階主管坐享不合理高薪的案例意義重大，並不只是因為可以創造聳動的新聞標題。重點在於：這種不論績效好壞、大手筆將財富轉移給執行長的事情之所以會發生，原因在於董事會不覺得自己需要對股東負責。他們並未要求獲得正確的資訊，因此很容易受制於執行長的影響力，或是根本沒有能力執行自己的監督職責。

但是，這種情形正在改變當中。隨著新世代資本家法人投資機構的覺醒，他們愈來愈懂得質疑董事會的角色與職責，試圖重新替責任迴路注入活水。他們正在替現代的企業，擬定一套史無前例的新憲法。

不良資產

讓我們檢視早期的公民投資人為改善董事會責任而進行的一項運動。席爾斯是美國早期經濟的代表企業之一。該公司的郵購目錄遍及美國西岸的所有家庭。該公司大舉進軍郊區，以滿足從二次大戰返鄉的士兵的需求。到1980年代中期，該公司的輝煌傳奇似乎已成為古老的歷史。當沃爾瑪、服飾公司蓋普（Gap）與電路城市（Circuit City）等新業者的銷售業績蒸蒸日上時，席爾斯的獲利卻連年下滑。該公司的因應之道是同時經營多項業務，但隨即四處碰壁。經營團隊出售芝加哥的地標席爾斯大樓（Sears tower），並跨足財務服務業，收購全州保險公司（Allstate）、添惠投資經紀公司（Dean Witter）與不動產公司（冷井銀行〔Coldwell Banker〕），甚至還想成為大盤商。跨足商品與股票的結果證明是嚴重失策。

1991年，羅伯特・蒙克斯盯上席爾斯的董事會。蒙克斯原先任職於美國勞工部，負責監督退休基金；他創辦了委託投票顧問公司法人股東服務公司（Institutional Shareholder Services, ISS），也是北

美洲主要的股東行動主義領導人之一。他採取的作法既明確又激進：他以獨立人士的身分競選席爾斯的董事。

席爾斯的經營團隊用盡一切手段打擊蒙克斯。蒙克斯既無財力又沒有律師團奧援。席爾斯對蒙克斯提出告訴，似乎有意要以訴訟可能導致個人破產的事實來威脅蒙克斯。該公司甚至縮小董事會編制，以降低不滿的股東可能險勝的風險。

蒙克斯最後功虧一簣，但是隔年他再度捲土重來。這一次，他嚴厲譴責董事會長期以來未能負起對股東的受託責任。他在《華爾街日報》（*Wall Street Journal*）刊登一則廣告；內容簡單明瞭令人拍案叫絕，有效地傳達了訊息，而且將焦點精準地集中在董事會身上。這則廣告顯示的是席爾斯董事們的側影，取材自席爾斯股東年報刊登的董事照片。廣告的標題是「不良資產？」。

蒙克斯的廣告將財務界的焦點集中在這些原本應該負起受託責任的董事會身上，在此之前，企業的董事會一直是一群不知名的人士。財務界開始對個別的董事提問，要他們說明，他們對自己所代表的股東們做過哪些事情。不久之後，席爾斯宣布計畫分割添惠，出售冷井銀行，並準備開始出售全州保險。該公司的市值在一天之內就增加超過10億美元。一年後，股東的投資報酬率超過36%，這是在股價表現疲軟一年以後的事情。[15] 更重要的或許是，蒙克斯的這場運動再造了席爾斯董事會與股東之間的連結。董事們被迫重新展現擔當，肩負起公司營運績效與對投資人的責任。

整頓董事會

公民經濟正像水晶體一般成形中。水晶體需要一個「種籽」才能結成晶體。法人投資機構因為聽從艾拉·米爾斯坦（Ira Millstein）的建議而發現這顆種籽。滿頭白髮、愛把常識掛在嘴邊的米爾斯坦

是威嘉律師事務所（Weil, Gotshal & Manges）的資深合夥人，後來在他的指導之下，經濟合作與發展組織創立了企業治理準則（Principles of Corporate Governance）。他曾在法人投資機構理事會（Council of Institutional Investors）的會議上發表演說，敦促退休基金將焦點集中在投資組合中表現落後的標的公司。很快地，表現不佳的企業，例如席爾斯，變成了水晶體裡的種籽。

基金公司開始將注意力集中在排除責任迴路中的障礙。他們強力要求企業對外延攬真正的董事，這些董事必須能獨立於經營團隊或具有掌控權的股東之外，因為他們認為，沒有利益衝突的董事，才能扮演好受託人的角色。政府官員與立法者很快便從善如流。今天，獨立董事已經被列為在大型證券交易所掛牌交易的標準之一，也是全球的企業治理準則之一。

接著投資人開始解決資訊不足的問題。最好的作法是，董事會之下的重要委員會可以不透過經營團隊直接聘請專家。有些準則甚至規定得更明確，規定董事必須在每次董事會議舉行前幾天收到相關的文件，或是董事成員可以直接與公司內任何一位員工接觸，以取得未經執行長過目的資訊。美國的沙賓法案（Sarbanes-Oxley）規定，查核委員會的成員當中必須有某些人具備會計與金融市場的專業知識。同時，律師也開始建議董事會，必須徹底了解自己所要制定的是什麼樣的決策，以便能規避不利責任，並同時盡到自己的職責。

最後，大家愈來愈重視董事的資格，努力篩除無能與不適任者。包括企業圖書館、國際企業治理標準（GovernanceMetrics International）、法人股東服務公司與董事會研究公司（BoardEx）在內的機構，都提供投資人使用簡便、內容豐富的企業董事成員資料庫，並分析這些股東代表股東行使職權的表現如何。

所以，去掉這三個因素之後，問題解決了嗎？

答案是，不完全是。排除責任擔當的障礙是必要條件，但或許不算是充分條件。路西安・貝舒克（Lucian Bebchuk）與傑西・佛萊德（Jesse Fried）的說法最為精闢，他們表示，我們希望董事會「仰賴股東」的程度，更甚於要他們獨立於經營團隊之外的程度。[16]董事們依然需要與他們所代表的股東重新建立連結。接下來我們就來探討該怎麼做，首先問一個非常基本的問題：「董事會的目的何在？」

董事會的目的何在

董事會是企業的最高行政單位。尤其是企業法規定，「每家企業的業務與活動……應該接受董事會的管理或是聽命於董事會。」[17]不同的國家有不同的董事會模式。德國將企業的治理權一分為二：獨立的監督董事會以及負責管理企業日常營運的管理董事會。傳統上日本董事會的規模很龐大，有時人數多達三十人以上，並且由高階主管主導，不過，這種情形已經在改變。美國董事會的規模比較小，而且大多數由外部人士擔任。英國的董事會則由內、外部人士共同組成。在某些國家，董事會的組織受到法律管轄，在其他國家則受到習俗的規範。但是在所有國家當中，董事會都必須對企業的行為負起最終的責任。只有董事會才能管理企業，就像只有國會的立法委員而不是公民，才能直接管理一個國家。

基於這項職責，新世代資本家應該期望有效率的董事會達成什麼任務？

首先也是最重要的，所有董事會的職責都是要確保企業受到正確的領導。企業的宗旨是要替股東創造獲利。企業唯有在受到正確的領導與激勵的情形下，才能達成這項任務。有些觀察家對近期的改革措施看法不一，例如美國的沙賓法案。過度規範有可能擴大董

事會可能面對的法律責任，使得董事們傾向於規避風險，卻無法獲得獎勵，如此一來，守法所付出的代價反而超過益處。如果證明最後會出現這種情形，推動改革將會弄巧成拙。在創業市場經濟中，企業治理指的不僅是董事會的行事作風講求政治正確，或是遵循相關的法規。董事的職責不是扮演企業警察，而是要創造價值。

董事會的第二項職責是，要能在不受經營團隊或具有掌控權的大股東的影響下，判斷哪些作法對所有股東最為有利。董事會必須確保經營團隊將投資人放在第一優先，而非他們自己。董事們必須願意且能夠在必要的時候解任執行長。這是董事會是否能真正不受經營團隊影響的最終試驗。

這就牽涉到董事會的第三項職責：運用專業知識。如果董事們要做出明智的決策，必須找尋並運用專業知識，尤其是對業務牽涉到複雜技術的企業而言。有時，董事們必須到公司以外的地方找尋這類的服務，以取得對某些活動的公正意見。

書面上，這些職責全都規定得非常明確。不過，在真實的世界裡，建立創造價值的領導力這條路上，卻是充滿了利益衝突與重重困難。請想像自己是一位董事。你代表股東，你很少、甚至從來沒有見過這些股東，他們也沒有針對你的職責給予太多指引。你必須聘請並支持執行長與一個頂尖的經營團隊。你必須適當地激勵他們，提供他們獎勵，誘導並鼓勵他們發展與推動新策略以創造價值，而且全都要合乎道德與法律規範。你要對公司採用的所有政策負起完全的共同責任，同時還必須了解，萬一執行長與他的團隊最後失敗了，你必須淘汰他們。而且，一切舉動都必須符合多數上市公司應當遵守的公開透明、資訊揭露、以及法規限制。

這些都是重責大任。然而，一些不為人知的劃時代發展，使得企業開始負起這些責任。以下我們就來說明新發展的責任架構。

體制化企業

　　值得一提的是，我們在改造董事會這項任務上已經有了長足的進步。如同我們在第二章看到的，企業發展的早期階段沒有太多法律規範，而且投機氣氛相當濃厚。多年下來，大多數國家的法律、規定與文化已經強力抑制了企業剝削股東的能力。當然，並非所有國家的情形都是如此；在沒有限制的情形下，董事還是有可能對投資人造成傷害。1990年代，在俄國政府成功地將國營事業民營化、股東保護尚未蔚為一股力量之前，這種情形相當明顯。董事們會以低價將自家企業生產的產品出售給受自己掌控的公司，靈巧地將大部分獲利據為己有。如果少數股權股東出言反對，董事們便會以低價發行更多股票給自己和友人。有時候，他們會省略中間步驟，乾脆將某些股東從合法股東的名冊中「除名」，藉以提高自己的持股比例。

　　在大部分地區，這種濫權的行為一直是違法的。大多數已開發市場紛紛進行嚴格掃蕩，以確保董事無法利用職務濫權謀私。

　　近至1980年代中期，在許多西方市場「內線交易」並不違法。一名肆無忌憚的董事可以在與企業營運有關的利多消息宣布之前買進股票，或是在利空消息發布之前賣出股票，讓股東們付出代價以圖利他自己。在法國，1970年以前這樣的作法一直是合法的，在德國則是直到1994年。[18]今天的立法委員正費盡苦心解決問題，以確保這類的不當行為不容易發生。2005年5月，西班牙股市要求董事會必須公布企業與「和董事成員存有密切關係的人士」雙方之間的交易，此舉在企業界引起軒然大波。董事們紛紛對此提出抗議，因為他們害怕會出現所謂的「董事會關愛名冊」的效應。[19]

　　第二項關鍵性的改革措施是不同董事族群之間的權力分割。許多年來，德國企業一直採行雙重董事會系統，也就是由監督董事會

負責監督執行董事會。在採用單一董事會制的國家，改革派人士想要了解，哪些議題可能會導致董事會與執行長在看法上相互衝突，包括執行長本身的選任、解任與酬勞；新董事的提名；以及對查核會計師報告的回應。這些議題將不再屬於執行董事會的職責，而是改由只由獨立董事組成的委員會處理。獨立董事的特殊角色，現在已成為企業基礎架構的基石，同時列入紐約證券交易所的上市標準、英國的企業治理聯合準則（Combined Code）、印度證券交易管理局（SEBI）的規定、以及中國證券監督管理委員會（China Securities Regulatory Commission）的指令中。

仰賴股東

許多國家的作法更進一步，要求董事長不得兼任執行長。董事長當然必須負責讓董事會運作正常，包括保證監督執行長。在這種監督架構之下，執行長握有經營主導權，但是不應該扮演監督自己的角色。

這些改革措施讓董事會更進一步分權，這是企業朝體制化邁進的一大進步。這些措施反映了各界對排除負面的不當影響力所做的努力，因為這些影響有可能導致董事會不對股東負責任。更困難的新任務，是要定義董事會應負的義務；如同貝恰克與佛萊德所說，董事會不僅要能不受執行長的影響，還要「仰賴股東支持」。在建立公民經濟的過程當中，這些措施都是重大的進展。

董事應該由股東負責選任與解任，就像國會議員應該由公民選舉產生或罷免，這應是最重要的共識。各位或許認為我們現在就是這樣，但事實並非如此，至少不是每個地方都是如此。的確，這種股東擁有權力的表象十分普遍：董事經由「選舉」產生，還有代理「投票」，以及「推選」的獨立監察人。然而，事實卻有些混亂。

在過去，經營團隊與具掌控權的股東利用許多手法以規避對投

資人的責任，這些手法目前依然存在。舉例來說，這些人會發行與普通股權利相同、但不具投票權的特別股。他們成立各式各樣的控股公司，其中某公司持有另一家公司51%的股權，即使經濟利益遭到稀釋時，他們依然可以掌握企業的主導權。他們會設法讓股東不得行使投票權，比方說，他們會要求股東親自出席股東大會，或是要求股東在委託書上親筆簽名（而非透過傳真或網路投票），或是堅持股東不得在投票期間出售持股。

這些濫權現象正一點一滴地被消除。二十年前，「一股一票」的呼籲促成法人投資機構理事會的成立，這是由退休基金組成的創新組織，宗旨在於改善企業的治理績效。今天，「一股一票」已經被許多國家視為最好的作法。我們並非在宣稱，這種作法已經廣為世人所接受；事實完全不是如此。但是在大多數英語系國家，特別股與雙重表決權愈來愈罕見。在歐洲大陸，這樣的作法也逐漸減少。巴西原先允許企業以三分之二的股本發行特別股，目前已將這項比例降低為二分之一，而隸屬「新市場」（Novo Mercado）〔譯註：巴西新設立的股票市場，在此掛牌交易的企業強調企業治理與透明化營運〕的企業理所當然堅持「一股一票」的作法。[20]

此外，股東行動主義人士也在抨擊金字塔狀的持股架構。在某些國家，比方說挪威、瑞典與芬蘭，為了確保自己受到保護，企業的股東擁有提名董事的特別權利。義大利目前正在立法，允許少數股權股東選任可以代表自己的董事，以確保經營團隊不會濫權。

美國的蘇聯式董事選舉方式

這些改革措施都鼓勵投資人肩負起自己的受託責任，各地的投票率都在提高當中。如同我們在第四章時說過，在1990年代的英國，共同基金在被投資企業的股東年會中行使投票權的比例只有20%。今天的比例平均是55.9%。事實上，如同我們將在第六章中

看到，在目前，投票比例的分析服務是很重要的商業活動。最大的投票諮詢業者法人股東服務公司擁有五百五十名員工，目前在全球的諮詢客戶超過一千三百家公司。但在二十年前，該公司的財務狀況岌岌可危，連是否能生存下去都令人懷疑。

當然，除非建立推舉賢能的程序，否則行使投票權的意義不大。董事會本身通常會提出候選人名單。在過去，這往往意味著執行長或是某位握有掌控權的大股東會親自擬定名單。但是今天，主要由獨立董事組成的獨立提名委員會，這已逐漸成為許多大型市場的最佳作法。在包含英國在內的某些國家，相關的法規規定，企業必須透過適當的程序找尋符合資格的董事提名人選，再交由股東認可。事實上，代為招聘董事的服務產業正快速興起。

令人訝異的是，在這方面表現落後的是美國。在美國，股東提出候選人名單的機制不是太過效率不彰，就是容易引發衝突。股東一方面可以向董事會提名候選人，但另一方面，董事會也可以不理會這些建議，而事實往往便是如此。股東可以發動一場昂貴的委託代理戰（就像蒙克斯與席爾斯之間的戰爭），但是這種委託代理戰必須付出的高昂代價以及正面衝突的局面（這種選舉在法律上甚至被稱為「異議」選舉，好像選舉的結果本來就該是無異議似的），這意味著，很少會有股東參與這種戰爭。事實上，這種作法通常比較常見於惡意併購。美國所欠缺的是其他某些國家所擁有的中間地帶：以一種不易引發衝突、而且例行性的方式，讓股東能夠考慮由另一群股東所提名的董事候選人。

雪上加霜的是，美國與加拿大的企業董事是透過獨特的包裹表決方式產生。投資人不能投票反對任何一位候選人；他們只能投下贊成票，或是表明不投票。這種選舉方式的底線看來非常可笑，一場典型的「無異議」選舉中，只要一票贊成票，就可以選出所有的董事。蒙克斯與米諾簡單明瞭地說明了這種狀況：「選舉只是一種

形式。」[21] 就連代表主流意見的法官的看法也是如此；德拉瓦州法官威廉・錢德勒三世（William Chandler III）與小里歐・史坦恩（Leo Strine Jr.）在2003年一分重要的報告中指出，大多數美國企業的董事選舉是一件「無關緊要的事情」。[22] 其他批評者的措詞更加直接，稱呼美國的董事會制度為「蘇聯式」制度。

　　但是，改革的腳步已經啟動。拜新世代資本家的強大壓力之賜，美國企業未來可能改採多數決形式。國際企業治理網路、法人投資機構理事會與加拿大卓越企業治理聯盟（Canadian Coalition for Good Governance, CCGG），已經將多數表決制列為重要的改革之一。就連保守的美國律師協會（American Bar Association）也已經放寬限制（儘管只是微幅放寬），允許董事的選舉方式可以有某些改變，以強化董事對股東的責任。

　　由於看到公民經濟責任標準的建立，愈來愈多的美國企業已經開始朝這個方向邁進。長久以來一直在企業治理上領先群倫的輝瑞大藥廠（Pfizer）於2005年宣布，如果多數股東對某位董事不投下贊成票，雖然董事會在技術上可以選擇留任該董事，公司仍將要求該董事辭職。迪士尼與其他企業很快便群起效尤。輝瑞的這項創新作法，終於有希望可以讓董事的選舉過程變得有意義。此外，來自加拿大卓越企業治理聯盟的強大壓力，說服加拿大的每間銀行在幾個月的時間內採取類似的行動。

改革熱潮

　　整體來看，責任擔當已成為一股全球風潮，因此1990年代早期提出的批評，現在看來早已顯得過時。這句話的意思並不是說，努力建立「體制化企業」的任務已經完成，事實根本不是如此。但是，我們已經看到長足的進步。

　　從1994年到2004年這十年期間，超過五十個國家引進新的企業治理準則，強化了企業的責任迴路。[23] 國家花費數百年的時間才建立起政治責任制度。然而，僅僅二十年的時間，全球的企業卻以數倍的速度改革自己的責任擔當標準。在某些國家，相關的現代化措施形同一場企業革命。在商業界，新的董事會績效、能力與責任擔當等架構的建立，好比是政治界中的權利法案或憲法的制定。

　　這些體制上的改革是否帶來任何改變呢？當然有。讓我們檢視一個案例就好。博思管理顧問公司（Booz Allen Hamilton）多年來持續監督全球前兩百五十大企業過去十年來招聘與解任執行長的作法。1995年，董事會解任企業績效不彰的執行長的比例不到九十分之一。基本上，當時的執行長可說是終身職。不過，到2004年時，相關的研究發現，因績效不彰而遭解職的執行長人數已經增加了四倍。這些研究的作者因此認定：「這是無法否認的趨勢，其中牽涉的意義深遠。在全球主要的經濟體中，不滿的大股東與企業的其他組成分子，已經從專橫的執行長手中奪回權力……董事會與經營團隊需要改變自己的組織與作法以因應當前的環境，因為高階主管已經不再理所當然地具有絕對的主導權。」[24]

　　博思管理顧問公司的研究提出了另一個中肯的觀察結果。導致執行長離職的主要原因是績效不彰，而非個人道德出現爭議、從事不法行為或是權力鬥爭的結果。在未來，隨著更多董事會負起責任檢視企業的營運，可能會有更多執行長失去工作。獨立的董事們已愈來愈樂意接下監督經營團隊的新角色。

董事警察？

　　簡言之，本章一開始所描述的董事會長久以來扮演橡皮圖章角色的年代，已經逐年被講求責任擔當的董事會架構所取代。目前仍

有許多工作有待完成，尤其是強化董事對公民股東的依賴。但是當前的現象反映出，透過董事會的功能，企業已大幅度強化對股東的責任擔當。

不過，還是有些人主張，新世代資本家對責任擔當的重視只不過是一時風潮，並未真正體認企業的使命：以低於競爭對手的成本提供客戶更好的價值，進而創造獲利。批評者問道，如果我們將注意力過度集中於董事會的責任擔當，會不會削弱他們的主要功能，也就是對企業提供富有創業精神的領導力？

以卓越的治理的目的來說，如果我們過度講究合法的程序與作法，當然會有實際的危險存在。強化責任擔當的目的是要提升股東價值。相形之下，合法程序的目的是要減輕責任，不管這種降低風險作法的成本是否值得。但是問題不在於改革的原則，而是應該如何推動這些改革。

從原則上來看，我們很難理解，一個沒有責任感的制度，怎麼可能比有責任感的制度創造更多價值。事實上，根據歷史顯示，不論是企業或是國家，缺乏責任感與專橫無理的領導只會造成經濟衰退，不會促進普遍的經濟繁榮。不管在哪個年代與哪個地方，這都是不爭的事實。想一想君主專政時期的法國、共產主義的蘇聯或是今天由集權統治的北韓。以麥斯威爾通訊公司（Maxwell Communications）、世界通訊或日光家電（Sunbeam）〔譯註：其執行長鄧樂普（Al Dunlap）以作風冷酷強悍聞名〕這些企業為例，缺乏責任與作風專橫的執行長都未能發揮效用。即使當這些作法似乎奏效的時候，例如美國國際集團（AIG），缺乏責任遲早會提高企業出現重大問題或醜聞的風險。

缺乏責任感的文化似乎會助長高層的貪腐風氣，而非鼓勵他們替整體股東創造獲利。現在的情形似乎正好相反。如同我們之前討論過，一次次的研究顯示，隨著企業在管理制度上日漸獲得改善、

更加重視企業責任、性質上更趨近憲政精神，企業的價值也會因此
獲得提升。德意志銀行於2005年發現，「治理績效獲得改善的企
業，會表現得比治理績效每下愈況的企業要好。」[25]

　　如此一來，我們便要提出許多問題：我們如何知道一家公司是
否有責任？如何知道一家公司是否受到妥善的管理？事實上，由於
近期爆發的嚴重作假帳醜聞，我們如何知道一家公司是否真有獲
利？這些問題的答案，取決於負責監督企業、但鮮為人知的外部機
構的工作。如同我們將在第三篇中看到的，這些機構是公民經濟生
態系統的一部分。我們也需要解讀這些組織的歷史性轉變。

重點整理

- 董事會是企業對股東負起營運責任的關鍵連結。

- 過去的董事往往不夠獨立、缺乏資訊且能力不足，無法有效地扮演監督企業的角色。

- 自從 1980 年代中葉起，我們已經看到董事會的性質出現革命性改變，目的是要提升董事會的獨立性與責任擔當。如今這已成為影響深遠的全球現象。

- 董事會改革包括明確劃分董事與執行長的權限，賦予獨立董事特殊的功能，同時讓董事會取得必要的專業知識。

- 股東投票率的提升，以及股東提名與選舉董事候選人的方式的改進，或許可以進一步強化董事會的責任擔當，讓董事會不僅可以獨立於經營團隊之外，同時變得仰賴股東。

- 董事會改革或許能夠讓企業真正將注意力導向迎合新世代資本家的長期需求。

註釋：

1. Louis Cabot, "From the Boardroom," *Harvard Business Review*, Autumn 1976,41.

2. 舉例來說，安隆的查核委員會主席是備受推崇的史丹佛商學院前任院長。

3. Peter F. Drucker, *Management: Tasks, Responsibilities, Practices* (New York: Harper Business, 1993), 628－629.

4. Cabot, "From the Boardroom."

5. Bryan Burrough and John Helyar, *Barbarians at the Gate* (New York: Arrow Books, 1990), 96－97

6. *Re Brazilian Rubber Plantations and Estates Ltd [1911] Ch 425 at 437*

7. Cited in *Global Proxy Watch 6*, no. 9 (March 1, 2002).

8. "McCall To Quit Stock Exchange After Pay Furor," *New York Times*, September 26, 2003.

9. MVC Association International, www.mvcinternational.com。在一封於2005年11月30日致美國證券交易委員會的信當中，有十檔基金引述該項研究，要求主管單位擬定更嚴格的揭露規定。

10. Michael C. Jensen, Kevin I. Murphy, and Eric G. Wruck, "Remuneration: Where We've Been, How We Got to Here, What Are the Problems, and How to Fix Them," Finance Working Paper 44, ECGI, Brussels, July 12, 2004, 31.

11. Joanna Potts and Christian Humphries, eds., *Phillips Guide to the State of the World* (London: Phillips, 2004), 124. (The U.S. aid budget in 2001 was $11,429.)

12. Jensen, Murphy, and Wruck, *Remuneration*, 45.

13. "The Corporate Library Publishes CEO Employment Contracts Online: Announces Best and Worst in Contract Provisions and Responsiveness from Mom's First Class Airfare to the 'Ministry of Disinformation'," PR Newswire, The Corporate Library, February, 24, 2000. Also see Geoffrey Colvin, "Where's the Beff: It's in the Contract," *Fortune*, April 3, 2000, 70.

14. Quoted in"Warm Words," *Financial Times*, September 30, 2002.

15. Jon Lukomnik, "Shareholder Activism: Two Alpha-Generating Strategies in One," in Marvin L. Damsma, Jon Lukomnik, Maarten L. Nederlof, and Thomas K. Philips, *Alpha, The Positive Side of Risk* (Washington Depot, CT:. Investors Press, 1996).

16. Lucian Bebchuk and Jesse M. Fried, *Pay Without Performance: The Unfulfilled Promise of Executive Compensation* (Cambridge: Harvard University Press, 2004), 206.

17. Delaware General Corporation Law, quoted in Minow and Monks, *Watching the Watchers*, 182.

18. Gavin Grant, "Beyond the Numbers: Corporate Governance in Europe," Deutsche

Bank, London, 2005,60 and 68.

19. Leslie Crawford, "Spain Sets First with 'Lover's Guide' to Boardrooms, *Financial Times*, May 10, 2005, 10.

20. Barry Metzger, *Global Corporate Governance Guide 2004: Best Practice in the Boardroom* (London: Globe White Page, 2004).

21. Robert Monks and Nell Minow, *Corporate Governance* (Cambridge, MA: Blackwell Business, 1995) 206.

22. William B. Chandler III and Leo E. Strine Jr., "The New Federalism of the American Corporate Governance System," NYU Center for Law and Business Research Paper No. 03-01; University of Pennsylvania Institute for Law & Economic Research Paper 03-03, available at SSRN: http://papers.ssrn.com/sol3/papers.cfm?abstract_id=367720 or DOI: 10.2139/ssrn.367720. Accessed March 13, 2003.

23. Metzger, *Global Corporate Governance Guide 2004*, 29.

24. Chuck Lucier, Rob Schuyt, and Edward Tse, "CEO Succession 2004: The World's Most Prominent Temp Workers," *Strategy + Business* Special Report, Summer 2005.

25. Grant, "Beyond the Numbers: Corporate Governance in Europe."

第 3 篇

新世代資本家的生態系統

6 監督市場：
資訊大師

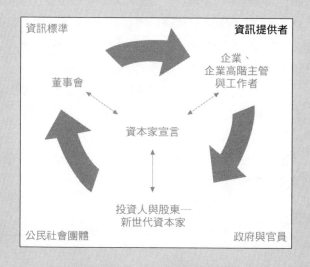

資訊標準　　　　　　　　　　　　　　　　　**資訊提供者**

董事會　　　　　　　　　　　　　　企業、
　　　　　　　　　　　　　　企業高階主管
　　　　　　　　　　　　　　　與工作者

資本家宣言

投資人與股東—
新世代資本家

公民社會團體　　　　　　　　　　　　　政府與官員

資訊是市場的血脈——但是，如果資訊的正確性遭到質疑，結果會如
何呢？本章將探討經紀商、查核會計師、市場分析師與信評機構之間
的利益衝突。我們接著將說明，新世代資本家正如何迫使這些資訊大
師們，讓企業的營運更透明化，讓基金公司更審慎小心。

　　任職於美林的克莉絲坦・坎貝爾（Kristen Campbell）原本可以高枕無憂，期待自己下個月的獎金會再次創新高。然而，她卻正好處在一個轉折點。當時是 2000 年 11 月，也就是網際網路泡沫達到巔峰的時候，她負責分析的高科技類股一天變得比一天不值錢。但是，她不能向倚重她客觀分析的數百萬投資大眾說明這一點。美林的投資銀行家急於招攬新興網路公司的股票承銷業務，以賺取數百萬美元的手續費。因此，即使銀行的高層並未明示，他們想傳達的訊息卻非常明確。分析師的工作是輔助投資銀行業務，不管某檔股票有多糟，都要發布可靠的正面評比意見。

　　對坎貝爾來說，Goto.com 這個網站是壓垮駱駝的最後一根稻草。該公司的財務長陶德・塔賓（Todd Tappin）考慮要委託美林辦理投資銀行業務，但是他要求坎貝爾對 Goto 做出強力的「買進」評等。坎貝爾詳細檢視了公開說明書，卻找不到做出這種評等的好理由。怒氣沖沖的她坐在辦公桌前，發了一封電子郵件給自己的上司亨利・布拉傑特（Henry Blodgett）。

　　「我不想當一個耍弄上司的壞下屬。如果因為零售業務難做，所以做出正面評等，將美林的半數零售業務押在這檔股票上，那麼我可不覺得這麼做是對的。我們會害投資人賠錢，我不喜歡這樣。我們只為了不想看到陶德生我們的氣，卻害約翰和瑪莉・史密斯夫婦〔譯註：美林的散戶投資客戶〕的退休金虧損。」十七個月過後，在紐約州法院對美林提出的訴訟案件當中，坎貝爾在這封郵件結尾直言不諱說出的話成了核心議題：「說我們獨立於銀行業務之外，根本是天大的謊言。」[1]

　　坎貝爾說得沒錯。號稱絕對公正客觀的投資研究報告，事實上卻暗地裡遭到扭曲，目的是為了創造投資銀行業績，這在華爾街是司空見慣的事情。欺瞞的程度令人瞠目咋舌。舉例來說，在股市崩盤時，所羅門兄弟（Salomon）並未對自己追蹤的一千一百七十九

檔股票發布任何「賣出」建議。「我們支援的對象是豬。」花旗銀行的分析師傑克‧葛拉布曼（Jack Grubman）在一封電子郵件中寫道。[2]

利益衝突導致華爾街的分析報告遭到扭曲，這項事實的確導致數不盡的史密斯夫婦，將自己為數不多的積蓄投資在垃圾股票。但是，在這個負責維持市場運作、但意外地卻鮮為人知的龐大精英團隊當中，分析師只是其中的一小群成員。

這些中介機構是生態系統的關鍵環節，此一生態系統可以阻撓或協助企業對新世代資本家負起責任。查核人員針對企業的財務狀態發表意見。分析機構分析企業董事成員的適任資格。投資顧問建議退休基金應投資哪些類型的股票與國家，以及委託哪些資產管理公司進行投資。信評機構認定債券是否是合適的投資工具。像克莉絲坦‧坎貝爾等經紀人與分析師則針對買賣股票提出建議。

如果沒有這些中介人士與機構，或是他們的信譽保證，資金市場將會停滯不前。如果全世界的公民有信心，相信這些資訊中介單位客觀公正，他們就會更自由地將積蓄投入資金市場。

不過，即使立意非常良善，這些機構往往不客觀公正，大部分原因出在長期以來的利益衝突。經濟學家會說，這些扭曲現象不利於資金的有效分配，同時抑制成長潛力。組織理論學家說，這是「委託人—代理人」的問題。受騙的退休人員可能會說這個系統根本是一場騙局。

以公民經濟角度而言，中介機構遭到各方壓力的挾持，阻撓了原本應連結起新世代資本家與企業的責任迴路。過度樂觀的心態導致投資人無法有效監督他們的投資標的。此外，若缺乏監督，企業往往會收到錯誤的訊號，不知道自己應該替誰追求最大的利益。

促使克莉絲坦‧坎貝爾發出那封殺傷力十足的電子郵件的類似醜聞，不僅暴露出資訊大師們之間的失職問題，也在全球引發要求

提出補救措施的聲浪。這些呼籲的目標非常明顯：解決利益衝突的
癥結，讓股市分析師、信評人員、查核會計師與其他中介機構的工
作符合投資人的利益。在公民經濟，疏通責任迴路的管道是公民股
東的重要目標，而這項作法即將改變企業的經營方式。但是，目前
仍然只有少數幾家企業了解，未來將會出現多麼重大的改變。

致命的搖籃曲

　　一開始問題到底出在哪裡？數十年來，圍繞在企業周圍的經濟
文化，就像是在輕哼一首搖籃曲，哄著投資人、政府官員與全球大
多數國家入睡。就連最高明的財務機構也不太注意查核會計師、信
評人員、經紀商等機構。可以確定的是，這些機構都是市場機器的
重要齒輪，而且似乎運作正常。因此，基金公司未能鼓起足夠的熱
忱，釐清這個圍繞著中間人，由資金、標準、契約與作法所形成的
網絡。

　　結果證明，集體夢遊是個危險的錯誤。老生常談的確有其道理
存在：資訊就是力量。周旋在企業與其他人之間的中介機構掌控資
訊，進而掌控全球頂尖企業的財富，甚至命運。這些機構就是我們
所說的資訊大師。

　　當股東沉沉入睡時，權力玩家們便能避開聚光燈焦點。這種情
形至少是造成安隆垮台的部分原因，該公司的會計事務所安達信在
安隆爆發弊案時還出具會計師意見書，保證安隆的帳冊符合美國會
計標準。就在世界通訊因犯下商業史上金額最大的詐欺案而申請破
產的幾個月前，視而不見的態度縱容信評機構將該公司的債券評定
為投資等級，也就是適合遺孀與孤兒們投資的安全投資工具。[3]

　　這些醜聞的罪魁禍首均來自於嚴重的毒藥：利益衝突。某些表
面上看來要嘉惠投資人的服務，事實上是由某些單位出資或提供補

助，而這些單位的利益有可能不同於或甚至不利於這些投資人的利益。由於企業負責出錢，原本應該服務股東的專業代理機構，反而迎合經營團隊的意見。這樣想吧：自由的媒體是維繫公民社會的重要支柱。想一想，如果你不能信賴客觀的新聞報導，如果新聞報導被廣告取代，而且是由原本應該成為報導對象的個人與機構負責出錢，結果會是如何？就某些方面來說，這就是市場的現況。公民經濟所倚賴的資訊中介機構出現利益衝突的問題。因此，我們的看門狗並沒有發揮作用。

失職的經紀商

在這些中介機構當中，經紀員是面臨最大誘惑、最有可能誤入歧途的一群。經紀員根據自己交易的股票數量接受獎勵。因此，有點類似於八卦雜誌的記者，經紀員會急於創造一則「故事」，鼓勵大家買賣股票。就像精明的報紙讀者一樣，精明的投資人了解，這是一種遊戲規則，並會適當地考量經紀員的建議。如果經紀員所處的位置可能引發其他的忠誠度衝突時，後果會更嚴重。

想一想花旗銀行的分析師葛拉布曼，他或許是失職濫權的最佳代表人物。雖然他與坎貝爾一樣，都是受雇對投資人提供客觀的建議，他的表現卻像是，他的客戶事實上是他原本應該監督的電訊公司。舉例來說，在世界通訊併購對手美國微波通信（MCI）的過程中，原本應該針對該項交易提供投資人客觀公正建議的葛拉布曼，居然擔任世界通訊前執行長艾柏茲的重要顧問。有人問他，對投資人提供建議的同時，他的公司卻根據他的相關業務賺取投資銀行服務費，這點是否會讓他感到不妥。葛拉布曼的回答不僅逾越分寸，他根本把其中的界線消除殆盡。「過去所謂的衝突現在已經形成了綜效，」他如此宣稱。「客觀？另一種說法是消息不靈通。」[4]

　　葛拉布曼不僅不懂得何謂專業能力，同時還缺乏道德觀念。除了扮演艾柏茲的門房角色之外，他還與另一家企業的執行長搭上線，也就是通訊業者奎斯特（Qwest）的約瑟夫‧納奇歐（Joseph Nacchio）。無巧不巧，在艾柏茲被判定證券詐欺罪的二十四小時之內，納奇歐也因相同的罪名遭到起訴。[5] 因此，說其他人「消息不靈通」的葛拉布曼，先後擔任兩家電信企業執行長的諮詢顧問，這兩位執行長神不知鬼不覺地犯下金額高達130億美元的會計醜聞。這相當於挪用尼加拉瓜、波札納與愛沙尼亞三個國家合計的國內生產毛額。[6]

　　我們並不是在說，20世紀晚期的資訊大師全都是壞蛋。由於深植在企業生態系統中的某種因素，因而鼓勵、或至少縱容大家容忍不道德的行為，甚至將之形容為手段高明。

　　以股票經紀公司贊助研究報告的情形來說，投資銀行經常以提供研究報告服務作為誘餌，以賺取手續費用。花旗的葛拉布曼與美林的布拉傑特，或許是利益衝突的極端範例。但是，他們卻是在各自任職的公司中最耀眼的明星分析師，這項事實證明了，華爾街的文化已變得多麼扭曲偏斜。

　　不過，公民經濟的幼芽卻從這些醜聞的瓦礫堆中成長茁壯。紐約州檢察總長艾略特‧史畢澤與美國證券交易委員會聯手出擊，對多家重量級的投資銀行提出強制命令：貝爾史坦（Bear Stearns）、瑞士信貸第一波士頓（Credit Suisse First Boston）、高盛（Goldman Sachs）、李曼兄弟（Leman Brothers）、JP摩根（JP Morgan）、美林、摩根史坦利（Morgan Stanley）、花旗集團、瑞銀華寶（UBS Warburg）與派傑投資銀行（Piper Jaffray）。當然了，此案最後以和解收場：這些公司被要求不得觸犯法律，並付出史上最高金額的民事賠償。這項判決也強力闡揚了史畢澤的一項重要理念：股票的研究報告應該保持公正客觀的立場，並以投資人為服務對象，如此一

來，一般的小額投資人才能真正根據資訊做出判斷，決定如何投資自己的積蓄。財務公司必須讓自己的研究部門獨立於投資銀行業務之外。[7]

　　在史畢澤的和解案之前，只有一些小型投資公司致力於提供公正客觀的資訊，不過自此之後隨即催生了獨立股票研究運動。有錢好辦事。與整體金融界所達成的和解案，創造出一筆4億5000萬美元的資金，可用來資助獨立的股市研究報告。美國三個州的州立退休基金，包括北卡羅萊納州、紐約州與加州，則是更進一步採用投資保護準則（Investment Protection Principles），目的是要讓分析研究報告免於利益衝突的困擾。[8]

　　第一個推動獨立股市研究的專業協會投資人陣線（Investorside）於2002年成立。投資人陣線毫不諱言地說明其本身的公民經濟色彩。根據該協會的網站顯示，其成立的宗旨是要「提倡符合投資人財務利益的投資研究，進而恢復各界對美國資金市場的信任。」由於這是一項強而有力的理念，投資人陣線在成立的頭三年內，便吸引了七十個企業會員，其中包括伯恩斯坦管理公司（Sanford C. Bernstein）與阿戈斯研究公司（Argus Research）等重量級業者。歐洲的基金公司則於2005年組成名為獨立研究智庫（Independent Research Think Tank）的聯盟，以提倡類似的市場發展，並敦促歐盟支持獨立研究。[9]

　　加強分析暢議計畫的作法更進一步。這項由以新世代資本家利益為導向的退休基金所共同推動的合作計畫，不採用鼓勵他們買賣股票的研究機構所做的報告；他們重視的是確實檢視企業長期營運體質的研究報告，包括這些企業的環保、社會與治理風險分析。由於握有這樣的分析資料，股東因此更能扮演好監督者的角色。如同我們之前提過，到2006年初期時，參與加強分析暢議計畫的基金的資產總額幾乎高達1兆美元。

雖然相關的醜聞與補救措施最能吸引新聞報導，但在催生講求責任擔當的經濟的過程中，股市研究只是迫切需要清理的動脈之一。其他有待處理的問題尚未浮出檯面。

查核會計師何在？

最關鍵的中介機構是會計師。會計師攸關資本主義是否健全，或者以商場的行話來說，是否可被「視為運作正常」。這裡指的是，基本上你可以相信你投資的公司所公布的財務狀態。但是當這樣的假設被證明錯誤時，整個市場體系便宣告崩塌。想要知道全球最大型企業的財務資訊，必須借助規模不斷擴張的「四大會計師事務所」：普華（PricewaterhouseCoopers）、德勤（Deloitte）、畢馬威（KPMG）與安永（Ernst & Young）（曾經是五大會計師事務所之一的安達信，在安隆案之後倒閉）；上述每家會計師事務所的全球員工都超過十萬人，在大多數國家均設有數十家辦公室。

當財務報表失去公信力之後，後果將不堪設想。根據布魯金斯學會（Brookings Institution）的計算，發生在2001年到2002年之間的企業治理醜聞帶給美國經濟的損失，相當於進口油價每桶上漲10美元，或是美國國民生產毛額減少了350億美元。造成這項損失的原因，主要在於大家對資本市場的信心下降。[10]

這還不包括因安隆與世界通訊兩大醜聞而直接受害的公民儲蓄人的損失：相當於2500億美元的市值。為了說明起見，2500億美元足以提供英國全國的國防、住宅與環保經費，加上美國國土安全部（Department of Homeland Security）與太空總署兩者一整年的預算，還可以消除義大利全國的預算赤字，而剩下的經費還足夠資助梵蒂岡直到2193年。後續的衝擊同樣嚴重。舉例來說，紐約州的審計長亞倫‧海維希（Alan G. Hevesi）預估，這些醜聞讓紐約州與紐

約市大約損失了12億5000萬美元的稅收。[11]

因此，「查核會計師何在」這個問題，毫無疑問地成為公民投資人面對安隆、世界通訊等企業醜聞時所發出的悲嘆。華爾街與商業界都覺得自己遭到背叛，因為會計師未能發現這些詐騙行徑並發出警訊。查核會計師原本應該是投資人的耳目。涉及安隆弊案的安達信會計師是罪有應得，因為他們忽視了會計師的公共目的。但是隨著案情的發展，我們可以明顯發現，制度上的缺失才是問題的根源，而非僅是少數幾個爛蘋果。

到1990年代，查核會計師已相當有能力提供管理諮詢服務，紛紛以高價替接受自己查核的企業客戶進行其他的大規模諮詢計畫。在這樣的情形下，會計師必須有勇氣站出來揭露與這些客戶的財務資料有關的負面事實，尤其是當查核會計師任職的事務所也是該企業的諮詢顧問時。此外，基本的法律架構也有問題，尤其是在美國。不同於其他國家的資訊大師，美國查核會計師的執業制度有一項獨特但受人誤解的缺陷，使得他們特別容易辜負股東的期望。

盲點

就法律面而言，根本沒有所謂的「美國企業」這種組織存在。有德拉瓦州企業、加州企業、紐約州企業與內華達州企業，但是沒有所謂的美國企業。負責核發企業執照與規範企業日常營運的主管機關是個別州政府，而非首府華盛頓。這項事實與公民投資人有關，因為雖然各州的法律規範上市公司的業務活動，然而，查核會計師卻是由與各州法律完全不同體系的聯邦法加以規範。事實上，不管你是否相信，許多州甚至不要求上市公司公布財務報表，連有最多上市公司登記註冊的德拉瓦州也是如此。[12]

在其他許多國家，公司法以及對市場揭露資訊這兩項議題，自然是接受國家法律管轄。不過，如果這些議題並未納入立法範圍，

兩者之間的落差有可能導致查核會計師失職，進而造成企業在治理上出現嚴重弊端。在最理想的公民經濟環境，年度的查核報告會評斷，上市公司的整體治理架構，包括董事會與經營團隊，是否適當地扮演好股東資金管理者的角色。相形之下，在非公民經濟中，查核報告會將焦點狹隘地集中於技術問題，例如企業是否巨細靡遺地遵循會計規則。這種作法或許可以、也或許無法保護投資人，但會產生見樹不見林的問題。

　　何以如此？我們必須將時鐘回轉將近一個世紀的時間以找尋答案。1929年出現紐約股市崩盤前的十年時間，在紐約證券交易所掛牌交易的企業中，有高達30%的企業根本懶得對投資人提出年度報告書。而且就算是提出報告的企業，他們的報表也是不清不楚，甚至不誠實申報。「這些……報告書令人困惑，而且運用模糊不清的計算方式，讓內容變得晦澀難懂。」哈佛大學教授威廉‧瑞普利（William Ripley）在一篇於1926年發表於《亞特蘭大月刊》（*Atlantic Monthly*）的文章中寫道。「對看不懂財報的人來說……這些報告討論了太多不是事實的事情，或者，對於應該說明的事情卻著墨太少。」[13]

　　接著出現黑色星期五〔譯註：紐約股市於1929年10月18日重挫〕、經濟大蕭條（Great Depression），以及隨後而來普遍的貧窮與飢餓現象，全國各地出現了要求改革的吶喊與呼籲聲。美國的才學之士同意，要將新的概念納入現行的英國制法律，對企業進行全國統一的規範，包括財務報表在內。只是其中有著重大的障礙存在。在美國憲法的規定之下，聯邦政府沒有權力要求企業必須提交經過查核的財務報表，而當時受企業牽制的州級政府也不準備訂定這項規定。小羅斯福總統（Franklin Roosevelt）很快便提出一個饒富創意的解決辦法。

　　對於跨州的商業活動，華盛頓的確具有不容質疑的管轄權力，

包括股票市場。因此，在1933年訂定的證券法案（Securities Act）中，國會宣稱將對會計師查核進行規範，原因不在於股東需要資訊，而是交易員需要這些資訊。如英國的會計專家提姆·布希（Tim Bush）所言，「直到今天，美國1933年的法案依然在嘗試以一種不甚優雅的方式達成兩項目的：規範證券的買賣，以及透過間接方式規範企業。」[14]

　　這項解決辦法是一記高招，但是這種迂迴的作法卻引發許多始料未及的後果。首先，根據聯邦法的規定，查核會計師必須對企業、而非股東負責。因此，執行長與董事會有權力選聘監督自己的人員，這種作法根本不能保證查核結果會公正客觀。直到2002年開始實行的沙賓法案賦予獨立的董事會查核委員會擁有遴選與解任外部查核會計師的權力，情況因此有所改善。不過，距離直接對股東負責的目標依然差了一步，而這正是全球大部分地區的現狀。難怪會計師事務所會認為，對企業販售節稅計畫、管理諮詢、資訊科技與其他各種非查核服務，或甚至直接協助執行長、財務長與其他資深高階主管累積自己的財富，這些行為並不構成利益衝突。這些會計師的客戶是上述的高階主管、而非股東。在截至2003年為止的五年期間，六十一家名列《財星》雜誌（Fortune）五百大企業的公司，向自己的查核會計師事務所購買了價值34億美元的節稅計畫，而這些會計師事務所同時負責對這些計畫的正當性提供獨立的評估意見。在這六十一家公司當中，有十七家公司的執行長與查核會計師合作，好讓自己因這些節稅計畫而受惠。[15]

股票與公平性

　　安永會計師事務所提供史普林特（Sprint）電信公司的節稅建議，凸顯了股東與經營團隊雙方利益會出現多麼嚴重的分歧，結果又可能離譜到何種程度。2002年上半年，史普林特正在與世界通訊

協商公開合併。由於認定自己絕對會有獲利進帳，史普林特電信的高階主管們於是借貸了數百萬美元的資金以行使自己的股票選擇權，執行長威廉・厄斯瑞（William Esrey）與其他高階主管們因此背負了龐大的所得稅負擔。只是合併案破局之後，該公司的股價在兩個月內由67美元重挫至36美元。該公司高階主管的持股價值因此減少了數百萬美元，但是他們的所得稅負擔卻分文未減。

　　負責對史普林特提供賦稅諮詢與外部查核工作的安永會計師事務所開始發揮作用。該事務所建議，史普林特乾脆收回這些高階主管已經行使的選擇權，此舉可以替這些高階主管們省下因3億多美元的帳面獲利而必須繳納的所得稅，但此舉卻會讓史普林特損失1億4800萬美元的所得稅利益，進而讓股東蒙受損失。還好史普林特決定不採行這項建議。但是，查核會計師事務所居然敢提出這種建議，這項事實說明了，當法律切斷了公民投資人與他們倚重的代理監督機構兩者之間的連結時，投資人可能蒙受多大的損失。如同法人股東服務公司的派特・麥克葛恩（Pat McGurn）注意到的，「這是你所能見到的最赤裸的利益衝突。」[16] 但是，從某個層面來看，這種情形不應令人感到意外。史普林特在那一年內付給安永的費用高達6500萬美元。這筆龐大的金額是諮詢費，但其中只有350萬美元是查核費用，所占比例是5.4%。[17]

　　撇去史普林特的案例不談，大多數會計師都是正派人士且行事公正。事實上，比較令人驚奇的並非是美國商界經常爆發醜聞，而是在沙賓法案尚未通過之前，當美國聯邦政府制定的企業查核相關法規並未強制企業要對股東負責時，為何會有那麼多企業與查核會計師表現得如此值得尊敬。

　　這個問題的關鍵如下。美國有關會計查核的法規本質上係以市場價格而非股東治理為依歸，這是建立在一項重要、卻隱而不見的假設之上：企業應該替股東追求最大的獲利。然而，企業有時的表

現並非如此。舉例來說，經營團隊可能會利用關係人交易剝奪股東的價值，進而圖利自己或是具有掌控權的大股東。如同泰可企業的案例所顯示的，如果執行長挪用200萬美元的企業資金替自己的太太舉辦奢華的生日派對，而這項作法技術上並不違法，那麼查核會計師未必會讓股東知道這件事情。這種揮霍的作風顯示，企業的經營團隊與董事會對股東治理一事毫不在意。但是在美國的法律之下，這並不在會計師的查核範圍之內。

請將上述的情形與英國的系統兩相比較，1933年的法案正是仿效後者制定而成的。企業法案（Companies Act）明白規定，查核會計師接受股東任命並應對股東負責，不是董事會，也不是經營團隊。很重要的是，英國的查核會計師不負責監督股票在股市的公平交易，而是必須每年評估企業的董事與高階主管們監督股東資本的成效。1990年發生在英國的指標性案例，也就是卡帕諾控告迪克曼（Caparo v. Dickman）一案，凸顯了這項責任的重要性。本案的法官奧立佛爵士（Lord Justice Oliver）認為，「查核會計師的職責……是要提供股東可靠的情報，幫助他們詳細檢視企業的業務並運用他們的集體權力，以獎勵、控制或是解任那些接受這些股東委託之人。」[18]這的確是一項牽涉非常廣泛的法令。

如同提姆・布希所指出的，這就衍生出一個問題。英國原來的法令規定，適當的查核報告必須針對企業的營運現狀提出「真實且公允」的看法，避免出現模稜兩可與詮釋失當的情形，而這也是美國努力想要仿效的作法。但這項規定在橫跨大西洋之後便出現變化。美國法院一再裁定，根據所謂的商業判斷法則（business judgment rule），企業的經營團隊可以不公布負面、但不算虛假的資訊。法院甚至同意，企業的高階主管可以運用有可能輕易誤導投資人的「誇張說法與特殊詮釋」，只要這些作法在技術上不違反會計規則就好。換言之，查核會計師可以合法地允許企業對股東隱瞞某些資

訊，像是經營團隊的能力、無益的作法與錯誤的商業判斷等等。

新世代資本家的會計查核

雖然受限於聯邦法／州法分級管轄的因素，但是在爆發上述企業醜聞之後，美國的官員與立法者開始採取行動以改善企業的會計查核。政府的檢察官有效地迫使安達信倒閉，此外由於沙賓法案的通過，國會設立了獨立的上市公司會計監督管理委員會（Public Company Accounting Oversight Board, PCAOB）。上市公司會計監督管理委員會公布了許多法規標準，目的在於要求會計師堅持公平的查核標準。問題是，這些規定反而給企業帶來了更沉重的負擔。目前美國的一般公認會計原則（Generally Accepted Accounting Standards）的內容是英國的四倍之多，因為美國的政府官員想要巨細靡遺地規範資本市場應如何處理會計的議題，而會計議題是企業治理與經營管理很重要的一環。

上市公司會計監督管理委員會擴大了自己的監督資源。2005年，該委員會宣稱預算超過1億3700萬美元，工作人員高達四百五十人，負責監督對美國上市公司進行查核的會計師事務所。[19] 歐盟執行委員會（European Commission）同樣計畫要成立類似的機構。此外，透過國際會計師聯合會（International Federation of Accountants, IFAC）統籌，全球會計界於2005年成立了獨立的公共利益監督委員會（Public Interest Oversight Board），以監督全球的查核倫理標準。

更重要的或許是，民間部門因為新世代資本家的崛起而受到鼓舞，現在正忙於建立以投資人為中心的公民經濟模式以處理查核失職的問題，並取代因利益衝突而蒙塵的經濟體系。

全球各地的法人投資機構過去會毫無異議地支持經營團隊提議的任何一位查核會計師。現在，當會計師事務所賺取的顧問費高過

查核費時，法人投資機構通常會表示反對。[20] 當簡單的反對不足夠時，他們會控告對投資人失職的會計師。安達信便是因為被控未能發現世界通訊的假帳醜聞並對投資人提出警訊，因此同意支付破紀錄的6500萬美元和解費。[21] 本案的原告是紐約州審計長艾倫·海維希，他獨自一人受託管理紐約州超過1200億美元的退休基金，並曾共同擔任法人投資機構理事會的理事長，這個團體對企業治理行動主義的初期發展頗有建樹。海維希主張，如果資訊大師們因為利益衝突而妨礙他們的受託責任，便會毀壞公民社會並毒害資本主義。

新一代的資訊大師們正開始迎合新世代資本家們的需求。舉例來說，霍華·席利特（Howard Shilit）的財務研究與分析中心（Center for Financial Research and Analysis, CFRA）負責嚴密檢視公開查核報告書的適妥性。自財務研究與分析中心於1994年成立之後，已經有四千多位投資人與政府官員倚賴他們每天公布的報告。請想一想：這個新世代資本家組織之所以能夠成長茁壯，正是因為傳統資訊大師們的失職。席利特直覺地了解其中的差異。財務研究與分析中心在其網址上明顯可看到「投資人陣線」的標誌，誓言自己「沒有投資銀行的利益衝突」。[22]

這一切已經引起會計師事務所的關注。

斷然拒絕

位於芝加哥西方的利爾（Lisle），是個洋溢著田園風情的小鎮。利爾自稱為「植物園之鎮」，其商務局每年都會贊助微笑日（Smile Days）慶典活動。對想找尋公民經濟的人來說，利爾也是一個不太可能發生劃時代大事件的地點。

時間是在2004年，地點是莫仕公司（Molex）位於利爾的總部，這是一家多角化經營的電子製造公司。該公司的查核會計師事務所德勤要求莫仕更正2004年的財報，移除其中一項導致該公司盈

餘膨脹的簿記錯誤。但執行長約瑟夫・金恩（Joseph King）予以拒絕，董事會也支持執行長的決定。

　　結果就是如此嗎？如果早幾年的話可能是如此，但情況已有所改變。以下是《商業週刊》對結果的總結說明：「德勤接著做出令人意想不到的事情：辭去替莫仕進行查核的工作。兩星期之後，德勤寫了一封措詞強烈的公開信給證券交易委員會，詳細說明該事件原由。此舉幾乎可以保證，只要金恩繼續留任，沒有一家會計師事務所願意替莫仕效勞。莫仕的董事會在十天內便承認錯誤：他們解任金恩，承諾替查核委員會聘請一位具有財務專長的董事，並同意接受正確財務申報的訓練課程。」[23] 這才是公民經濟資訊大師們應有的作為。

重新打造股東的看門狗

　　聯邦政府的監督措施，正對美國的會計師事務所發揮正面的影響。雖然各國的法律制度完全不同，但由於美國的市場非常龐大，業已頒布的安全措施已迫使全球的會計師事務所做出改變。事實上，在制定全球最佳作法時，不應只是採用美國標準，而要廣泛採納各國制度，對股東利益而言這會是比較明智的選擇。

　　舉例來說，法國的法律規定，上市公司必須聘請兩家會計師事務所進行外部查核，而非一家。雙重查核的費用或許比較高，卻可提升品質控管，並降低查核結果可能受到經營團隊左右的機率。這兩家會計師事務所必須共同執行查核工作並聯名簽署查核報告，這種制衡機制是英語系國家不曾採用過的作法。

　　斐凡迪（Vivendi）危機事件證明了法國制度的價值。2001年到2002年，斐凡迪的執行長尚馬利・莫西耶（Jean-Marie Messier）試圖在財報中偷偷加入一項複雜的資產負債表外庫存銷售，以浮報

14億美元的獲利。共同查核會計師事務所安達信有意允許這筆交易入帳，可是索瑞會計師事務所（Salustro-Reydel）卻表示反對，法國證券暨期貨管理委員會（Commission des Opérations de Bourse，當時的股市主管單位）則支持後者的看法。如果斐凡迪是在其他市場上市的企業，安達信的意見可能會獲得採用，最後便會導致股東誤解該公司的財務狀況。在安隆跨台並造成新世代資本家股東損失數十億美元積蓄之前，雙重查核制度有沒有可能揭發該公司作假帳的弊端呢？

　　積極且有警覺的公民股東、獨立的監督機制與新的法規已經發揮效力，促使各地政府開始大幅整頓查核文化。不過，關於利益整合的基本問題依然存在。公民投資人是否能夠真正相信，當查核會計師的服務係由接受查核的企業付費時，這些會計師還會保護投資人的利益？當全球性的查核會計師事務所數量減少到只剩四家，這種結果是否最符合股東的利益？前瞻的投資人正進一步探究，希望找出根本的方法以減緩潛在的利益衝突，或是完全杜絕這些問題。

　　位於巴黎的代理投資顧問公司（Proxinvest）的負責人皮耶亨利‧勒華（Pierre-Henri Leroy）主張，如果全球的企業都採用法國的雙重查核制度，就能替目前由跨國會計師事務所寡占的查核市場注入新血。赫米斯基金的前執行長、股東治理（Governance for Owners）的共同創辦人彼得‧巴特勒主張更激進的「新型態查核」解決方案以嘉惠投資人。巴特勒提議，讓長期投資的股東也投資另一種型態的查核服務產業。[24]

　　或者，何不考慮另一種顛覆傳統的作法：允許股東替投資人成立特別委員會，賦予絕對的權力，得以選任查核會計師事務所？莫利基金管理公司（Morley）便向英國貿易與工業部（Ministry of Trade and Industry）提出這項建議。[25] 澳洲的股東行動主義人士山恩‧湯恩布爾（Shann Turnbull）長期以來也一直主張類似的看法。

瑞典的企業則是早已遵循這種作法。

　　不管最後採納的是何種解決方案，會計專業都會是公民經濟的爭議焦點。唯有他們的行動能夠客觀而公正地被評估與報告，企業才會對公民股東真正負起責任。

自由與公平的選舉

　　在資本市場最茂密的叢林當中，住著另一種比會計師更不為人知的資訊大師：建議投資人如何在企業股東年會上投票表決的顧問公司。這些顧問公司的看法非常具有影響力，足以成就或中斷執行長的任期，促成或否決併購案，加速或阻撓企業採取具有社會責任感的行為。公民投資人必須能夠相信，這些顧問公司會代表他們的最佳利益。他們可以嗎？

　　你或許收過郵寄的委託投票通知書。如果是的話，就會知道，這些通知書裡包含了數十頁密密麻麻的無聊文件。現在請想像一下，你是一家大型法人投資機構，投資組合中有數十家、數百家甚至數千家公司，你有義務在每家企業的股東年會上，針對二十到四十項決議進行投票。許多這類的基金公司會代表他們的投資人客戶，將這項投票工作外包給專業公司，因為這類公司有的是時間與專業知識，可以分析被投資企業董事會的獨立性，或是該公司酬勞制度的適妥性。法人股東服務公司是其中的領導者，也是當前最重要的資訊大師之一，但也有許多個人投資人從來沒有聽過該公司的名號。

　　總部設於華盛頓特區的法人股東服務公司，主要是向退休基金、銀行、資金管理公司與共同基金提供諮詢，建議他們如何在數以千計的股東年會上對自己的持股行使投票權。多年以來，法人股東服務公司幾乎壟斷了美國的市場。根據估計，截至2000年，法人

股東服務公司影響了20%的企業股東年會投票權結果。之後與英國國立退休金協會（National Association of Pension Funds）組成合作聯盟以跨足英國市場，並收購位於布魯塞爾的信評機構戴米諾信評公司（Deminor Rating），如今法人股東服務公司儼然成為影響全球企業股東年會表決結果的重要角色。在1900年代與21世紀早期階段，無數的股票選擇權計畫、合併案與代理投票戰爭的成敗，都繫於法人股東服務公司的建議。

法人股東服務公司的勢力，已經從公民經濟機構的中心定位向外擴張：該組織代表投資人，並向投資人收取費用。這樣的營運模式是該機構在早期慘澹經營階段便明確建立的傳統之一；在當時，創辦人、同時也是知名投資人行動主義人士羅伯特‧蒙克斯，與其同仁奈爾‧米諾和霍華‧雪曼三人只有不到四十位客戶，營收更是少得可憐。事實上，法人股東服務公司後來協助催生了新型態的公民經濟中介機構。

1989年，蒙克斯接到理查‧瑞恩瓦特（Richard Rainwater）與艾迪‧蘭伯特（Eddie Lampert）兩位傳奇財務大師的電話。兩位大師有一個想法。他們大筆投資漢威聯合公司（Honeywell），漢威聯合曾經是美國工程界的代表性企業，卻在前一年損失了將近5億美元。瑞恩瓦特跟蘭伯特認為，漢威聯合的經營團隊的危機處理不當。該公司的高階主管不但沒有努力改善公司的營運以解決問題，反而忙著保護自己。經營團隊提議採取強硬的反併購防禦措施，包括大幅延長董事任期，好讓對執行長友善的現任董事們可以持續掌權。

在當時，只有大膽的企業掠奪者才會抵抗這樣的提議，而在漢威聯合並未出現這樣的掠奪者。不過，蘭伯特與瑞恩瓦特是另類的投資人。他們並不想掌控漢威聯合，而是計畫對經營團隊施壓以改變其行事作風，進而提升股價。但是，如果高階主管被鎖在保護殼裡，這個目標就無法達成。因此，他們提議讓蒙克斯與法人股東服

務公司發起一場戰爭，反對反併購的防禦措施。這其中並沒有重大的利益衝突存在，因為瑞恩瓦特跟蘭伯特所提議的行動，正是法人股東服務多年以來一直在推動的事情。此外，法人股東服務公司也需要收入與知名度。然而，法人股東服務公司認為，為了避免出現任何利益衝突，最好的辦法是讓法人股東服務公司免費承接這項計畫。如此一來，法人股東服務公司的服務對象顯然是其客戶而不是瑞恩瓦特跟蘭伯特，雖然他們兩人的確負責協調各方的行動。「對我們來說，不讓理查付錢給我們這項提議非常重要。」蒙克斯在十年後回憶道：「到今天，除了股東以外，我們從來沒有因為從事任何一件事情收過任何人一毛錢。」[26]

　　時代已經改變了，而且改變很大。今天，代理投票諮詢已不再是由一群改變立場者從無到有憑空建立而成的事業，而是由多家具有財務專業知識的公司相互競爭的高度發展產業，全球產值高達4億美元。[27] 經過所有權與領導團隊改組之後，法人股東服務公司的本業依然放在對法人投資機構提供代理投票分析、表決、紀錄與治理評比等諮詢服務。法人股東服務公司還提供一項企業服務：也就是針對法人股東服務公司替投資人分析的議題，向企業的高階主管提供諮詢建議。法人股東服務公司提供企業的經營團隊必要的工具，幫助這些企業了解應該以哪種方式提出決議案，以便能通過法人股東服務公司的篩選過程，例如如何擬定高階主管的獎酬計畫，以免產生股權稀釋效應（發放股票給員工，卻要股東埋單），導致法人股東服務公司的分析師建議對此案投下反對票。

　　如同信評機構一樣，法人股東服務公司已經「在法人業務與企業客戶業務兩者之間築起一道防火牆，以保持研究的客觀性，同時在提出投票建議時能秉持最高的道德標準。」此外並採取其他步驟，減少明顯的利益衝突。[28] 一方面，企業向法人股東服務公司尋求建議這項事實，證明了積極主動的股東的新影響力。但另一方

面，法人股東服務公司提供企業諮詢服務這項事實，卻引發各界質疑。很明顯地，這已經出現利益衝突，更成了《華盛頓郵報》、《紐約時報》、《金融時報》、《華爾街日報》與其他報刊大肆報導的故事，也是企業治理大師艾拉・米爾史坦（Ira Millstein）嚴厲抨擊的對象。[29]

利益衝突的小插曲

　　身為最頂尖的資訊大師，並受雇於數千萬公民股東以扮演重要發聲筒的角色，法人股東服務公司的重要性遠勝過任何其他同業，但也一直備受各界的壓力，要求其維持公開且透明化的運作。政府主管單位甚至找尋機會介入，以保護投資人。美國證券交易委員會於2004年開始採取行動，對基金公司發布明確的警訊，要求他們慎選外聘的代理服務諮詢公司，以免有任何利益衝突發生。[30]

　　法規並非唯一的選擇；激烈的競爭可能是另一種解決辦法，對某諮詢顧問公司不滿的投資人可以另請高明。很明顯地，以投資人為主的經濟體的局勢變化，促使市場中出現其他競爭對手。在美國，法人股東服務公司的競爭對手是債券信評公司葛雷斯路易斯代理治理公司（Glass Lewis and Proxy Governance）旗下的子公司艾根瓊斯代理服務公司（Egan-Jones Proxy Services）。還有其他公司經營不同的市場並跨足其他國家，例如英國的英國保險公司協會（the Association of British Insurers）、法人投票資訊服務公司（IVIS）與曼尼菲斯特（Manifest）；巴黎的代理投資顧問公司；澳洲雪梨的國際企業治理公司（Corporate Governance International）與墨爾本的法人股東服務代理公司（ISS Proxy Australia）；以及南韓首爾的大韓企業治理服務公司（Korea Corporate Governance Service）與卓越企業治理中心（Center for Good Corporate Governance）。這些公司都提供以投資人為主的分析服務，他們都一致認為，從事單一

任務是公民經濟的重要賣點。「我們的建議的客觀公正性不容質疑，因為我們不會在向某家企業董事與經理人提供諮詢服務的同時，又對相同企業的股東提供投票建議，」其中某家公司如此宣稱。[31]

大多數董事會並不樂見這樣的發展，然而，如果能夠解讀這些發展所代表的意義，將會對這些高階主管們大有助益。根據趨勢顯示，代理投票大師們正進一步迎合新世代資本家股東們的利益，移除阻礙董事會負起責任的重大障礙。「我們不是要試圖贏得執行長們的歡心，」葛雷斯路易斯代理治理公司的葛雷格‧泰森（Greg Taxin）解釋道：「我們的目標是要保護投資人免於遭遇風險，不管這種作法是否會受到大人物們的歡迎。」[32]

改造投票行為縱然非常重要，但是，除非退休基金本身接收到正確的諮詢建議，基金經理人可以履行自己的受託責任，否則公民經濟的演進腳步依然會停滯不前。

守門人的主人

退休基金經常聘請顧問幫助自己處理某些決策，其中最重大的決策之一是，哪家投資公司最適合管理他們的資金。這些顧問公司已經成為勢力龐大的守門人。在他們的建議之下，基金受託人會將大筆的現金交給某些基金管理公司管理。然而，利益衝突導致這些顧問公司所做的建議出現偏差，尤其是基金公司對單純的獨立諮詢建議所支付的費用相對不高。如同花旗與美林允許高獲利的投資銀行服務費踐踏公正客觀的研究，有些顧問公司也屈服在阻力之下。這些公司會安排一些交易，設法將客戶的資金引介給支付他們顧問費的基金公司，而且不告知仰賴他們提供公正客觀建議的退休基金公司有這些特殊的考量存在。

　　同樣地，最嚴重的濫權情形最先出現在美國。這並不是因為美國的法律對利益衝突的規範不夠嚴謹。事實上，1940年制定的投資顧問公司法（Investment Advisers Act）規定非常明確：顧問公司必須開誠布公地告知客戶是否存在任何可能的利益衝突，並提供客戶公正客觀的建議。截至2004年為止，美國有一千七百四十二家顧問公司登記註冊，但是美國證券交易委員會的人手嚴重不足，也沒有興趣想要規範這個鮮為人知的產業以遏阻盤根錯節的利益衝突，在1980與1990年代，這些利益衝突使得重要的中介機構蒙塵。事實上，由於執法不力，主管機關因此被迫於2005年承認一項令人尷尬的發現。「許多顧問公司相信，他們與自己的諮詢客戶之間並沒有任何受託關係存在。」主管機構的工作人員在2005年的報告中寫道：「他們並且忽視或是不知道自己在公司法規定下所具有的受託責任。」[33]

　　毫無疑問地，這分遲來的美國證券交易委員會調查報告所揭露的事實，只是險峻冰山的一角。這些專家們詳細抽樣調查二十四位顧問，嚴密檢視這些守門人的運作方式。他們一再發現顧問公司與資金管理公司之間的親密關係，而且這些關係大多不為人知。「顧問公司通常不會對現有與未來的退休基金計畫客戶揭露，他們向推薦給客戶的同一家資金管理公司收取哪些不同的酬勞費用，」這分調查報告如此認定。[34]

　　顧問公司替退休受託機構舉辦研討會，並向投資管理公司收取高額的報名費。投資管理公司心甘情願地付費，以便能獲得這些顧問公司的眷顧。基於同樣的原因，他們也願意每年花7萬美元向這些顧問公司購買財務軟體。有些顧問公司會向退休基金引介暗地裡同意採用他們相關經紀服務的資金管理公司。有些顧問公司同時對資金管理公司與投資人提供諮詢服務，甚至自行操作投資基金。

　　顧問公司替上述這些交易辯解，認為這是對退休基金、基金會

與其他法人投資機構提供服務的補貼。因此，這些可能引發利益衝突的業務與作法已經行之多年。[35] 觀察家懷疑，歐洲與其他地區也出現類似的隱瞞現象，因為不管哪個市場都有相同的財務誘惑存在，驅使顧問公司為了豐厚的獲利而出現利益衝突。

獨立紀念日

不過，即使是在市場最黑暗的角落，重視新世代資本家的主管機關與基金公司正迫切要求採取符合公民經濟的作法。「我希望基金受託人能提出更多問題，顧問公司能提供更多與自身利益衝突有關的資訊，這兩種作法能真正改善業界的作風，」公布前述2005年報告的美國證券交易委員會法規遵循檢核與監督局（Office of Compliance Inspections and Examinations）局長洛莉・理查（Lori Richard）如此說道。[36] 法人投資機構目前的確在調查顧問公司與資金管理公司之間的交易。規模最大的顧問公司之一美世，已開始停止舉辦由他們所贊助的研討會。有些退休基金也在聘請有史以來頭一次在廣告中宣稱自己沒有利益衝突的顧問公司。[37]

位於芝加哥的安尼斯克諾夫（Ennis Knupp）便是其中一例。該公司並未在經營理念中提出任何矯揉造做的說詞。「你雇用一家投資顧問公司提供獨立的看法，」創辦人李察・艾尼斯（Richard Ennis）表示，「請務必選擇這樣的公司。」以下是該公司網站的宣傳文字：「我們唯一的業務是對法人客戶提供諮詢服務。我們並不是任何經紀公司、投資管理公司或投資銀行的關係企業，我們也不向這些機構出售資訊或服務。我們公司完全公正客觀，因此，我們的服務也是如此。」[38] 隨著朝向公民經濟法人投資機構發展的趨勢加速，安尼斯克諾夫照顧客戶利益的聲譽替自己贏得大筆生意。2001年，安尼斯克諾夫是全美第十三大顧問公司，諮詢對象的資產總額稍稍超過2500億美元。2003年時，該公司已躍居全美第

六大顧問公司，諮詢資產總額接近4350億美元。[39]

　　隨著基金公司摒棄有利益衝突的顧問公司，公民投資人可能會發現，自己的股票投資會得到更專業的諮詢。不過，最後還有一類資訊大師值得我們注意：債券投資的顧問。

降低評等？

　　退休基金顧問公司面對的是精明的大型客戶。那麼在光譜另一端的公民股東散戶投資人又如何呢？身為遺孀與孤兒的守護者，信評機構會說明「投資等級」證券與「垃圾」證券兩者之間的差異。企業借貸資金的利息費用取決於全球三大信評機構標準普爾（Standard & Poor's）、穆迪（Moody's）與惠譽所給予的升級或降級評等。評等愈高，企業要支付的利息就愈少。因此，企業有非常強烈的誘因要提升自己的評等。不過，在此同時，主管機關長久以來一直倚賴信評機構，甚至正式賦予他們寡占地位，讓最容易受傷的投資人也能公平地評估投資風險，同時可藉此決定利用自己的投資儲蓄買賣哪些債券。但這樣的信任是否有道理可言？

　　這三大信評機構自認不受任何人的指責，而且受到所有人的信賴。然而，這種情況就像房間裡有頭大象一樣〔譯註：大家都知道即將出現問題，卻對此無能為力〕。這是一隻行為端正的大象，安靜地坐在房間的角落，試著不讓任何人注意到牠的存在，也相當成功。但牠還是一頭非常龐大的大象。

　　事實上，購買這些評等建議的買主是企業、而非投資人。當標準普爾、穆迪與惠譽仰賴某企業所支付的費用時，他們真的能公正無私地評估該企業嗎？這三大信評機構依然受到各界的信任，這項事實可以證明，這些機構還是很重視自己的聲譽，並且採行了必要措施以處理利益衝突的問題。但是，投資銀行據說也設計了一道

「中國長城」來處理利益衝突。不過,為克服根本的利益衝突問題
而設計的防禦機制,結果可能經不起時間的考驗。事實上,標準普
爾與穆迪於2001年遭到嚴厲批評,因為他們雖然能取得安隆與世界
通訊的內部機密財務資訊,然而直到這兩家公司垮台的前一刻,他
們仍給予其股票投資等級的評價。這些信評機構是否因為可以向這
些企業賺取收入而受到左右?還是說,他們只是受到矇騙?不管如
何,出現這些問題證明了,信評產業賺取獲利的方式可能對投資人
造成多嚴重的傷害。

　　另一個問題是,信評機構經常受到誘惑,要對自己的企業客戶
出售諮詢服務與信評服務。雖然防禦措施可以將信評公司的不同業
務連結在一起,然而對旁觀者與企業而言,看起來卻像是一場騙
局。舉例來說,從2004年起,標準普爾開始在信評報告中降低治理
績效欠佳的企業之評等,但在此同時,標準普爾旗下的關係企業卻
在刊登廣告,推銷自己的企業治理諮詢服務。但是,標準普爾顯然
很清楚此舉可能引發利益衝突。該公司嚴格規定,提供治理諮詢服
務的事業部不得向以下企業爭取業務:任何一家接受該公司內部信
評分析師額外提供治理評估服務的企業。[40] 然而,這種作法多久
之後就會開始摧毀公民投資人對債券評等的信任呢?答案或許是數
年或是數十年。但話又說回來,說不定就是下個星期三。當信任開
始出現磨損,很快就會崩塌。

　　在有所選擇的經濟環境裡,競爭可能是一劑解藥。但在信評產
業當中,這絕對不是容易的事情。直到現在為止,上述三大信評機
構一直都能躲避競爭,部分原因在於評等的品質,但是他們也受到
美國法規的鼎力協助。為了確保信評意見的公正性,證券交易委員
會很早便透過一道陳腐的法令,以人為的方式創造出寡斷市場。主
管機關賦予標準普爾、穆迪與惠譽三家公司「國家認證統計評等機
構」(Nationally Recognized Statistical Rating Organization, NRSRO)

的地位。此一語意模糊的頭銜意味著，唯有國家認證統計評等機構發布的評等可以決定，哪些債券可以被認定為「投資等級」，因此根據法律規定，最容易受傷的投資人可以投資這些債券。由於美國市場的規模非常龐大，證券交易委員會的規定使得上述三大信評機構主導了全球的信評產業。新興的信評公司尚無法向證券交易委員會取得「國家認證統計評等機構」的認證。不過，公民經濟的演進腳步遠遠超過政府單位。新世代資本家們努力在替以投資人為主的中介機構排除障礙，而他們的心血正開花結果。

對信任機構進行評分

信評市場的寡占局面正在瓦解當中。首先，太平洋投資管理公司（PIMCo）、西方資產管理公司（Western Asset Management）與保德信（Prudential）等重要的基金管理公司，已徹底調整內部的分析團隊，因此，這些公司往往能在三大信評機構發布報告之前，自行針對企業的債信評等做出調整。而根據定義，這些公司的作法完全符合投資組合管理公司的利益，而非他們所評估的企業。

這種競爭狀態有多麼可行？本書作者之一約翰·盧孔尼克（Jon Lukomnik）擔任紐約市副審計長時，曾經為了替某個員工的退休基金簽訂一項高殖利率投資組合的契約，而與一些投資公司會談。許多債券管理公司表示，傳統的信評機構提高或降低評等的速度非常緩慢，因為時間落差使得自行進行研究的投資組合管理公司有了機會。這些公司會提供圖表，說明自己的研究團隊正確預測到、或沒有預測到信評機構所做的升級或降級決定；此外，他們也會製作債券價格圖，說明在信評機構發布評等報告之後，他們所創造的獲利金額是多少；以及他們比這些信評機構早預測到哪些重大弊端，或者更嚴重的是，這些信評機構未能事先看出哪些企業將會垮台。經

過十次類似的說明會之後，紐約的退休基金管理人不得不懷疑，為什麼還會有人去注意標準普爾與穆迪的意見。這個問題的答案當然是，他們過去六小時以來有幸看到的獨立分析報告，是一整套資金管理服務中的一部分，恕不單獨出售。這意味著，這些具有先見之明的分析報告的服務對象依然僅限於自家的債券管理公司，不及於社會大眾。

不過，目前這種情況已經有所改變。像艾根瓊斯與信用訊號等獨立的信評公司已經紛紛崛起，並在市場中取得地位。只要願意支付訂閱費用，任何人都可以取得這些公司的信評報告。這些公司強調，自己的獨立性與迎合投資人利益的作法，是使得他們的分析報告獨樹一格的重要因素，他們並指控前述三大信評機構的營運模式根本上就有衝突。舉例來說，信用訊號公司表示，「我們唯一的既得利益是，幫助投資人獲利並降低風險。」[41] 以投資人為中心的作法，是否會讓分析結果更正確？這當然是有爭議的問題。但是艾根瓊斯的確在穆迪或標準普爾採取行動之前的兩百二十七天，便調降世界通訊的評等，也比三大信評機構早先一步對自己的客戶提出警告，告知他們安隆、美國電報電話公司加拿大子公司（AT&T Canada）、德國電信（Deutsche Telecom）、福特（Ford）、電腦備用（Comdisco）等公司出現財務醜聞。[42]

轉型與進化

安隆在新世代資本家生態系統中所引發的醜聞好比一場森林大火，摧毀了公民投資人的積蓄，讓整個市場岌岌可危。但是這場大火暴露出長久以來一直為人忽視的利益衝突，將罪行最嚴重的不法企業繩之以法，並讓更豐富、更多樣化的公民經濟架構能夠生根發芽。作風靈活的新一代資訊大師們正在誕生當中，並從改變中的市

場環境裡看到許多新的商機。傳統業者開始進行徹底的改革，因為如同所有面臨環境快速變遷的生物一樣，他們也面臨了艱困的抉擇：不適應就滅亡。有些業者會成功，有些會失敗，就像某些影響中介機構的法規改革將會成功，有些措施最後證明方向錯誤一樣。但是，這個生態系統所創造的全新動力意味著可能會出現更健全的資本主義：經理人能有效監督以創造最理想的績效，新世代資本家投資人則可以確保自己的積蓄能創造最理想的價值。

　　此外還出現了一項讓公民經濟能夠成真的根本變化：企業的股東已經學會要將注意力集中在自己所仰賴的資訊大師們的品質與能力之上；在此之前，股東們均是理所當然地接受，毫不質疑。

　　如果新世代資本家現在會注意誰提供資訊以及提供的方式為何，他們接著或許就會想知道，自己真正需要什麼樣的資訊，以便履行自己身為股東的責任，並讓自己的投資價值持續增加。

　　這個問題意義重大。如果我們能真正有效管理評估方式，那麼新公民經濟所提供的數據就有可能徹底改變企業高階主管的管理方式，以及公民投資人如何看待那些仰賴自己的資金的企業。我們將在第七章中探討這些問題。

重點整理

- 在爆發安隆醜聞之前，基於相互衝突的商業考量，經紀公司的投資建議往往有所偏差。主管機關對此採取了補救辦法：獨立的股市研究。不過，新世代資本家基金公司採行更進一步的改革措施，推動創新的服務項目，好讓交易分析報告符合長期投資的公民投資人的利益。

- 查核會計師往往認為自己應該服務企業的經營團隊，而非代表股東監督企業。美國的州法與聯邦法在見解上的分歧，更使得問題雪上加霜。雖然相關的法規提出創新的安全措施，但是股東本身也已開始採取行動，以監督查核會計師，並提出改革構想。

- 代理投票顧問公司是鮮為人知的中介機構，影響了公民投資人利益與企業之間的連結。新世代資本家需要沒有利益衝突的優質建議，而這樣的要求促成了對於企業治理採取嚴格檢驗的服務產業。

- 顧問這群守門人可以幫助公民投資人決定，如何對自己的積蓄進行投資以及該到何處進行投資。然而，不為人知的商業關係脈絡卻讓這些顧問公司的建議蒙塵。目前的基金公司強力要求提供沒有利益衝突的資訊服務。

- 信評機構號稱要幫助最容易受傷的公民儲蓄人遠離高風險的投資項目。然而，這些機構也面臨根本的衝突：支付他們費用的是接受他們評等的企業，而不是他們理應保護的投資人。三大信評機構，包括標準普爾、穆迪與惠譽，努力要解決可能的利益衝突。但是新世代資本家基金也在採用規模較小、沒有利益衝突的信評公司的看法。

- 企業的股東已經學會，應該將注意力集中在自己仰賴的資訊大師們的品質與能力之上，在此之前，股東們對此均是理所當然地接受，毫不質疑。

註釋：

1. Quoted in *Class Action Reporter*, May 2, 2002.

2. *U.S. Securities and Exchange Commission v. Citigroup Global Markets Inc.*, U.S. District Court, Southern District of New York, April 28 2003. See the complaint at www.sec.gov/litigation/complaints/comp18111.htm.

3. 本章的重點在於資訊中介機構，但是我們注意到，在定義股東與企業的關係時，其他中介機構也扮演了一定的角色。舉例來說，獎酬顧問與高階主管聘僱機構一直受到各界非議，因為他們面對高階主管薪資暴增的議題時選擇保持沉默。

4. "Amy Feldman and Joan Caplin, "Is Jack Grubman the Worst Analyst Ever?" CNN-Money.com, April 25, 2002, money.cnn.com/2002/04/25/pf/investing/grubman/.

5. "Ex-Qwest Officials Charged," *Washington Post*, March 15, 2005.

6. 2002 之 GDP 數據。

7. Global Research Analyst Settlement Distribution Funds, www.globalresearchanalystsettlement.com.

8. 讀者可以從 National Association of State Retirement Administrators 的網站上看到這些原則的全文，www.nasra.org/resources/investorprotectionprinciples.pdf。

9. 該機構係由 Independent Minds、IRIS 與 Delta Lloyd Securities 三者共同創辦，主席是 Robeco 公司執行長喬治・莫勒（George Möller）。

10. Carol Graham, Robert Litan and Sandip Sukhtanker, "The Bigger They Are the Harder They Fall: An Estimate of the Costs of the Crisis in Corporate Governance," Policy Brief 102, the Bookings Institute, Washington DC, 8/30/2002。3500 萬美元的數字是最低的數字。根據該文作者的估計，實際數字係介於 210 億至 500 億美元之間。Carol Graham 與本文作者盧孔尼克於 2005 年 4 月另外進行了討論。

11. Alan G. Hevesi, "Impact of the Corporate Scandals on New York State," Office of the State Comptroller, Albany, NY, August 2003.

12. 本書作者要感謝 Tim Bush 針對美國會計制度所進行之分析，"Divided by Common Language: Where Economics Meets the Law: US versus non-US reporting systems," Institute of Chartered Accountants in England and Wales, London 2005。此部分討論的許多觀察係根據該文而來或受到影響。

13. Quoted in ibid.

14. Ibid.

15. "Many Big Firms Buy Tax Shelters from Auditors," *Wall Street Journal*, February 25, 2005.

16. Pat McGurn, "Tax Debt Piled Up for Sprint Execs," *USA Today*, February 7, 2003.

17. Ibid.

18. *Caparo Industries plc v. Dickman and others [1990] 1 All ER568[1990] 2 WLR 358* www.icaew.co.uk.

19. PCAOB 2005 budget, www.pcaobus.org.

20. ISS 2005 Proxy Season Preview and Policy Update, December 13, 2004, www.issproxy. com.

21. "Arthur Andersen, Final WorldCom Defendant, Settles," press release, Office of New York State Comptroller Alan Hevesi, Albany, April 26, 2005.

22. See www.cfraonline.com.

23. "The Boss on the Sidelines; How Auditors, Directors, and Lawyers are Asserting their Power," *BusinessWeek*, April 25, 2005. 86.

24. *Global Proxy Watch*, October 28,2005. See also www.hermes.co.uk/pdf/corporate_governance/commentary/Hermes_APB_consultants_paper160304.pdf.

25. Morley Fund Management, "Audit Reform: A Focus on Purpose and Transparency," London, December 2004.

26. Quoted in Hilary Rosenberg, *A Traitor to His Class* (New York: John Wiley, 1999), 193-194.

27. Institutional Shareholder Services 執行長約翰・康納利（John Connolly）於2005年5月20日接受本書作者戴維斯之專訪。

28. ISS letter to the U.S. Securities and Exchange Commission, September 15, 2004. http://www.sec.gov/divisions/investment/noaction/iss091504.htm.

29. For example, see Gretchen Morgenson, "And They Call This Advice," *New York Times*, August 21, 2005.

30. SEC letters to Kent S. Hughes, Managing Director, Egan-Jones, May 27,2004, and to Mari Ann Pisarri, Esq., Pickark and Djinis LLP, Counsel for ISS, September 15, 2004. See http://www.sec.gov/divisions/investment/noaction/egan052704.htm and http://www.sec.gov/divisions/investment/noaction/iss091504.htm.

31. Egan-Jones Rating Company, www.egan-jones.com.

32. Quoted in "Corporate Watchdogs Fight Scandal—and Each Other," Associated Press, May 10, 2005.

33. U.S. Securities and Exchange Commission Office of Compliance Inspections and Examinations, "Staff Report Concerning Examinations of Select Pension Consultants." May 16, 2005.

34. Ibid.

35. Ibid.

36. "SEC Looking at Pension Consultants," *New York Times*, May 17, 2005.

37. Ibid.

38. See www.ennisknupp.com.
39. Nelson/Thomson Financial 2003 Pension Fund Consultant Survey, www.nelson infor-mation.com/industry_insight/pfc2003.pdf.
40. 標準普爾於2005年宣布，將結束其涵蓋北美企業的獨立的治理服務事業部門。
41. https://www.creditsights.com/about/.
42. See Egan-Jones, www.egan-jones.com.

7 | 會計標準：
掙脫盧卡修士的盒子

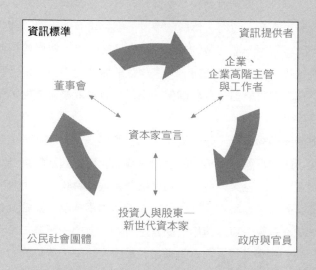

會計等傳統的評量標準已經與時代嚴重脫鉤，導致新世代資本家與企業高階主管雙方都難以計算與管理企業的真正價值。本章將説明公民經濟中的創新評量標準，並解釋這些標準透過哪些實用方法，引導企業關注公民投資人的長期利益。

　　會計規則並非書寫在西奈山上的兩塊石碑之上。這是一件好事，原因有二。首先，大多數人本來就無法遵守十誡，更不用說數以千計的會計規則。更重要的是，儘管會計規則比十誡晚出現數千年，卻根本不像十誡那般經得起時間考驗。

　　不過，我們用以評量經濟成果的會計規則的確號稱擁有五百年的歷史，可以回溯到義大利文藝復興時代。從當時到現在，全球的商業改變了許多，然而，傳統的會計方式卻沒有跟上時代腳步。就像醫生試著只用一部老舊的 X 光機檢查心臟一樣，使用傳統會計工具的新世代資本家無法判斷，一家現代的股票上市企業是否具有健全的財務實力可以創造長期價值，還是患有可能損害或摧毀企業價值的隱疾。

　　這種情形的後果十分嚴重。如果我們無法正確地評量企業的現狀，便可能經常誤判董事們的績效。我們有可能因為嚴重錯誤的數據而買賣股票。企業經理人可能會根據錯誤的資訊來聘用或開除員工。董事們有可能將資金交付給摧毀價值的事業部，卻讓具有生產力的事業沒有資金可以運用。簡言之，如果我們的評量工具與現實環境脫鉤，那麼每個人都會是輸家。投資人將失去監督的力量，企業經理人將流失生產力，經濟將無法徹底發揮創造財富與工作機會的潛能。

　　不過，其中也有好消息。正確與有用的資訊標準正默默地演進當中。這些標準是公民經濟生態系統中的重要機器，讓投資人、企業經理人、企業董事與其他人擁有更多方法，更正確地衡量企業提升或摧毀價值的真正能力。這些深具洞見的資訊，有助於責任迴路的運作。

盧卡修士的發明

五百年前，方濟會修士盧卡‧巴托洛米歐‧皮西歐里教授數學與透視法。一位才華橫溢、名叫李奧納多‧達文西（Leonardo da Vince）的年輕學生，將他所學的知識發揚光大，展現在他的名畫《最後的晚餐》（*The Last Supper*）上。盧卡修士是個多才多藝的人；他最有名的創作是於1494出版的《論算術、幾何與比例和諧》（*Summa de Arithmetica, Geometria, Proportione et Proportionalita*）。這本以古騰堡印刷機印製的書，其中的三十六個章節概述了原始的會計系統。皮西歐里宣稱，這套系統會「提供商人即時的資產與負債資訊。」

皮西歐里將每樁商業交易區分為兩個等值但相反的活動。當商人購買物品時，他（1）接收物品並（2）交付金錢。當他賣出物品時，他（1）交付物品並（2）接收金錢。這就是「複式（double-entry）」會計的誕生，也就是貸方（負債增加或是資產減少）必須相同於借方（資產增加或是負債減少）的觀念。皮西歐里的這套系統發揮了功效，半個世紀以來一直是會計的基礎。

但這一點對21世紀的公民經濟而言，為何重要？因為，從19、20世紀初期開始，經理人與股東雙方的權力越趨分離，這意味著股東需要有某種形式的保證，以確保他們所投資的企業的財務狀態健全無虞。1929年的美國股市崩盤以及隨之而來的經濟大蕭條，創造了可提供這種保證的產業，因為股東們想要了解，他們手上的股票真正代表多少的價值。愈來愈多人轉而求助於會計與會計師。想一想成立於1887年的美國會計師公會（American Association of Public Accountants）。該公會在1916年時的繳費會員人數不到一千人。今天，該協會的後繼機構美國執業會計師公會（American Institute of Certified Public Accounts）號稱有三十三萬四千名會員，

占美國人口的九百分之一。而美國的會計師並非全是該協會的會員。[1]

　　整體來說，這種大量匯集傳統會計專業知識的作法相當成功。可是話又說回來，自從皮西歐里的時代以來，許多驅動經濟的基本因素在本質上並未改變。直到20世紀最後二十五年為止，我們基本上依然是一個以物品為中心的經濟，也就是買賣的東西。是的，鯨魚油已經被電力取代，馬也被汽車擊敗。但是我們大致上還是一個製造與買賣有形資產的經濟。

上兆美元的驅動因素

　　即使在今天，資產負債表用來說明土地、廠房與現金等資產情況的功能依然十分有效。但是這些資產和勞工並非創造價值的唯一因素，甚至對汽車大廠通用汽車（General Motor）來說亦復如此，該公司最珍貴的資產已不再是其著名的組裝線，而是旗下的財務公司。然而，我們的會計制度並未出現根本的改變，因此無法反映一項重要的因素：經濟學家所說的「無形資產」，包括品牌、廣告、專利、商標、註冊權、財務專業知識、勞工知識、生產力技術，這些因素驅動當前經濟的程度，遠遠勝過廠房、設備與鋼鐵。「這是顯而易見的事情，」德勤於2004年所做的一分報告中認定，「資產負債表、損益表與現金流量表都是非財務驅動因素所造成的結果。」[2] 其中牽涉的金額實在不容小覷。根據估計，目前光是美國的企業，每年都投資1兆美元在他們認為帶動成長所需的無形資產之上。[3]「如果管理得當，無形資產可以在未來為企業創造非實體與財務的利益。如果受到法律保護，像是專利或註冊權，這項資產便稱為『智慧財產』。」紐約大學的巴魯克・列夫（Baruch Lev）教授解釋道，他是這方面的專家。[4]

今天，精明的投資人試著根據企業的有形與無形資產預估其未來的現金流量，藉以了解該企業的價值。但這樣的理解有些問題；事實上古典的佩西里歐會計理念，根本不考慮智慧財產。在傳統的會計裡，任何不具備「實體或財務意涵」的東西，只不過是鬼魅般的東西。

為說明傳統會計所導致的偏差結果，我們假設一種情況。如果微軟（Microsoft）創辦人比爾・蓋茲（Bill Gates）在創造力鼎盛時跳槽到德國軟體巨擘思愛普（SAP），各位可以打賭，微軟的股價將會下滑，而思愛普的股價則會一飛沖天。從我們對資產這個名詞的了解，以及根據市場採用列夫教授的定義，蓋茲的技能會是一項資產。然而，我們在微軟的資產負債表上完全看不到蓋茲這項資產。事實上，我們只會因為他的酬勞而看到他的名字出現在損益表的費用項目上（資產負債表的負債部分可能也會有他的名字，我們或許會在這裡看到他應得但尚未領取的酬勞）。

現在，請將這個範例衍伸到整個資訊經濟。價值的創造者，也就是任職於高盛的銀行家、三星電子（Samsung）的工業設計師、法新社的記者、巴西航空公司（Embraer）的工程師、蘋果電腦（Apple）的iPod程式設計師，都被視為是負債，而不是可以持續在未來創造價值的生產資產，這樣合理嗎？

資產負債表的資產部分同樣有偏差。當今的企業所面臨的最嚴重威脅，包括聲譽風險、競爭壓力、因環保或其他法規議題所引發的或有負債、甚至是經營模式是否可以持續的問題等，很少反映在資產負債表上，除非這樣的威脅嚴重到讓經理人必須另外設立特別的準備金。但是到那個時候，投資人往往已經來不及出售持股，經理人對此也是束手無策。

「等一等，」各位可能會這麼說：「財務報表還是有用呀。這些報表本來就不需要反映企業的全部資訊，尤其是所有與未來有關

的資訊。」

　　的確如此。然而,這不正是新世代資本家,或是董事、企業經理人,或是責任迴路中的任何一個環節想要了解的嗎?我們需要有工具來衡量過去與預估未來可能出現的狀況,以及如何讓公司做好準備以迎接挑戰。經營團隊的能力與企業的聲譽等重要資產,或是氣候變化與貪污之效應等負債風險,其價值實在難以計算,但是如果我們不試著去評量這些因素,就會受制於古老、熟悉的作法,同時因為滿於現狀而無法達到最好的成果。

　　數十年前,湯瑪士・約翰生(Thomas Johnson)與羅伯特・克布蘭(Robert Kaplan)兩位管理會計學教授,在一本於1987年出版的《轉捩點上的成本管理》(*Relevance Lost*)書中率直地指出,「今天的管理會計制度提供給經營團隊的是一個錯誤的目標,而且未能提供適當的評量標準,以正確反映企業營運所在地的科技、產品、過程與競爭環境。」他們繼續表示,「當沒有效率的管理會計制度盛行時,最好的結果是經理人……越過這套制度,自行設計資訊系統。」[5]

掌控數字

　　沒有哪個現代的經理人只採用傳統的會計標準經營自己的公司。企業經理人已經發現一些創新的方式以追蹤真正驅動價值的因素,像是訂單流量、定價壓力、專利、註冊權或其他智慧財產以及因此所帶來的授權費收入、新產品占營收的比例、法規風險、客戶滿意度與員工的忠誠度。高階主管會提供經營團隊正式與非正式的評估結果。他們會監督競爭對手的發展。

　　換言之,重要的是,要在法律規定的數字之外,找出有意義的評估基準。約翰生在他於1992年出版的《績效再造》(*Relevance*

Regained）一書中寫道：「財務分數就像網球比賽的分數一樣。網球選手都知道，打球時眼睛必須盯著球看，而非計分板。但是，針對營運績效所進行的非財務評量不同於傳統的成本評量方式，這些指標不只是分數，往往也是網球。控管流程以改進非財務評量指標，絕對會強化企業的競爭地位。但是操弄流程以達到會計成本的目標，根本不可能改善企業的競爭地位。」[6]

如果好的企業經理人將目光放在非傳統的會計評量，好的投資人也會如此。因此，我們的制度已經淪為一場鬧劇：企業花費好幾個月的時間與好幾百萬美元的費用重新修改營運結果，以便符合標準的會計公告格式。儘管做了這些努力，但是當營收報告出現在電腦螢幕上時，大多數分析師做的第一件事情，是試著對這分報告進行「反向工程」，將之轉換成企業經營團隊實際經營時所使用的營運報告。分析師認為，唯有如此，他們才能真正了解現狀。

還好，新的資訊工具正在發展當中，以輔助傳統的會計方式，因為後者已不再能滿足今天的新世代資本家投資人。高階主管也知道了這個訊息：在一項意見調查當中，大約有72%的受訪者告訴經濟學人智庫（Economist Intelligence Unit），「投資人愈來愈強調企業的長期成長。」[7] 新興的資訊生態系統是最明確的指標之一，證明了公民經濟正在崛起當中。

誰擁有資訊？

在傳統的會計，企業與外部人之間的關係，包括股東、供應商、客戶、員工或是整體社會，既單純又直接。這種關係取決於他們與公司之間的交易。企業對交易的細節幾乎擁有完全的掌控權。股東事實上擁有的資訊不足，無法根據獨立的資訊來源了解企業究竟在做些什麼。沒錯，政府設定了最低要求的揭露標準。但是企業

依然可全權決定該對市場公布哪些資訊，要隱匿哪些原本可以嘉惠公民經濟生態系統中其他部分的資訊。例如，想一想美國對於股票選擇權的會計處理爭議。雖然股票選擇權明顯會將價值轉移到經營團隊身上，大多數股東也希望看到股票選擇權被列為費用，但企業多年來一直成功地避免讓股票選擇權列為費用。

不過，如同我們已經看到的，今天的股東正在掌握權力以顛覆舊有的權力關係。客戶、工會與社區團體發現，他們現在可以交涉的對象不僅只有企業執行長，還包括可以讓他們的聲音傳達到企業董事會的大型公民股東基金。這是一個嶄新的多元社會。更多的基金公司堅持，資訊揭露標準必須確保能提供與企業有關的有意義內容，而不只是提供與遵循法規相關的資訊而已。在公民經濟裡，資訊的主導權逐漸掌握在資訊的需求者，也就是新世代資本家股東手上，而不是像以前一樣，由資訊的提供者，也就是企業所主導。

以環保議題為例。這些議題過去不被視為企業營運的一部分，但是目前在全球各地，污染與氣候變化已成為主流議題。大約有四分之三的歐洲法人投資機構認為，環保是投資的核心議題，大約有20%的美國投資人有相同的看法。[8]

以下是與環保活動揭露有關的真實範例。奇異電器多年前曾將一些印刷電路板（嚴重污染源）傾倒在紐約哈德遜河裡。奇異電器是否應該向股東報告，該公司清理這些污染物的進度為何？去年，只有奇異電器與政府主管單位才會關切這議題。環保人士的角色原本無足輕重，他們不是以社區分子的身分對主管機關施壓，就是動員消費者進行杯葛，但這些行動往往無法奏效。不過現在，新世代資本家與環保人士的角色互有重疊，方法是透過投資共同基金，儘管不臻完美，但仍發揮效用。有些法人股東希望取得與環保風險有關的資訊。因此，基金公司多年來一直在奇異電器的股東年會上提出正式提議，要求經營團隊對上述的印刷電路板清理進度提出報

告。[9] 這項作法已經迫使代表股東的董事們說明自己的立場，並鼓勵其他股東針對此一問題向奇異電器表達關切。奇異電器因而認定，資訊揭露是一個事關股東所有權的議題，而不是由「特殊利益團體」強迫推動的議題。奇意與各界進行對話，利用委託書說明公司的「重大」環保計畫，包括「主動跟政府達成協議，在幾乎所有地點採取補救措施。」這個範例凸顯了各種不同關係人之間越趨複雜的關係，以及各界對於更多不同種類的資訊日漸強烈的需求。

避免遭到綁架

　　這些複雜的現象引發一個問題：公民股東應該注意哪些資訊？他們如何知道哪些是重要的資訊？當基金公司與環保人士合作，要求企業揭露更多資訊時，特殊利益團體是否綁架了這些基金公司？還是說，股東正在扮演審慎受託人的角色，努力尋找非傳統的資訊，因為這些資訊攸關能否在今天的資本市場中進行明智的投資？

　　測驗某項議題是否合理的方式之一是，利用第三章所宣示的新世代資本家宣言，對該項議題進行檢視：

1. 要有獲利，並創造價值。
2. 只在你能夠創造價值的地方拓展業務。
3. 對正確的作為予以合理的獎酬。
4. 不要浪費資本。
5. 將焦點集中在自己最擅長的地方。
6. 進行組織更新。
7. 公平對待客戶、供應商、勞工與社區。
8. 找出相關法規，確保你的業務不會造成間接傷害，你的競爭對手不會獲得不公平的優勢。

9. 遠離政黨政治。

10. 清楚說明你目前的作法，並負起應負的責任。

出現在當今投資環境中的許多資訊標準與公告方式，其設計目的是要評量並了解上述的十大「守則」，因為這些是公民投資人對企業的要求。不過，時間會證明，哪些守則無關緊要，只是一時的流行，或者根本是無聊的想法。有些新的標準會經不起時間考驗。不過，其他的標準將會屹立不搖。

這些評估標準與方式可區分為三大類：

- **評估經營團隊為外部股東創造價值的能力、渴望與可能性的評量標準。** 有些評估標準係根據傳統的會計標準演變而來，例如附加經濟價值（economic value added, EVA），其目的是要更明確地說明經營團隊創造價值的實際成效。[10] 其他標準則是公民經濟的新發明，例如根據某些指標所建立的企業治理評等，其目的是要評斷企業對股東的友善程度，並評量一些新發現的風險。

- **評斷企業永續經營能力的評估標準。** 這些評估標準的焦點通常放在企業的或有負債分析。評估環保議題的標準是其中最先進的作法。

- **針對企業真正、但無形的價值驅動因素所設計的先進揭露作法，像是智慧財產。** 這些非財務的評估標準對於企業價值的重要性，往往更甚於財務報表上的數字。

我們將詳細檢視上述每種類型評估標準，了解公民經濟的新興資訊生態系統中最富饒的領域。

評量價值的創造

新世代資本家股東需要評估企業替他們創造或摧毀價值的成效如何。運用傳統會計數字有助於解決一半的問題：企業創造或摧毀整體價值的成效如何。第二個層面，也就是「替他們」的部分，直到最近才被各界視為至關緊要。換言之，企業或經營團隊有多重視股東？企業如何將價值分配給少數股權股東、經營團隊、大股東與其他利益關係人？整體而言，這些新的評量方式讓股東有了適當的工具，評估企業遵守新世代資本家宣言前四項守則的成效如何，包括企業創造價值的能力（守則一）、正確地決定到何處拓展事業（守則二）、獎酬制度必須符合股東的需求（守則三）、以及保留資本（守則四）。[11]

簡單地說，企業應該是一座創造價值的工廠。輸入品，包括原物料、智慧財產、資金或其他東西，進入企業之後經過改造並提升，最後予以出售，且產生獲利。這當然是過度簡化的說法。輸入與產出之間存在各種困難的問題。舉例來說，一家保險公司在產生所有成本之前，事實上是在保險公司確定會有哪些成本之前，便出售服務。藉由簡化說明，我們直接提出一個基本的問題：企業提升價值的過程如何運作？每單位的輸入品可以製造多少產出（獲利）？換言之，企業創造價值的成效如何？

一些學界人士與從業人員已經透過不同的方式，運用傳統的會計標準回答這些問題。其中最知名的或許是經濟附加價值。這項數據的發明者史坦史都華公司（Stern Steward & Co.）表示，經濟附加價值「這項財務績效衡量標準，比任何其他指標更能精確掌握企業的真正經濟獲利」。[12]

雖然這其中有行銷的成分存在，不過經濟附加價值的目的確實是要說明一家企業增添價值的成效如何。這是因為這項指標考慮到

資金成本。儘管經濟附加價值的運用方式可以有數十種變化，但是基本的公式相當簡單：自由現金流量－〔資金×資金成本〕。[13] 換言之，經濟附加價值認定，企業或股東對自己的資金的運用有選擇權力。股東可以出售自己的持股，轉而投資其他公司、債券、美術品、石油期貨、金幣或是任何其他東西。如果符合經濟考量，股東跟企業都會尋求最高的風險調整後的資金報酬率。但是，對股東而言合乎經濟考量的作法，對企業經理人而言並非總是如此。因此，這些經理人不透過買回自家股票或是派發股利的作法將剩餘的盈餘返還投資人，而是緊握這些資金不放，或是大肆進行可能摧毀價值的收購活動或是資本支出。

　　這樣的案例比比皆是。想一想以提生生產力與市占率為目標的老式日本企業。根據傳統的會計標準，這類策略或許創造出破紀錄的獲利，因此大大提升了資深經理人的聲望、權力與福利。畢竟，他們現在掌管的版圖擴大了許多。不過，這些評估標準無法說明，這些獲利是真正的附加價值，或只是反映出因為企業集團（keiretsu）當中其他關係企業提供低於市場利率的資金，因而創造出來的經濟規模效應。當集團內的某個單位必須在公開市場競爭時，其他成員都會受苦。更具洞察力的評量標準或許會告訴投資人，將資金存放在銀行裡，可能會是比較有利的作法。換言之，在輕忽資金成本的會計標準面紗之下，甚至是在摧毀價值的情形下，企業卻正式公布業績有所成長且有獲利。背後的原因便是資金管理不當，而這種錯誤並不侷限於日本。

　　經濟附加價值與相關的評估標準的目的，是要說明企業將資本轉化為實際經濟利益的成效如何。由於在計算中納入資金成本以及創造獲利所需的資金金額，這類的衡量標準設定了符合經濟考量的底線，而且其服務的對象是股東而非企業經理人。畢竟，可能遭遇風險的是股東的資金。

替誰創造價值？

不過，經濟附加價值的評量標準只解決了一半的問題。是的，這些指標有助於判斷某企業是否真正創造經濟利益。但是，就算答案是肯定的，我們如何確定，經理人會公平地分配獲利？新世代資本家股東要求享有自己應得的獲利。不幸的是，1990年代與2000年代的醜聞與持續失控的高階主管酬勞殘酷地提醒我們，企業經理人與股東雙方的利益並非永遠一致。

關係人交易可以將獲利轉移給與經理人有關的個體；在安隆，透過私下進行的交易，將大量的企業價值轉移到經營團隊手上。高階主管的酬勞有可能成為一顆定時炸彈，稀釋現有股東的持股比例，或是在未來激增為一筆金額龐大的款項。美國國際集團的前任執行長莫利斯‧葛林柏格（Maurice Greenberg）透過一項秘密的獎酬計畫，累積了超過2億200萬美元的酬勞。[14] 高階主管的津貼獎勵往往與績效無關。泰可砸下數百萬美元替其前任執行長的太太舉辦奢華生日派對，正好是個絕佳案例。[15] 一家企業賺錢，並不表示股東就會受惠。相反地，設計完善的高階主管獎酬計畫可以激勵並留住資深的高階主管人才，而某些獎勵措施也可以促使執行長展現更好的績效。

既然如此，經理人究竟是在為誰的利益工作：他們自己的利益，或是股東的利益？新世代資本家該如何判斷？

投資等級的企業治理

為了解決這個問題，自2001年開始，企業治理評等這項跨國產業已經逐漸發展成形。在國際治理標準公司（Governance Metrics International）與法人股東服務公司兩大業者的帶領之下，這些評等機構的宗旨是要以量化的方式說明企業的治理政策。[16] 他們的目

的是要提醒股東注意，企業有可能占股東便宜的相對風險。雖然國際治理標準公司與法人股東服務公司的營運觸角遍及全球，不過許多評等機構只經營本國市場，包括美國的企業圖書館、俄國的董事協會（Institute of Directors）、印度的ICRA，以及泰國的評等與資訊服務公司（Rating and Information Services）。這些評等機構採用的評量措施遠遠超越傳統的企業治理衡量基準，目的是採取傳統資訊標準無法做到的方式，測試董事會的責任擔當、高階主管的酬勞與績效兩者的關聯性、對關係人交易的控管措施，以及其他具有前瞻性的變數。

　　英國的董事會研究公司紀錄了所有企業董事的利益與關係脈絡。在美國，企業圖書館的資料庫包含了與企業董事有關的類似資訊，包括連鎖董事會（interlocking boards of directors）〔譯註：某企業的董事同時兼任其他企業的董事〕的資料以及董事會效率的評等結果。由於董事代表股東，因此，值得注意的是，能夠協助現在的公民股東以具成本效益的方式要求董事會負起責任的關鍵資訊，居然近至1990年晚期之後才存在。

　　評等結果以及針對董事的評估報告，讓基金公司能夠將「治理績效」納入與投資和行動主義有關的決策當中。不可否認，企業治理不過是必要手段，目的是要替股東創造價值。早期的證據顯示，事實的確是如此。依據國際治理標準公司所進行的研究一致發現，企業治理績效卓越的美國與歐洲企業，表現都優於治理績效不彰的企業。[17] 其他的研究人員也從法人股東服務公司的數據中發現同樣的結果。「相對而言，治理績效較好的企業獲利較高，價值較高，發放給股東的現金也較高。」喬治亞州立大學（George State University）的勞倫斯・布朗（Lawrence D. Brown）與馬可仕・凱勒（Marcus Caylor）教授如此認定。[18] 其他市場的獨立研究人員也紛紛發現類似的結果。舉例來說，根據國際治理標準公司的數

據，荷蘭馬斯垂克大學（University of Maastricht）與奧克蘭理工學院（Auckland Institute of Technology）的學者發現，治理績效卓越的日本企業，每年的股價表現高出排名低者15.12%。[19] 德意志銀行根據2005年7月發布的五年期數據發現，治理績效最好的英國企業，營運表現遠遠勝過排名最後者，兩者的差距是32%。「治理得當代表較低的股票風險，應該轉換成更高的評價倍數。」德意志銀行在這篇研究中定論。[20]

隨著愈來愈多類似的研究結果的公布，根據治理績效篩選企業的作法，應該會成為新世代資本家投資人的日常工具。如同某些具有經濟附加價值特性的評估標準，治理數據已成為市場上第一種新的資訊工具。讓我們繼續探討公民經濟的第二類工具，也就是評量永續經營能力的指標。

評量永續經營能力

1989年3月24日午夜十二點三分，約瑟夫‧海瑟伍（Joseph Hazelwood）正在油輪艾克森瓦德茲號（Exxon Valdez）上的艙房內休息，他已經準備要就寢。前幾分鐘他正指揮這艘龐大的油輪駛向西北方，以避開漂浮在阿拉斯加外海的一座小冰山，之後便將指揮權交給三副葛雷格里‧卡森斯（Gregory Cousins）。一分鐘過後便出現了混亂騷動的場面。就在巴士比島（Busby Island）外海，布萊暗礁（Bligh Reef）的頂端切開了油輪的船身。一千一百萬加侖濃稠的石油傾洩而出，染黑了威廉王子峽灣（Prince William Sound）的海水。之後好幾個星期，全球電視的畫面上出現沾滿油漬的海鳥、死魚被沖上岩岸，以及在阿拉斯加原野外、遭到石油污染的海岸線。很快地，這場環保浩劫演變成財務災難：艾克森因為這場瓦德茲漏油事件而直接損失了150億美元的市值。[21]

同年9月時，一些法人投資機構已經忍無可忍。在曼哈頓中城一座私人圖書館裡，紐約市審計長哈里森・高丁（Harrison J. Goldin，紐約市退休基金的投資顧問）、加州審計長葛雷・戴維斯（Gray Davis，加州公教人員退休體系及加州州立教師退休系統受託人），以及致力於推動環保責任的環境責任經濟體聯盟的瓊安・巴伐莉亞（Joan Bavaria），共同揭示了「瓦德茲準則」（Valdez Principles）；在當時，環境責任經濟體聯盟是波士頓鮮為人知的環保團體。共組這個聯盟的環保人士與投資人的共同理念是，環保議題牽涉真正的財務風險。對環保人士來說，對環境的傷害本身就是一項成本。對高丁、戴維斯與其他新世代資本家投資人來說，環保議題是遞延或有負債，有可能突然引爆，並對資產負債造成巨大傷害，就像布萊暗礁重創瓦德茲號的船身一樣。現在，這兩大團體都要求美國企業界簽署十條宣示負責任環保作為的準則。

在圖書管裡召開記者會，似乎預示了這分聲明會引發什麼樣的反應：現場一片靜默。「結果，大型企業完全沒有興趣遵循這些準則。」巴伐莉亞回憶道。[22]

因此，該聯盟開始採取行動。在高丁的辦公室裡，資深的南非反種族隔離運動人士肯恩・席維斯特（Ken Sylvester）以及企業責任信仰中心（Interfaith Center on Corporate Responsibility）的安迪・史密斯（Andy Smith），兩人草擬了股東決議，要求企業遵循瓦德茲準則。環境責任經濟體聯盟寄出數百封信給企業執行長，要求他們的公司為這些準則背書。逐漸地，有些規模較小的公司表示願意。最先採取行動的是史密斯霍肯園藝工具公司（Smith & Hawken）。接著是化妝品公司肯夢（Aveda），再來是班恩傑利冰淇淋公司（Ben & Jerry's），該公司還運用精準的公關技巧為這些準則背書。該公司指出，稱這準則為瓦德茲準則，就像稱呼奧杜邦學會（Audubon Society，譯註：美國倡導生態保育的團體）為「死油鳥學會」一樣。[23]

贊助單位將這分宣言重新命名為環境責任經濟體聯盟準則。不久之後，太陽公司（Sun Company）——這是一家石油公司！——成為第一個遵循這些環保準則的財星五百大企業。

在此處首創先例的是最後一條經濟體聯盟準則：簽署企業必須每年重新檢視自己的環保政策與作業程序，支持提出環保稽核原則，並每年公開報告自己遵循前九項準則的成效如何。因應新世代資本家的環保資訊標準即將誕生。

現在，將時間往前快轉十年，來到瑞士達沃斯（Davos）的世界經濟論壇（World Economic Forum），全球最卓越的企業每年在此齊聚一堂。聯合國秘書長考菲・安南（Kofi Annan）要求企業界將目光放眼於環保議題之外，發展永續經營原則以嘉惠商業界與整體社會。他的演說催生了全球聯盟（Global Compact），這是一個根據前十項準則而成立的自發性網絡。自此之後的短時間內，該組織已經成為永續經營標準的旗艦團體。整體而言，永續經營相當於資本家宣言的第六到第九項原則：進行組織更新；公平對待顧客、供應商、勞工與社區；找出相關的法規，確保你的業務不會造成間接傷害，你的競爭對手不會獲得不公平的優勢；以及遠離政黨政治。社會責任投資（Socially Responsible Investment）團體稱呼這些評量標準為「三重底線」，可以創造經濟、環境與社會利益。新世代資本家認為這些指標是需要被監督的風險與機會，可藉此衡量企業是否替公民投資人創造的長期價值。

競逐標準的競賽

截至2006年初期，有超過兩千三百家企業自願參與全球聯盟。無數的商業團體、工會、公民社會組織、甚至某些城市與證券交易所也起而效尤。[24] 該聯盟的前兩項原則牽涉人權，接下來的四項

原則探討的是勞工標準,其中三項是環保準則,最後一項則與反貪腐政策有關。

不過,這些準則的出現,並未阻止其他「專家」準則的出現、甚至更蓬勃發展。為了幫助各位了解,以下是目前公布與支持各種永續經營標準、並提供相關認證服務的六個最具影響力的組織:

- 企業責任(AccounAbilty)是位於倫敦的非營利組織,其所創造與負責執行的AA1000 標準,目的在於評估企業對股東負責任的程度如何。AA1000這項架構建立於三項核心原則之上:利害關係人的參與、企業對此參與行動的回應,以及自我學習與創新。[25]

- 國際公平交易標籤組織(Fairtrade Labeling Organizations International, FLO)主要關注的是新興市場的農業。1986年創立於荷蘭的國際公平交易標籤組織目前位於德國,其任務是評斷新興市場中規模較小的農民與勞工,是否在符合人道的環境下栽種農作物、獲得公平的報酬,並提供相關的認證服務。[26]

- 隸屬於聯合國體系的國際勞工組織(International Labor Organization, ILO)創立了許多國際勞工標準,許多大型企業已主動採納其中某些標準。[27]

- 國際標準化組織(International Organization for Standardization, ISO)成立於1946年。數十年來,該組織針對普通但重要的物品設立工業標準,像是螺帽、螺栓與螺絲釘。今天,該組織比較知名的標準是ISO 9000(針對品質管理)與ISO 14000(針對環保管理)。這些標準進而創造出一個蓬勃發展的認證諮詢產業,營運範圍遍及阿根廷到辛巴威。[28]

- 位於紐約的國際社會擔當組織(Social Accountability Interna-

tional，SAI）專注於勞工標準。該組織的旗艦標準SA 8000
的目的在於幫助零售商與其他業者，「讓整體供應鏈維持合
理的工作環境。」[29]

• 國際透明組織（Transparency International）是位於柏林的非
政府組織，（與SAI合作）提供「反制行賄的商業原則」。[30]

經營標準的閘門顯然已經大開。這種情形有好也有壞。在數以
千計的新標準當中，新世代資本家應該注意哪些標準？企業應該根
據哪些衡量標準進行營運？企業經理人真是值得同情，因為他們一
隻手被傳統會計所束縛，不得不注意經濟附加價值，現在還被要求
納入數百種社會責任指標，而這些指標全都只能約略預估企業對股
東提供長期報酬的能力。就算企業願意遵循這些標準，他們怎麼可
能辦得到？答案就是新資訊生態系統中的第三類工具：用來揭露無
形資產的整合架構。

公告鬼魅，也就是無形資產

環境責任經濟體聯盟的負責人羅伯特・梅希（Robert Massie）
以及泰勒斯研究所（Tellus Institute）的資深研究人員艾倫・懷特
（Allen White）提出了統一的公告制度，其寬廣的架構足以容納所
有新推出的標準，而且兼具彈性與實用性，可以同時為全球的非營
利機構與商業界所接受。他們兩人創辦了聯合國環境計畫（United
Nations Environment Programme），並在倫敦成立了企業責任顧問公
司永續經營能力（Sustainability）。兩年之後，全球永續性報告協會
（Global Reporting Initiative, GRI）在倫敦舉辦一場演講，針對通用
報告架構公布了第一套建議版本，結果會場大爆滿。當時離艾克森
的瓦德茲油輪漏油事件剛好滿十年。總部設於阿姆斯特丹的全球永

續性報告協會（GRI）於2002年成為完全獨立的組織。

今天，全球永續報協會幾乎與民間每個重要的永續經營標準制定團體都有合作。全球永續報告協會的報告核心是一套永續經營的指導原則，適用於任何產業的所有公司。這套準則的技術協定，針對童工等特定指標提供詳細的說明、定義與規範。雖然這套報告架構的設計目的是要具備足夠的彈性以適用所有產業，但全球永續報告協會也提供「特定產業之補充標準」，以反映某些產業的特定需求，像是礦業與金融產業。[31]

全球永續報告協會廣泛受到各界接受的原因之一，是其採用「多重利害關係人」的治理架構，讓市場中的所有相關人士幾乎都可以表達自己的看法。截至2005年，全球永續報告協會的董事會包括企業（德意志銀行、塔塔〔Tata〕與英美資源集團〔Anglo American〕）；技術專家（國際會計師協會〔ACCA〕、德勤全球〔Deloitte Touche Tohmatsu〕）；以及公民社會團體（美國勞工聯盟暨工業組織協會與南非人權委員會〔South African Human Rights Commission〕）。該董事會設置有由六十位來自全球各地會員組成的利害關係人委員會，以及由十人組成的技術委員會，此外還有一個由將近兩百五十位會員企業與團體所組成的企業利害關係人委員會。

這個健全、但有點不容妥協的治理架構的重點在於，在被制定為全球永續報告協會的指標之前，幾乎任何一項議題都會傳達給相關專家，並接受診斷。這種作法頗受歡迎。全球幾乎有八百家藍籌股企業，在某種程度上是根據全球永續報告協會的標準提出報告。「全球永續報告協會正在快速成為定義三重底線的首選標準。」艾倫・費爾斯（Allen Fels）觀察道。[32]

不過，對新世代資本家來說，這當中有一個陷阱。全球永續報告協會並非以股東為主的組織。該組織的建立基礎在於利害關係人的利益，他們的理念是，包括員工、政府與利益團體等非股東，也

應該與股東一樣擁有權力，可以透過不同的管道取得資訊。我們曾在第四章探討過利害關係人的議題，並說明了在新利害關係人模式之下，藉由與股東利益相互整合，這些人所關切的議題便會被凸顯出來。相形之下，根據利害關係人理論，許多利益團體彼此會協商並形成價值觀，不論這些價值觀是否符合股東的長期期望。

　　雖然我們需要牢記上述的基本差異，但是股東與其他利害關係人日常的資訊需求往往是相同的。保德信的董事長大衛‧克萊門提爵士（Sir David Clementi）在國際企業治理網路2005年會上的演說中，說明了這項不可能的任務：「我們還要對許多其他的利害關係人負責：我們的員工、我們營運所在的社區、政府主管機關、當然還有我們的顧客。誠實且光明正大地與這些利害關係人交易，有助於提升我們的業績。舉例來說，我們明顯對員工負有重要的責任；但是，如果我們不妥善處理我們的人力資源，要如何替股東創造價值？因此，不難令人理解的是，對這些利害關係人的考量完全符合我們的態度，那就是我們的主要責任是我們的股東，並替他們創造企業價值。」[33]

　　但是實際上這要如何運作呢？

康樂保實驗

　　2003年初，普華會計師事務所的一小群研究人員突襲英國寶源投資管理公司（Schroders）的辦公室，為了進行一項特殊的實驗。[34] 他們帶來了兩分文件。一分是丹麥製藥公司康樂寶（Coloplast）的年度報告，該公司最出名的便是善於透過創新手法運用非財務數據。另一分文件是根據前者小心翼翼改編的版本：其中包括根據傳統會計方式所呈現的完整財務數據，以及財報首頁的經理人報告書，但是省略了康樂寶所附加的各種非財務數據的資訊。普華的研究團隊給不同的寶源股票分析師不同的財務報告，並要求他們各自

提出買賣建議以及對未來兩年的營收與獲利預估。這些顧問們監督每位分析師的行動，並給每人兩小時的時間完成工作。

普華的目的很簡單。該公司希望了解，一個投資分析師團隊如何處理這兩種版本的財務報告。內容較為豐富的公民經濟型態報告書，是否會讓分析師做出比較正面的建議，使得康樂寶可以取得較低的資金成本？還是說，分析師們會認為這些非財務數據是一些無關緊要的花招，因此意味著股東依然不認為無形資產與價值有所關聯？實驗的結果令人大開眼界。

乍看之下，普華的團隊認為這些非財務數據根本不重要，甚至認為這些是不利的資訊，因為只拿到標準財務數據的寶源分析師們預估的平均營收與獲利數字，雙雙高於拿到完整報告的分析師所提出的預估數字。不過，稍微進一步研究之後便可了解原因何在。拿到標準報告的分析師們提出的預估範圍較大，有些人提出的預估數字過高，導致結果出現偏差。相形之下，拿到完整報告的分析師們所提出的預估範圍較小。但更重要的是，在拿到完整報告的分析師當中，高達80%的分析師給予康樂寶買進的建議；儘管平均預估數字較高，但是拿到標準報告的分析師大多給予康樂寶賣出的建議。[35]這樣的結果讓普華的研究團隊感到不解。

他們認定，拿到完整報告的分析師們不僅比較有自信，相信自己了解驅動康樂寶價值的因素為何，此外套用約翰生在《績效再造》一書中的說法，他們相信該公司的經營團隊有能力將注意力集中在球本身、而不是分數。而根據康樂寶詳細的財務報告，其中包含新產品與專利等智慧財產權的資訊，這些分析師樂觀地認定，該公司的風險低於一般股票。相形之下，拿到標準報告的分析師認為康樂寶的風險較高，因此建議賣出該股。

普華的發現說明了，具有可信度的標準會計之外的財務數據可以讓股東進一步了解企業，並判斷其營運方式是否符合新世代資本

家的長期利益。「在缺乏任何輔助資訊的情形下，」這些研究人員斷言：「投資人被迫試著根據年報中未經驗證的「首頁」報告書、會計科目以及經過查核的財務報表，確認企業績效的品質與永續經營的能力……在沒有更客觀的證據可以證明整體績效優良的情形下，大家很快就會對企業的表現產生懷疑。」[36]

　　因此，符合公民經濟的進一步揭露作法，才能真正涵蓋我們的新世代資本家宣言的基本原則：創造價值（1）並清楚說明你目前的作法，以及負起應負的責任（10）。若缺乏真正驅動價值的元素，企業就沒有什麼資訊可以對外溝通；一旦缺乏溝通，管理良善且能創造價值的企業將無法影響市場，甚至無法取得更低的資金成本以永續經營。加強揭露這項回饋連結，可以促進十大公民經濟宣言彼此之間的良性循環。

數字之外

　　康樂寶實驗過後兩年，在大西洋彼端進行的另一項實驗的統計結果，進一步證實了普華這項實驗的推論。

　　布萊恩・瑞佛（Brian Rivel）天生就是市場研究人員。他的父親創辦了瑞佛研究團體（Rivel Research Group），這家美國公司幫助財星五百大企業了解，法人投資機構如何制定買賣決策。因此，當小瑞佛於2005年對三百零六家投資組合管理公司進行研究時，他便事先預期到會有什麼樣的結果：每股盈餘成長率是投資人考慮買進某檔股票的最重要因素。畢竟，這已經是一個世代以來所採取的作法。

　　但是這一次瑞佛發現，事實上，每股盈餘成長率並未名列前茅。經營團隊的公信力影響了83%的內部買進決定，而有效的營運策略影響了77%的決定。雖然每股盈餘成長率依然很重要，卻只排名第四，影響力只有68%。有形與無形資產也都進入榜單：可靠的

現金流量排名第三，影響力達72%；資產負債表的強弱程度占61%；經濟與產業趨勢占48%；創新產品與服務占44%；企業治理占42%；企業文化占33%；具吸引力的股利占13%。[37]

　　這一切的重點何在？如同康樂寶實驗所顯示的，光是數字這項因素已不再足夠。公民投資人基金愈來愈倚重非傳統的評估方式，部分原因在於前者比數字這項單一因素更具前瞻性，還有部分原因在於前者的公信力高於傳統的評量方式。

　　瑞佛的研究與康寶樂的實驗引發一個問題。在理想的世界，新世代資本家股東會希望企業揭露什麼樣的資訊？一分理想的、經過改進的企業報告看起來會是如何？從永續經營的角度來考量，全球永續報告協會或許可以回答這個問題。但是，何不提出一種包括傳統會計申報、永續經營評估以及具有前瞻性、可創造價值的衡量標準的全方位報告書呢？

公民經濟會計

　　一些市場參與者曾經針對新世代會計的格式與標準提出建議。任職於倫敦普華會計師事務所的大衛・飛利浦斯（David Phillips）是有效敘述性報告的知名專家，他曾經提出比較完備的版本之一。他根據普華本身的標準（參閱圖7-1），採取「複式登錄」的格式，編製企業的「價值分析」報告。只是這一次，圖表中各欄代表的不是資產與負債或營收與費用，而是「創造價值之活動」與「風險指標」。飛利浦斯認定的創造價值之活動包括創新、品牌價值（近期的廣告、促銷與行銷費用）、客戶價值（舉例來說，新客戶所帶來的營收）、人力資本價值（飛利浦斯稱其為可創造價值之活動，而不只是一筆費用）、供應鏈以及環保與社會價值。[38]

　　普華針對每個項目設計了歷史性與未來性的指標與評量方式。

在價值創造的部分，飛利浦斯要求企業揭露過去三年來的現金流量，並預估這些指標在未來三年內可能增加、降低或是持平。在風險指標部分，他提出了衡量歷史趨勢的方式，以及風險降低的目標。圖7-1總結了普華針對新世代會計所提出的建議方案。

新世代會計

隨著公民經濟的架構成形，普華會計師事務所的提議絕對不是其中唯一的藍圖。德勤的「黑暗中」（In the Dark）研究是另一項為了改進會計標準所進行的計畫。[39] 然而值得注意的是，全球大型會計師事務所正在替市場絞盡腦汁，以掙脫盧卡修士的複式會計制度的古老窠臼。

新世代資本家要求要有全新的標準，以輔助傳統會計。他們的目標是要受惠於我們所謂的「康樂寶效應」。重要的評量標準讓投資人可以評斷哪些企業真正在替基金公司背後的公民投資人的長期利益著想，哪些企業則是意在製造短期且分配不均的獲利。隨著這些新標準的改進，表現卓越的企業可以獲得較低的資金成本。公民股東可以做到更好的風險控管，並得到更豐厚的長期報酬。而隨著企業重新思考，將自己對待員工、環境責任與社會因素的方式視為需要加以累積的重要資產，整體社會也會跟著受惠。掙脫資訊標準的窠臼，將可以創造驚人的收穫。

圖7-1　新世代會計

創造獲利的活動	歷史現金流量			未來現金流量指標		
	1998	1999	2000	2001	2002	2003
創新						
• 研發支出	150	161	170	↗	↗	→
• 研究聯盟之成本	70	72	96	→	→	→
• 出售專利所得	(5)	(9)	(12)	↑	↗	→
• 過去四年內的新產品創造之營收	(830)	(854)	(1,035)	↗	↗	↗
• 知識管理經驗	25	28	35	→	↗	↗
品牌價值						
• 廣告	30	31	30	→	→	→
• 促銷	25	22	20	→	→	→
• 行銷	30	31	31	→	→	→
客戶價值						
• 營收（區塊分析）	(1,277)	(1,294)	(1,501)	↗	↗	↗
• 新客戶檢視	(98)	(102)	(120)	→	↓	→
人力資本價值						
• 酬勞與獎金	430	410	401	→	→	→
• 平均薪水（仟美元）	80	85	92	→	→	→
• 訓練與發展支出	45	49	62	↑	↑	↑
• 健康與安全支出	5	5	6	↓	↓	↓
供應鏈效率						
• 銷貨成本	715	720	840	→	→	↗
• 配銷成本	40	39	50	↗	↗	↗
• 委外支出	5	45	60	↑	→	→
• 系統成本	25	30	40	↗	↗	→
環境與社會價值						
• 環保法規之遵循與相關費用	5	10	12	↑	↑	↑
• 慈善與社會活動之支出	2	2	3	↘	↓	↓
• 對政府之淨支出	351	361	365	→	→	→

↑ 大幅增加　　　↗ 小幅增加　　　→ 穩定狀態
↓ 大幅減少　　　↘ 小幅減少

風險指標	非財務指標	歷史趨勢			目標
		1998	1999	2000	
• 技術淘汰	• 專利組合（No.）	110	112	140	年增幅10%
• 員工留任	• 新產品收入占營收比	65%	66%	69%	80%
• 產品發展週期時間	• 提出之構想	1,240	1,253	1,372	2002增至2,000
• 時尚潮流	• 品牌意識（1992－100）	127	128	131	2003年增至150
• 季節性					
• 價格競爭性	• 市占率	20%	20.5%	22%	2003年增至25%
• 時尚潮流	• 市場成長率	4%	5%	4%	NA
• 可支出收入／儲蓄比	• 客戶滿意度（1998－100）	103	104	103	2003年增至110
• 產品取得之難易性	• 客戶留任比率	87%	87%	87%	2002年增至90%
• 具競爭性的酬勞	• 員工人數	5,375	4,823	4,358	
• 工作／生活平衡	• 重要員工流動率	11%	10%	10%	少於8%
• 個人發展	• 員工滿意度（1998－100）	104	103	101	2003年增至115
	• 病假（天數）	2,956	3,003	2,905	2002年降至2,000
	• 主動求職申請件數	320	300	295	2003年增至400
	• 新人比率（<2年）	32%	26%	27%	20%
	• 平均訓練時數	65	70	69	2003年增至90小時
• 政治不穩定性	• 訂單平均處理時間（小時）	6	6.5	5.5	2003年降至4小時
• 單位成本增加	• 準時交貨比率	90%	93%	93%	98%
• 產品品質	• 抱怨件數	537	557	590	2003年降至300
• 訂單履行	• 不良產品數	265	233	207	2003年降至50
• 處理效率					
• 亞洲之人權	• 溫室氣體排放量（噸）	15	18	17	2002降至12噸
• 健康與安全	• 包裝材料使用量（噸）	5	6	7	少於5噸
• 動物福利	• 第三方對公司提出之反對行動件數	2,350	3,100	3,025	2001降至2,000件

資料來源：擷取自普華會計師事務所之出版品 *ValueReporting Forecast 2001-Trends in Corporate Reporting*, 56-57。獲許採用。

重點整理

- 傳統會計難以評量無形資產與其潛能。這是非常嚴重的缺點,因為知識資產已經超越實體資產,成為驅動經濟成長的因素。

- 新世代資本家需要現代資訊評量基準以評估企業,而企業高階主管同樣需要這些基準以找出最佳的企業管理方式。

- 許多新的公民經濟評量制度與財報標準正在成形。並非所有的新標準都能經得起考驗。能夠引起共鳴的標準將能夠:

——評量企業與其經營團隊替外部股東創造價值的能力、渴望、與可能性(比方說經濟附加價值與各種治理評分);

——評估企業在長時間內的永續經營能力(比方說,全球聯盟與全球永續報告協會);或是,

——將焦點集中在帶動企業價值成長的實際但無形的驅動因素,像是智慧財產(比方說,普華會計師事務所的價值分析公式)。

- 康樂寶實驗與瑞佛的研究結果顯示,新世代資本家重視進一步揭露與傳統以外指標有關的資訊。公民經濟股東往往會獎勵可證明自己能善加利用無形資產的企業。這樣的獎勵可能包括忠誠度、更高的股價以及較低的資金成本。

註釋：

1. 數據取自 American Institute of Certified Public Accountants，www.aicpa.org

2. "In the Dark: What Boards and Executives Don't Know about the Health of Their Businesses," white paper (New York: Deloitte, Touche Tohmatsu, 2004).

3. "Why the Economy Is a Lot Stronger Than You Think,' *BusinessWeek*, February 13, 2006,62.

4. Quoted in "Measuring the Value of Intellectual Capital," *Ivey Business Journal*, March 1,2001, 16.

5. H. Thomas Johnson and Robert S. Kaplan, *Relevance Lost: The Rise and Fall of Management Accounting* (Boston: Harvard Business School Press, 1987), 5.

6. H. Thomas Johnson, *Relevance Regained: From Top-down Control to Bottom-up Empowerment* (New York: The Free Press, 1992), 116.

7. Cited in Deloitte Touche Tohmatsu, "In the Dark," 29.

8. AQ Research－EAI Roundtable Report, 2005, www.aqresearch.com/downloads/EAl_revised_2.pdf.

9. 奇異電器 2005 年股東委託書，http://www.ge.com/ar2004/proxy/statement.jsp

10. 經濟附加價值是史坦史都華公司之註冊商標。

11. 此部分討論所引用的標準與評量主要是探討整體經營團隊所創造之價值。有關價值創造的個別因素，請參閱接下來有關「永續經營」與「加強揭露」的探討。

12. See www.sternstewart.com/evaabout/whatis.php.

13. 有些從業人員偏好採用稅後營業淨利。

14. "AIG Provides Details of Executive Compensation," *New York Times*, June 28, 2005.

15. "Jurors See Tyco CEO's $2M Party," CNNMoney.com, October 29,2003.

16. 本書作者戴維斯與盧孔尼克是國際治理評量公司的共同創辦人，但目前並未任職於該公司，對其也沒有責任。他們二人的確持有該公司小部分次順位股權；該公司目前隸屬於道富銀行（State Street Bank）與荷蘭公職人員退休基金公司 ABP 兩者合資成立的公司。

17. GovernanceMetrics International, see http://www.gmiratings.com/(nxl0x455izt2kvqs22b0svbq)/Performance.aspx.

18. Lawrence D. Brown and Marcus L. Caylor, "Corporate Governance and Firm Performance," December 7, 2004, available at SSRN: http://ssrn.com/abstract=586423 or DOI: 10.2139/ssrn.586423.

19. GovernanceMetrics International, www.gmiratings.com.

20. Gavin Grant, "Beyond the Numbers: UK Corporate Governance Revisited," (New York: Deutsche Bank, July 2005).

21. 數字係由第一波士頓公司所計算。請參閱1989年11月5日《*Anchorage Daily News*》之新聞報導 "Oil Spill Gave Big Push to Valdez Principles"。

22. "Comments by Joan Bavaria on the Occasion of CERES' Fifteenth Anniversary Conference," April 14,2004, cited in Trillium quarterly newsletter, http://207.21.200.202/pages/news/news_detail.asp?ArticleID=348&status=Currentlssue&Page=HotNews.

23. Ibid.

24. See www.unglobalcompact.org.

25. See www.accountability.org.uk.

26. See www.fairtrade.net.

27. See www.ilo.org.

28. See www.iso.org.

29. See www.sa-intl.org.

30. See www.transparency.org.

31. See http://globalreporting.org.

32. Allan Fels, *The Australian Financial Review*, October 2003, http://www.anzsog.edu.au/news/article2_oct2003.htm

33. Sir David Clementi, speech given to ICGN, London, July 8, 2005.

34. Alison Thomas, "A Tale of Two Reports," EBF 16, Winter 2003/2004, www.ebr360.org/downloads/ebf_issuel6.pdf.

35. Ibid.

36. Ibid.

37. Brian Rivel, "Perspectives on the Buy-Side: How Are Decisions Made?" Rivel Research Group, paper presented at the Grant & Eisenhofer Conference, New York, June 9, 2005.

38. David Phillips, "Rethinking Governance, Reporting and Assurance for the Benefit of Wealth Creation and Social Development in the 21st Century," comment draft, 2005.

39. Deloitte Touche Tomatsu, "In the Dark."

8 非政府組織與資本：
公民社會遇見公民經濟

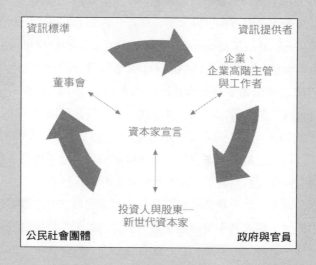

新世代資本家也是消費者、員工與公民。本章將透露，基層的公民組織提出哪些創新的作法，利用資本市場與股東力量影響企業的作為，以及政府與官員如何協助建立公民經濟。

2000 年 4 月的某一天，一批批揹著標語牌的抗議人士，遊走在華盛頓賓夕法尼亞大道（Pennsylvania Avenue）兩旁水泥高樓之間，將在這些辦公大樓裡上班的銀行家、遊說人士與律師團團包圍。大樓裡的人緊張地透過半遮掩的窗簾向外窺探。不到五個月以前，同一批抗議分子中有許多人在世界貿易組織（World Trade Organization）於西雅圖舉行高峰會期間引發暴動。警察已經提出警告，現在輪到美國首都上場。世界銀行（World Bank）與國際貨幣基金（International Monetary Fund）的官員正在華府舉行春季會議。這場會議是吸力強大的磁鐵，引來數以萬計的示威人士；他們認定跨國企業主導了新經濟秩序，因此決心要予以譴責。突然之間，有位旁觀的銀行家發現，某棟辦公大樓外面懸掛著一幅超大旗幟：「請加入反對全球化的世界運動！」四周傳來一陣咯咯的笑聲。這群烏合之眾當中難道沒有人發現這句話自相矛盾嗎？嘿，這些旁觀者彼此安慰，底下這群傢伙或許並不足以為懼。

長久以來，許多企業的高階主管一直以類似的方式敷衍這些社會壓力團體，視其為干擾商業決策的人為力量。「這種情形就跟呼拉圈一樣，只是一陣風潮。」金寶濃湯（Campbell Soup）的前任總裁莫菲（W.R. Murphy）曾經宣稱。[1] 這些高階主管們的看法不無道理。這是理性的判斷。直到最近以前，這樣的抗議活動就像在市場這個帳棚外面丟擲鵝卵石一樣，係由只關切單一議題的宗教或人權團體所推動，例如終結南非的種族隔離政策，或是停止向兒童販售香菸。董事會可以使出拖字訣來應付這些瑣碎的攻擊，並信心滿滿地認定，引發抗議的問題與這些抗議團體會自動離開。如果批評的聲浪稍微傷害到企業的聲譽或是銷售業績，董事們總是可以採取公關動作以敷衍了事。

但是，輕忽抗議人士與批評者的時代已經結束了。發生在西雅圖與華盛頓的抗議活動，均成為邁向公民經濟道路上的顯著里程

碑，這些事件替立場激進的反資本主義異議人士在全球各地召來觀眾。全世界的公民都對許多抗議人士目無法紀的行為感到忿慨，但是抗議活動也讓他們想起，自己對於國際商業活動勢不可擋的轉變深感焦慮，因為這些轉變使得工作機會重新被分配、家族事業關門大吉、各國的文化同質化，並促使經濟實力轉移到遙遠的地區。經由電視轉播的這場街頭抗議活動，將基層的這股變動轉化成一種動能，催生了市場中強大的新力量：公民經濟團體不把焦點放在枝微末節，而是放在商業的根本，也就是公民經濟組織。

今天，針對企業行為進行遊說的團體是新世代資本家生態系統的重要部分。這些團體愈來愈懂得要偷偷溜進市場這座帳棚裡，將這些崇高的宗旨融入新世代資本家的資金所發揮的實際影響力中。他們各自的主張的一致性或許並不相同，但都認定社會責任本身不僅是一件好事，還有助於提升企業獲利。他們的目標是重新定義股東價值這項基本概念，將企業社會責任等議題成為所有企業永久且牢不可破的特色。在憂心忡忡的公民的敦促下，這些彼此互不相連的團體正在透過無數類似的方式，努力不懈地建立某種市場基本架構，以達成這項目標。

有什麼新鮮事？

有些人可能認為這很無聊。畢竟，企業已經有大約四百年的經驗，對這些要求企業負起社會責任的呼籲習以為常。

事實的確如此。1602年，當銀行家準備替荷蘭東印度公司舉辦史上第一次股票首次公開發行的作業時，他們必須鎮壓反戰人士。這個問題是個燙手山芋。該公司在亞洲的策略主要是大量運用戰爭、封鎖行動、海盜行為、暗殺手段、監禁、掠奪、恐怖活動、奴役、賄賂，以及當時其他的標準商業手段。當東印度公司的董事們

向一般百姓發行股票以募集資金時，荷蘭的宗教和平主義人士突然有了可以表達自我意見的管道。阿姆斯特丹的某些教徒在家中舉行燭光會議，協議要杯葛東印度公司的股票，直到該公司放棄使用暴力為止。其他人則故意在鄰居前面出售自己擁有的所有東印度公司的股票。下定決心的教徒故意讓自己遭到逮捕，他們沿著運河挨家挨戶地詢問，四處找人連署一份經過公證的請願書，以傳達他們的抗議目的。[2]

但反對人士完全無法影響東印度公司。精明的高階主管從富有的交易商那裡募得足夠的資金並獲得政府的協助，成功地鎮壓了這些抗議活動。但是，這些荷蘭人民是公民經濟的先驅，他們決定要將自己從教會裡學到的價值觀，帶到破敗的商業界。他們最早體認到，對公民團體而言，上市公司對資金的需求可以成為強而有力的談判籌碼，只要他們能夠動員足以引起高階主管關切的股權。但數百年以來，這些團體都未能成功。1970年2月7日，這些團體戲劇性地再度學到了這項教訓。

這一天，勞夫‧納德（Ralph Nader）站在華府國家新聞大樓（National Press Building）的講台旁，面對著大陣仗的攝影機與記者。三十六歲、精瘦結實的納德因為推動一項驚天動地的消費者運動，要求改善美國的汽車安全而聲名大噪。現在的他正在等候演講會場安靜下來；納德致力於抑制跨國企業不負責任的權力，他正準備替自己的聖戰開闢第二條戰線。納德準備將各界要求企業負起社會責任的呼籲與股東連結起來，接續1602年反對東印度公司的抗議人士未完成的任務。他的提議將會讓企業的高階主管與投資人同感震撼。

「同時身為消費者與公民的股東，因為自己擁有部分股權的企業的行為而受到傷害。」他向滿座的媒體宣告。納德提出了企業責任計畫（Project on Corporate Responsibility），並點名他的第一個目

標，那就是美國企業的代表：通用汽車。透過說服退休基金與其他
大型投資公司一起投票推翻通用汽車在股東年會上提出的提議，他
預言這場「通用運動」將會「馴服企業這隻老虎」。如果基金公司
「拒絕回應」，納德保證，他將會在全國各地聲勢日漸強大的行動主
義大軍中動員基層群眾，迫使基金公司做出回應。「我們會跟這些
基金公司的會員進行接觸，」他警告說：「這項運動將會擴及大學
院校和師生們、銀行與其存款戶和受託人、教堂與其教友、保險公
司與其承保客戶、工會、企業的退休基金與會員和其他投資人。」[3]

　　催生這場通用運動的想法很簡單：公民投資人是這些持有大宗
股票的大型基金的幕後支持力量。只要能說服這些投資人，就可以
影響這些基金公司。而這些基金公司有能力影響被投資企業的董事
會。納德關心的當然不是替股東追求最大獲利這項目標。但是他了
解，將他的社會目標與想要追求最大獲利的新世代資本家連結，可
以產生多大的力量。

　　通用運動點燃了一場威力強大的火花。經營團隊訴請證券交易
委員會，意欲阻擋北美洲最早出現的投資人異議中的兩項提議。但
是在兩位委員缺席的情形下，證交會的官員以兩票對一票的結果裁
定，通用汽車必須將該提議交付股東會表決。僅有一票之差的裁
決，開啟了接下來二十年的股東行動主義。

　　通用運動的火花還引發了更廣泛的效應。納德正確地預言道，
不久之後，習慣於爭取制定公共政策的公民社會團體會發現，除了
掌握社區之外，掌握資本這項作法可以創造一股新的力量，幫助他
們達成目標。大西洋的彼端也出現相同的現象。1977年一個名為
「停止對南非融資」（End Loans to South Africa）的英國團體，對密
德蘭銀行（Midland Bank）提出了幾乎是前所未聞的異議提議。抗
議運動因此成了原始型態的公民經濟組織。

　　何以說是原始呢？相較於在當今市場運作的團體，出現於1970

及1980年代的團體都具有兩項缺點。首先，由於只將焦點集中在單一議題，因此他們的影響力僅局限於一小群選民身上。其次，如此目標狹窄的運動很少可以動員足夠的資本，因此僅能對一般執行長造成些微的影響。

儘管如此，納德的追隨者還是從這些經驗中學到重要的教訓，在納德本人不再發揮影響力很久之後，這些教訓依然能夠幫助他們迫使企業執行長們聆聽他們的呼籲。

選錯戰場

請想一想當代最強勢的一場運動：迫使企業從實施種族隔離政策的南非撤資。美國企業認為，抵制南非運動的戰場應該集中在白宮與國會。直到1986年之前，反對抵制南非的遊說人士一直認為，府會雙方都會站在他們這一邊。雷根總統從任期一開始的1981年起便反對對南非採取懲罰措施，而且五年來一直成功地在參、眾兩議院阻擋這項提案。

但是企業界打錯了算盤。不同於之前的所有政策辯論，這次的努力出現了新的發展途徑，場景移到街頭，接著來到投資界與企業的董事會。公民社會團體拒絕接受雷根總統反對抵制的決定。運動人士將注意力轉向資本，並發起基層運動，迫使孤立的白宮採取新的外交政策。藍道‧羅賓森（Randall Robinson）的泛非洲（TransAfrica）和其他志同道合的團體選定公職人員退休基金與大學基金會，發動「人民的抵制」運動。這些團體舉辦引人注目的示威活動、提出選民要求並鼓吹制定州法，迫使大型投資機構停止投資在南非經商的企業，理由是，繼續留在南非的企業會讓股東的價值面臨風險。

高階主管們一開始認為可以躲開這些壓力。但是到1993年時，

新上任的南非總統尼爾森‧曼德拉（Nelson Mandela）呼籲全球停止抵制南非，此時運動人士才能成功說服全美接受贈款最多的前五十所大學中的四十所大學，以及全美超過一百個州政府與地方政府的退休基金，實施反種族隔離撤資政策。[4] 突然之間，在南非營運的企業無法取得上千億美元的資金。此外，行動主義人士給予國會議員政治支持力量，最後終於投票推翻雷根否決抵制南非的決定，並於1986年通過了重要的全面反種族隔離法案（Comprehensive Anti-Apartheid Act）。

　　執行長們考量這些新的事實，並且罕見地決定退讓。面對股價的威脅、負面的宣傳以及持續不斷地抗爭，繼續抵抗的作法完全不敷成本。從1985年到1987年，也就是抵制壓力最強大的時候，大約有一百五十家美國企業從南非撤資。的確，撤資對這些企業與南非經濟的影響都是微乎其微。但是，反對種族隔離政策的運動人士對於這項改變抱持正面的態度，因為在南非首都普利托里亞（Pretoria）的白人支持者認為，企業不斷出走這項令人不安的事實，證明了國際社會孤立南非的確有理。[5] 他們相信，前述運動所造成的心理衝擊絕對是關鍵因素，促使戴克拉克總統（Frederick de Klerk）最後決定進行歷史性的協商，讓南非從一個由少數族群統治的政權轉型為民主國家。

　　不過，對股東行動主義來說，南非的運動卻是一條死胡同。在南非數百萬新選民選出曼德拉出任總統、並終止種族隔離政策之後，這場倡導單一議題的運動便無路可走了。聯盟紛紛解散，其餘繼續全力致力於反種族隔離議題的團體發現，各界的支持力量與收入逐漸減少。負責帶領這項抵制運動的公民社會組織發現，即使面對頑強的抵抗，資金的力量依然可以改變企業的行為。但是他們也意外發現了一項殘酷的事實。在沒有更廣泛的議題與擁護者支持的情形下，一旦原本訴諸的議題獲得解決，運動往往便會解散，只能

等到出現新議題時再另起爐灶。

進入上帝的盒子

　　結果發現，通往新持股文化的另一條更平穩道路，居然出現在公民社會中令人意想不到的領域：宗教團體。

　　紐約市河濱大道（Riverside Drive）四百七十五號是一棟高聳大樓，可說是建築敗筆，由於距離南邊的曼哈頓中城的摩天大樓群只有三哩，又鄰近河濱教堂（Riverside Church）的螺旋塔，因此更加引人注目。這是一座長方形建築物，加上有許多宗教團體設置在其中密密麻麻的小辦公室裡，因此無可避免地被暱稱為「上帝的盒子」（God Box）。

　　由於通用運動在行動主義的發展上所獲致的成果，六位受到激勵的新教領袖於1971年在此聚會，商討如何運用股東請願這項新工具。他們集結資源成立了企業責任信仰中心。由宗教團體的基金會與投資基金共同組成的企業責任信仰中心，目的是要整合股東運動，並在接下來的二十年裡，成為全美國推動投資人行動主義最具影響力的組織。

　　計畫主持人提姆・史密斯（Tim Smith）負責統整股東異議提議的支持人士，以及相關的研究與宣傳活動。1972年，企業責任信仰中心對五家搞不清楚狀況的企業提議，要求他們減少武器交易、關閉南非的工廠、並採取負責任的探勘方式。但是史密斯的這些動作只是開場而已。到2000年時，企業責任信仰中心代表了高達兩百七十五個基督教與猶太教基金，涵蓋的投資組合的資產金額超過1100億美元。光是在2000年，企業責任信仰中心便針對企業治理、第三世界借款、職場歧視與環境等多項議題，對一百一十二家企業提出一百四十五項提議。[6]

詩詞與代理投票

對董事會——事實上還有某些教會——有所批評的人士不禁要問：信仰這種詩詞般高尚的議題，究竟與平實有如白話文的代理投票有何相關？這個問題的答案非常重要，因為它可以幫助我們了解，公民社會組織何以要轉戰資本市場以實現自己的目標。

信仰團體擁抱行動主義，因為他們發現，股東提供他們發聲的管道，價值觀提供他們訊息，而公共政策未能推動他們希望看到的改革的這項事實則提供他們行動的動機。「身為投資人，」一份於1972年發表的重要分析認定，「教會擁有特殊的機會與責任，定義何謂社會公益並參與其中，教會若規避這項責任，便是違背自己的宗旨。」[7]

全世界的宗教團體都透過大致相同的方式，發現自己可以扮演新世代資本家的角色。1973年，英國衛理公會（Methodist Church）投資長查爾斯・賈克布（Charles Jacob）帶頭成立一檔以信仰為主的治理基金，但是將焦點集中在支持正直的企業行為，而不是呼籲大眾注意在這方面表現落後的企業。[8] 具有貴格教派（Quaker）傳統的英國保險公司友誠國際（Friends Provident），一直倡導社會責任型投資。該公司的治理基金，以及其母公司F&C基金管理公司（F&C Fund Management）不斷努力敦促企業更重視社會責任的事實，便是該項優良傳統的證明。

在多倫多，教會與企業責任行動小組（Taskforce on the Churches and Corporate Responsibility）於1975年1月開始運作。克里斯平・懷特（Crispin White）於1988年創辦了英國的普世教企業責任委員會（Ecumenical Committee for Corporate Responsibility）。法國、荷蘭、南非、澳洲、紐西蘭與其他國家也紛紛出現類似的團體，不僅限於猶太教與基督教的世界。2005年4月，佛教、印度教、回教、

耆那教（Jain）〔譯註：印度本土的宗教之一〕、錫克教與祆教等宗教的代表，以及基督教和猶太教的代表齊聚倫敦，共同成立了公民經濟組織網路：國際信仰投資集團（International Interfaith Investment Group，簡稱為3iG）。3iG的目標是要建立整合全球的網路，將宗教的影響力量擴大到資本市場中，這項宗旨可說是企業責任信仰中心於三十四年前在河濱大道推出的平實運動的自然發展結果。

　　當然了，3iG或是任何其他全國或跨國的聯盟，都不是百分之百仿效企業責任信仰中心的團體，由於各國的法律與慣例不盡相同，因此作法會有所差異。但是這些團體都有共同的目標：將價值觀與資本連結。如果過去的經驗可以作為指引，那麼3iG要能成功，關鍵就在於它能否說明持股文化的重要性。唯有如此，3iG才能創造出足夠廣大的新資本家聯盟，以影響企業的議程。然而，這項趨勢的發展幾乎沒有得到媒體的報導，而且遠遠超越一般企業的了解。

　　有些市場觀察家可能會擔憂：萬一信仰的目標踐踏了對於股東價值的合理關切，該怎麼辦？比方說，強調宗教信仰的投資人是否能對企業施加足夠的股東壓力，禁止其販售避孕藥？似乎不太可能，因為宗教基金聯盟之所以具有影響力，原因就在於其會員的多元性與廣度。同時，由於這些特色的緣故，如此多樣化的投資人團體比較不可能因為某些高度爭議性的目標，而遭到任何一項運動的挾持。尤有甚者，宗教投資人雖然是這類聯盟的核心分子，但卻缺乏其他「比較不重視價值觀」的投資人所具有的影響力，例如退休基金、共同基金公司和其他法人投資機構。信仰團體往往會跟這些以「最終獲利」為導向的投資人攜手合作，因此，他們選擇的議題必須兼顧商業考量，以免引起合作夥伴的反抗。

關於永續參與的十大原則

　　不過事實上，作為公民社會組織的先驅團體，宗教投資人最能發揮影響力的地方在於，他們利用資本市場試圖影響企業行為。他們所設計的作法，後來受到工會、環境主義人士、反貧窮遊說行動、與其他決定利用資本以達成目標的非政府團體所採用。我們可以從中汲取教訓並歸結出十大基本原則，這些是公民經濟中的新世代資本家組織的基本準則：

1. **將價值觀目標轉化為商業目標。**不論過去、現在或未來，市場使用的語言都是金錢。因此，想贏得企業董事會或基金管理公司的友誼，公民經濟組織必須將自己的目標翻譯成數字。每個團體都必須根據商業考量，針對推動改革提出令人信服的說法。想迫使企業注意氣候變化的風險？那就根據企業與股東的長期財務利益提出你的主張。如果無法對獲利產生實質效應，講求價值觀的投資人便無法吸引足夠的新世代資本家，改變企業的行事作風。
2. **宣示股東的權益。**以宗教信仰為行事準則的市場先驅們最重大的成就，或許是他們所做的明確宣示：持有股票的首要權利是扮演好股東的角色，提出問題、取得資訊、積極參與，以及在必要的時候表達異議。
3. **不要自我設限。**早期公民經濟的支持人士的罩門，在於他們訴求的選民族群過於狹隘。這些團體不是無法有所斬獲，就是最後消失無蹤。相形之下，企業責任信仰中心廣納各項議題的作法可以做到我們所說的「永續參與」（sustainable engagement）。公民經濟組織會盡可能建立廣泛的新世代資本家聯盟，同時又不會弱化自己的基本目標。

4. **資本愈多，聲音愈大。**資本市場的數學相當簡單：你代表發言的股數愈多，董事會就愈可能注意你。公民經濟團體努力在招募最多的基金與現金，以便壯大自己的財務實力。這種作法也使得行動主義的焦點可以集中某些議題之上，這裡指的通常是對最終獲利影響最鉅的議題，如此才能組成規模最龐大的聯盟。

5. **建立投資人聯盟。**對許多信仰、環境與其他社區團體來說，與不帶感情的資金管理公司並肩作戰，並非是自然的發展。然而，這項技巧正好是評量公民經濟組織的影響力的標準。首要任務是替自己追求的目標動員最大的資本影響力。這需要不辭辛勞地與其他具有雄厚財力的機構建立關係，就算這些機構並非典型的盟友時亦復如此。

6. **發揮多重功能。**企業併購之所以能成功，往往是因為雙方找到方法有效地整合彼此的共同功能。企業責任信仰中心的作法完全一樣：他們會集中處理行動主義的相關研究，如此一來，旗下個別的宗教基金會員便無須自行處理所有的繁瑣工作。成功的公民經濟組織就像一家「公共事業公司」一樣，提供議題分析、不同運動作法的選擇、社會關懷服務與公關活動的協助，並召募志同道合的人士。

7. **替運動設定多重議題。**公民投資人對企業界的焦慮涵蓋許多層面，從董事會是否正直、對待員工的方式到污染的問題。早期的公民經濟團體各自專注於某項單一議題。尤有甚者，社會大眾關切的對象遍及許多企業，不只限於通用汽車一家公司。企業責任信仰中心後來發揮了不同運動情報交換中心的功能，對數百家企業提出數十項議題。這項策略可以確保企業責任信仰中心得以永續經營，並將汲取自某項運動的教訓運用到其他運動中。

8. **監督守門員。**企業責任信仰中心慢慢發現，中介組織大多在
   資本市場中扮演不為人知但關鍵的角色。舉例來說，投資顧
   問公司可以建議選擇哪些基金管理公司。基金管理公司決定
   買賣哪些股票。委託投票經紀公司影響企業股東年會的表決
   結果。公民經濟團體號稱可以密切監督上述這些組織，提供
   相關資訊、分析與意見以支持企業所做的選擇，並在企業行
   為失當時要求他們負起責任。

9. **相信企業可能站在你這邊。**美國早期的公民經濟組織運用政
   治界常見的宣傳手法，很快便以正面衝突作為推行股東運動
   時的首要、而非最後手段。企業責任信仰中心並不害怕展現
   積極好鬥的一面，但是它一開始的作法是尋求與目標公司進
   行對話與協商。這項策略提高了企業責任信仰中心在企業與
   選民心目中的公信力，進而提升了成功的機率。已經有好幾
   十家企業同意採納企業責任信仰中心提出的許多建議，從停
   止北愛爾蘭的歧視到針對環境議題提出報告。

10. **全球化。**想法穿越國界的速度就與資本一樣快，因此只在本
    國推動的股東運動幾乎不再存在。企業責任信仰中心積極在
    其他市場培育類似的團體，最後的目標是支持由英國的宗教
    與保護聯盟（Alliance of Religions and Conservation, ARC）
    率先創立的跨國與跨宗教界 3iG 計畫。發展成熟的公民經濟
    團體之間的跨國合作可以匯集各項運動背後的資金，並針對
    最佳的股東參與作法彼此交換意見。

結果證明，這些基本原則有效地在全球各地悄悄孕育出許多公
民經濟團體。但是，我們是從某些由工會、非政府組織、學界與媒
體所提出的計畫中汲取了教訓，了解當今這些有能力改造企業的新
世代資本家組織的定位。

與討厭鬼合作

「你的意思是說，我得是個資本主義分子，才能成為有效率的勞工領袖？」1999年2月，法國工會的領袖帶領代表團到紐約參訪基金公司。她的任務是：了解何謂企業治理，以及為何有愈來愈多由勞工掌控的退休計畫開始參與企業的營運，藉此保護員工的退休儲蓄。會議室內的美國代表不可置信地彼此相望。他們正學習如何運用資本主義的工具保護員工的資產。他們剛剛對來訪的同業詳細說明了這些策略。但是法國代表突然其來的反應提醒他們，他們已經有了多麼長足的進步，革除向唯利是圖者稱臣的陋習。他們目前正在開創新的模式，將企業權力的天平移向自己這一邊。但這也是破釜沉舟的作法。不只是法國，全球各地的許多工會會員尚未做好準備，以接受此種作法的正當性與潛能。

比爾・派特森（Bill Patterson）相信，比較進步的作法應該是駕馭資本，而非譴責資本。如同宗教界裡的提姆・史密斯一樣，派特森也有類似的經驗。1980年代任職於服裝與紡織工人聯合工會（Amalgamated Clothing and Textile Workers Union）時，派特森看到企業責任信仰中心的成功事蹟，逐漸了解公民組織如何能夠利用退休基金的力量強化自己的實力。他在1992年時找到了機會。卡車司機工會（Teamsters）理事長朗恩・凱瑞（Ron Carey）延攬派特森負責企業事務處（Office of Corporate Affairs），以測試股東行動主義的水溫。畢竟企業的成敗對勞工有重大的利害關係。員工的工作有可能不保，他們的退休儲蓄也是如此。光是卡車司機工會會員加入的退休金計畫數量就多達一百七十五個，資產總額高達400億美元。工會將資金幾乎完全交給專業資金管理公司管理。在前聯邦法官金芭・伍德（Kimba Wood）的協助下，派特森要永遠改變這種情形。

如同證券交易委員會於1970年針對通用汽車做出的決定打開了股東異議提案的大門，伍德法官於1993年4月19日針對沃爾瑪所做出的關鍵裁決，也替現代的工會開疆闢土，先是在美國，進而在全球各地，使其成為公民經濟組織。

這項裁決的起源是一項看似無害且不具約束力的股東提議。一個由教會與工會基金共同組成的聯盟要求沃爾瑪向投資人報告，公司制定了哪些政策以禁止性別、種族與其他歧視，進展又是如何。但沃爾瑪的高階主管趕忙阻撓這項提議交付表決，並於1992年獲得證券交易委員會幕僚人員的支持。但是，該提議的支持者認為證交會的決定將會立下判例，於是向美國地方法院挑戰這項決定。

伍德法官針對雙方的論述反覆深思直到最後一刻，迫使沃爾瑪不得不暫停印製1993年的股東年會通知與委託書。[9] 之後，她做出有利投資人的明確裁定。在她做出這項裁定之前，股東幾乎完全沒有管道可以提出與就業有關的提議。主管機關認為這些提議屬於「一般業務」，而根據美國證券法的規定，這意味著只有董事會有權處理這些提議。不過，伍德法官認定，「職場平等與多樣性所牽涉的重大政策考量」超越日常「一般業務」的範圍。[10] 這項決定替股東參與開啟了嶄新的大道。勞工很快便想出辦法循著這條大道向前邁進。

首先，勞工發起了一波股東提議的浪潮。1997年，在派特森轉戰美國勞工聯盟暨工業組織協會之後，與該組織有關的工會提出了將近八十項股東異議提案，牽涉的議題從公平就業機會到反併購防禦措施。接著，美國勞工聯盟暨工業組織協會發布了第一套股東投票準則，並寄發一萬分說明書給受託人與基金管理公司。該組織向市場推出了令人大開眼界的工具，包括一個設計精巧、名為pay-watch.org的網站，讓所有使用者可以計算，根據某個薪資等級，一名員工要工作多少年的時間才能賺到某位執行長一年的酬勞。派特

森之前任職的卡車聯合工會也加入了行動行列，提出一份「美國最無價值的董事」名單，列出九個惡名昭彰的董事。最重要的是，美國勞工聯盟暨工業組織協會設計出關鍵投票調查（Key Votes Survey），替後來的退休基金受託訓練奠定了基礎，有系統地對基金管理公司施壓，要他們根據派特森辦公室所做的詮釋，在代表工會的投資資產進行股東投票時，必須以工會成員的利益為考量。

突然之間，勞工取代企業責任信仰中心，成為推動美國股東行動主義最強大的一股力量。加拿大、英國、澳洲與歐洲大陸的工會很快便跟進，先是各國各自努力，後來形成了名為「勞工資本委員會」（Committee on Workers' Capital）的全球合作計畫。工會原本透過發揮職場影響力及遊說公共政策的方式，替會員爭取福利。現在他們發現，掌握資本更有助於對抗職場歧視、強化企業體質以創造就業機會，同時還能履行保護退休基金儲蓄的受託義務。

機制與失策

勞工替公民經濟組織增添或是未能增添哪些戰力？有項看法完全正確，那就是我們應該將焦點集中在以下重點：退休基金受託人是責任迴路中關鍵但斷裂的連結。在此之前沒有其他團體了解，我們需要一個包含訓練、技能、資訊與行動的新架構，才能讓這些有如橡皮圖章的受託機構脫胎換骨，成為積極任事的監督者，但之後已有許多人體認到此點。

勞工也證明了自己不僅善於運用基金管理的術語，同時熟知華爾街的運作細節。請看一看工會聯盟如何對抗中國石油天然氣公司（PetroChina）的股票首次發行，他們發動一場設計精巧的投資人推廣運動，針對高盛的每場說明會舉辦反制說明會，針對前者提出的事實一一予以反駁。沒有其他公民社會組織曾經做過類似的嘗試。

最後，勞工領袖們進行了創新的實驗，動員基層勞工的意見以

支持他們的資本議程。這是突破性的構想。Paywatch.org網站試圖將股東行動主義建立在會員的支持之上。這是合理的目標，因為會員的熱情支持可以激發更大的壓力，迫使退休基金與資金管理公司對企業董事會提出這項議題。這種作法精確地掌握了公民經濟的脈動。為了發揮極致潛力，公民經濟需要運作順暢的責任迴路作為支撐，以便將新世代資本家股東、基金公司與被投資企業連結在一起。還有哪種方法比起凸顯執行長薪酬過高這項熱門話題，更能測試Paywatch.org所能發揮的強大影響力？

但是結果發現，Paywatch.org網站隱藏著和反種族隔離運動同樣的缺點。該網站完全建立在單一議題之上，議題所引發的關切可大可小，視報紙新聞標題的大小與事件的重要程度而定，但這項運動無法自然創造一群持久、廣泛、重視多重議題的基層支持選民，以推動永續的股東行動主義。Paywatch.org還有兩個缺點：雖然企業執行長的酬勞已成為更多人關切的議題，該網站卻完全只關切工會的利益。此外，該網站的資源也嫌不足，因此看起來比較像是公關花招，而非動員工具。

工會也意外發現將價值觀目標轉換成獲利目標的重要性。如果事情稍有差池，後果將不堪設想。果真如此的話，勞工基金行動主義本身便會落入口實，被指控為暗中鼓動工會職場衝突，而不再是退休計畫利益的合理保護者。證據一：在美國超級市場連鎖集團Safeway，工會基金於2004年5月帶領一項股東運動，迫使執行長史蒂芬‧波德（Steven Burd）退出董事會。Safeway以治理績效不彰而聞名，也是投資行動主義的合理目標。但是發起這項行動的時機讓工會的動機受人質疑：他們選在加州發生激烈罷工事件後的幾週內採取這項行動。而且這次行動的發起機構是加州公教人員退休基金，而其理事長西恩‧哈瑞根（Sean Harrigan）也是發動前述加州罷工事件的工會高層。哈瑞根後來退出這次的行動，但這還不

夠。這次的失策給了反對的一方、甚至基金聯盟看似證據確鑿的指控理由：工會基金試圖利用股東行動主義而非協商的方式，發動職場抗爭。哈瑞根在七個月之後丟掉了自己在加州公教人員退休基金的職位，部分原因就是Safeway的爭議。[11]

　　這次事件的教訓：公民社會組織可以利用資本追求自己的目標。但是，如果他們無法將這些目標以具有說服力的方式轉換成市場的貨幣，必定會失去自己的正當性。獲利依然是重要的底線。公民投資人或許具有股東、消費者、供應商、工會會員與教友等多重身分，但是在處理投資時，他們必須以股東為首要的角色。

　　公民經濟（以及其公民股東基礎）促成了資本主義與價值觀的連結。但是，公民經濟不會以神學或是政治哲學取代資本主義。追求長期獲利依然是先決目標。基於這個原因，退休基金與其他投資人才會持有企業的股票。如果這個基礎遭到破壞，退休基金必須拋售手中持股，進而摧毀公民社會團體的正當性。

大霹靂

　　跟隨勞工的腳步加入股東行動主義的公民社群謹記這項教訓，並樹立了或許是有史以來最具說服力的典範，證明新世代資本家可以如何對企業施壓。公民社會中的宗教與工會已經於1999年首開先例，全面參與資本市場。但是這些聯盟代表的依然是相對狹隘的意見與看法。發生在西雅圖與華盛頓特區街頭的事件，引發了更多人對企業行為的焦慮。

　　在這些抗議事件過後，發生了一件有趣的事情。由於社會大眾對全球化的焦慮，加上安隆事件等一連串的企業醜聞，已開發市場的企業聲譽一落千丈。在一分票選最受公眾信任與不信任人物的意見調查中，執行長排名幾乎殿後，只高過汽車銷售員。[12] 在此同

時，大眾對公民行動主義團體的信任卻是一路走高。公關公司伊德曼（Edelman）對一千五百位意見領袖進行調查。該公司的評鑑工具「Barometer」將這些公民行動主義團體評列為「美國、歐洲、拉丁美洲與亞洲大多數地區最受信任的組織」。光是在美國，非政府組織的信任指數便從2001年的36%上升到2005年的55%。[13]

　　雖然有些街頭示威活動比較類似犯罪行為，而不像公民不服從運動，但是這些活動要求推動「抵制全球化的世界運動」的呼籲，卻罕見地吸引了主流輿論意見的注意。此外，他們替倡導企業社會與環境責任的團體打開了機會大門，讓這些一度被污名化為搗蛋鬼的組織，可以重新將自己定位為沉默大眾的保護者；而且是了解資本市場與守法的守護者。許多這類的組織把握機會，開始進入資本市場以宣揚自己的優勢。在不太清楚彼此活動的情形下，這些團體各自在全球各地推行了一波波類似的行動計畫。

　　根據2003年某次的調查顯示，全球各地有二十八萬二千八百五十一個非政府組織。[14] 其中只有一小部分致力於企業所有權的議題。但是其中有些組織是建立公民經濟架構的重要催化劑。有些組織專門說服公民儲蓄人揚棄財務機構，改採社會責任型投資。其他組織的焦點則是直接放在企業與法人投資機構的董事會。這些組織所遵循的路線可說是一條捷徑，幫助我們解讀企業以何種方式進行改革。

個案研究：教育退休年金計畫

　　想一想教育退休年金計畫（Universities Superannuation Scheme, USS），這是英國的高等教育公教人員退休基金，也是英國規模最大的退休計畫之一。資產總額高達200億英鎊的教育退休年金計畫，已經成為當前全球少數幾個致力於改造企業持股文化的退休基金之一。教育退休年金計畫透過創新的構想挑戰極限，例如「加強

分析暢議計畫」；該計畫的會員基金，會將部分資金交給某些特定的資金管理公司進行投資，因為後者在分析企業時會考慮其社會、環境與治理風險。

但是直到1999年，眾所周知，教育退休年金計畫仍在迴避股東行動主義。這檔規模龐大的基金何以在一夕之間成為企業責任治理的典範與倡導者？將時間與場景拉回到1997年9月的倫敦朋友之家（Friends Meeting House）的小房間。在這裡，六位學界人士及來自牛津大學的運動團體人民與星球（People & Planet）的學生，準備共同對教育退休年金計畫發起一場雄心萬丈的運動。

才從人民與星球分割出來的團體「教育退休年金計畫道德協會」（Ethics for USS, E-USS）只有一個目標：向教師們爭取足夠的支持力量，迫使教育退休年金計畫採用「對退休計畫會員負責任的道德型投資政策」。[15] 但教育退休年金計畫道德協會一開始便出師不利。該團體呼籲教育退休年金計畫開始出售被教育退休年金計畫道德協會認定在其投資組合中屬於不道德的企業的股票。但是在當時，英國的退休基金全都遵從羅伯特‧麥格里法官（Robert Megarry）於1984年裁決的法律指示，而該項法令似乎禁止退休基金採用負面篩選的作法挑選投資標的。[16] 教育退休年金計畫斷然拒絕教育退休年金計畫道德協會的呼籲，認為該項要求既不負責又違法。要求教育退休年金計畫收回投資的作法顯然行不通。

教育退休年金計畫道德協會接著做出了讓自己聲名大噪的重大決定，該團體重新回到起始點，放棄了原先提出的投資篩選條件，並公布了先進的白皮書，提出新世代資本家式的議程：「承擔所有權的責任：我們對教育退休年金計畫的提議。」[17] 現在，教育退休年金計畫道德協會不要求教育退休年金計畫收回投資，而是要求教育退休年金計畫成為股東行動主義分子，目的是為了取得市場的正當性。教育退休年金計畫道德協會兩年來一直默默努力，爭取基

層學界人士、大專院校副校長、工會退休基金的律師與政府官員的支持。結果發現，英國政府居然是他們間接的盟友；英國政府制定一項法令，規定自2000年7月起，所有退休基金都必須揭露其所進行的投資是否考慮到社會責任議題。教育退休年金計畫的董事會於1999年12月同意這麼做。教育退休年金計畫道德協會或許只招募到少數幾位暢所欲言的會員，卻爭取到足夠的支持力量，而且從法律、財務與公關的角度強力闡述自己的主張。教育退休年金計畫宣布，今後將致力於扮演運動領袖的角色，全力推動責任型投資及股東參與等議題，並定期對會員公布相關的工作進展。

英國第一個公民經濟法人投資機構於焉誕生，並透過責任迴路連結公民股東與退休基金，進而形成行動主義股東力量，強力要求企業與市場中介機構展現更大的責任擔當。

底線的戰鬥

如同其他四個非政府組織一樣，人民與星球正在對其他退休金計畫進行類似的作法，也就是集結退休計畫會員的力量，改善基金的管理績效。這項名為公正退休金（FairPensions）的計畫目的是要求退休計畫展現更多的責任擔當。[18]

人民與星球完全不孤單。已經有其他公民社會團體進入市場，有意與財務管理機構進行類似的對話。[19] 事實上，各位愈仔細探究，就會發現有愈多新公民社會提議將目標設定在動員基層公民股東。這些行動有可能跟隨教育退休年金計畫道德協會的腳步，成功地將大筆資金與退休計畫會員的利益連結，敦促新世代資本家針對廣泛的議題向企業董事會施壓，進而改變後者的作法。

不過，請不要誤以為所有這些計畫都偏好傳統上屬於「左派」形式的企業社會責任。資本市場的責任擔當議題的出現，讓各界有機會針對價值的創造因素提出不同的看法。請看一看於2005年3月

開始運作、由多家保守的非政府組織共同支持的自由企業行動基金（Free Enterprise Action Fund, FEA）。自由企業行動基金不諱言自己的意識形態，其目標是要投資「因社會行動主義而處境危險」的企業，並要求這些公司抵擋「反商業」的資金與遊說行動，進而創造優於市場的績效表現。自由企業行動基金相信，維護「美國自由企業體系」的企業，將可以創造超凡的報酬率。自由企業行動基金的說明書強調，該基金保留運用所有可用的股東行動主義工具，以敦促董事會揚棄「姑息風氣」。

自由企業行動基金的出現凸顯了一項重點，那就是當企業展現擔當的時候，在政治界明顯可見的意見不一的情形，同樣會出現在資本市場中，只是形式不同罷了。公民經濟結構的興起只是保證這種意見不一的情況會更明顯；在此之前，由於顧及經理人或握有掌控權的股東的利益，因此不會出現類似的情形。這項架構並不會限定，哪種作法或是哪些公民經濟組織，會對某些特定企業或是在某些特定時間裡奏效。舉例來說，像「企業責任」等非政府組織致力於提倡「責任擔當以追求永續發展」。其他組織可能會透過責任擔當這項途徑以達成截然不同的企業目標。如同在政治界一樣，結果取決於哪股勢力可以針對價值提出比較具說服力的論述，並對選民發揮最強而有力的影響力。

公民經濟組織了解，他們必須創造新的運動工具，更深入接觸接受財務管理機構服務的選民，並建立有效的長期監督機制，而非只是曇花一現的工作任務。許多團體已經有所斬獲。舉例來說，為了向一般民眾推動這項概念，一項名為「你的退休金有多負責任？」的評鑑活動，便針對英國前兩百五十個退休金計畫進行評比。[20]各種入門指南書，包括《社會運動人士的金融市場指南》（*The Campaigner's Guide to Financial Markets*）或是地球之友（Friends of the Earth）的《股東行動主義指南》（*Guide to Shareholder Activism*），

均在教導行動主義人士動員基層民眾的技巧。[21]

　　在向前邁進的路途中，我們將會運用到政治界的工具；在政治界，政策的支持者運用精確的方式鼓動選民以壯大自己的實力。就資本市場而言，溝通、拉票、催票、與網際網路宣傳都是新的技巧。但是如同當前的執行長必須具備前所未見的政治手腕一樣，這些作法也愈來愈成為新世代資本家組織的重要技能。

瞄準董事會

　　動員基層並不是環境與社會責任團體採用的唯一策略。有些團體選擇的策略是，直接與企業董事會與財務機構進行對話。

　　2003年1月兩個寒冷的日子，二十五個人齊聚在紐約州中部的洛克斐勒基金會波康帝柯會議中心（Pocantico Conference Center），便是在商討類似的策略。在環境責任經濟體聯盟的邀請下，來自全美國的投資人與專家在此集思廣益，商討如何推動「永續治理計畫」。環境責任經濟體聯盟的負責人羅伯特‧梅希長久以來一直針對氣候變化所帶來的危險提出警告。他現在相信，解決辦法在於連結下列兩項運動：宣揚環境責任及倡導投資人保護。[22]

　　梅希協助聯合國舉辦了一場引人注目的法人投資機構氣候風險高峰會（Institutional Investor Summit on Climate Risk）。多家基金領導企業成立了投資人氣候風險網路（Investor Network on Climate Risk），以鼓勵基金公司聯手推動環境股東行動主義。[23] 環境責任經濟體聯盟是該團體的秘書處，這個網路與英國、澳洲和紐西蘭境內類似的投資人團體有異曲同工之妙。[24]

　　另一個典範出現在英國唐寧街（Downing Street），這個案例說明了公民社會參與的議題過去如何被窄化為「社會」議題、如今則被視為重要的非財務風險。2000年12月4日，一個由英、美兩國的慈善機構所組成的聯盟，齊聚於英國首相東尼‧布萊爾（Tony

Blair）的辦公室裡，宣布推動碳化揭露計畫（Carbon Disclosure Project）。兩年之內，這個新的「秘書處」開始針對五百家頂尖的上市公司的溫室氣體排放情形進行調查。到2005年，該團體已經取得一百四十三檔基金的支持，代表的資產總額超過20兆美元。[25] 該團體的贊助單位預期，這些數據將有助於督促企業提高相關的揭露標準，敦促大型法人機構強化對績效的監督。

其他的新世代資本主義團體則擅長向退休基金受託人、企業董事會或股東行動主義人士簡報、製作手冊、或制定相關準則，從商業的角度說明企業為何必須重視社會責任。舉例來說，英國社會責任型投資論壇（UK Social Investment Forum, UKSIF）推出了名為「公正退休金」的計畫，並為退休金受託人推出有史以來第一套有關股東治理的專業工具。[26]

智囊團

另外兩大社群也加入了公民經濟責任迴路的生態系統：學術界與媒體。

當艾拉·米爾斯坦與路易斯·洛溫斯坦（Louis Lowenstein）於1988年成立哥倫比亞大學法人投資機構計畫（Institutional Investor Project）時，他們可能沒想到，他們所播下的種籽居然會發芽成為探討企業新營運方式的全球智囊團網路。威嘉律師事務所的律師、同時也是哥大法律教授的米爾斯坦已經察覺到，學術界需要開放的論壇來探討以下奇怪的新現象：大型基金在市場中的影響力愈來愈大。此一現象對企業董事會、執行長與整體社會的意義何在？基金治理是否會成為一劑解藥，修補1980年代盛行的企業掠奪風潮？還是說，利益衝突與麻木不仁的作風會扼殺基金治理的未來發展？

同年5月，米爾斯坦與洛溫斯坦兩人共同主持了法人投資機構

計畫的第一屆研討會，名為「美國企業與法人投資機構：我們可否向海外借鏡？」。這是全球第一個探討及比較不同市場的企業治理措施的研討會。當時擔任英國央行顧問的喬納森‧查克瀚（Jonathan Charkham）發出了深具遠見的動員令。「投資人顯然有機會可以制伏綠郵件綁匪與掠奪者，並去除這些大患。這些機構有機會掌握潛在的利益並整頓董事會，同時引進新的經營團隊來實現這樣的可能性。」[27]

為了釐清基金公司在資本市場中的角色，米爾斯坦與洛溫斯坦委託投資人力（Invest in People, IIP）的主任卡洛琳‧布朗卡多（Carolyn Brancato）進行許多量化研究，他們也資助其他兩項研究，為日後對於資本主義新管道的理解奠定了基礎，包括法人投資機構如何制定投資組合決策？董事會如何對大股東做出回應？此外，賓州大學的麥可‧烏辛（Michael Useem）出版了《投資人資本主義》（Investor's Capitalism），這是根據法人投資機構計畫所寫成的一本創新佳作。[28]

哥倫比亞大學的學者與律師們都遠遠超越自己的時代。不過，許多探討投資人資本主義議題的智囊團，有如雨後春筍般在全球各地陸續出現。[29] 1988年時，全球各地沒有任何一個學術單位將研究重點放在投資人資本主義。但是到了2005年，全球各角落出現了數十個類似的研究中心，針對市場變化提供學術觀點與統計數據，並為公民經濟的研究開創新領域。世界銀行贊助的全球企業治理學術網路（Global Corporate Governance Academic Network），早期曾經將這些研究中心連結至共同的研究平台。但是現在根本沒有一分完整的清單存在，可以列出每個月新成立的公民經濟團體，更不用說整合這些團體的行動。

在水門事件調查案中，「跟著錢走」是「深喉嚨」（Deep Throat）給新聞記者鮑伯‧伍德沃德（Bob Woodward）的建議。學

術界的作法正是如此。隨著資金從家庭、往來銀行與政府等傳統來源流入法人投資機構手中，在沒有共同指引的情形下，學術界自發性地建立了一個學習架構，以回應全球的財務洪流。大學中心與獨立的智庫現在會紀錄新世代資本家的財富，並對企業董事會與退休基金受託人提供訓練。他們會說明各國在相關法律上的差異，並指出國家與跨國改革的方向。他們提出精闢的見解，幫助媒體記者了解企業的醜聞與趨勢。他們針對市場的日常運作，向董事會、高階主管、股東、立法人員、主管機關等提供建議。藉由發揮這些功能，學術機構成為國家及跨國間的觀念與資訊循環系統平台。假以時日，這些學術中心會以更正式的方式相互結合。但是如今這些機構已經形成一股史無前例的推動力量，促使資本市場中的每個重要角色進行徹底的改革。

部落格的自由

　　社會大眾期待勇敢無懼且追根究底的媒體挖掘公共政策領域裡的不法情事。艾德菲、帕瑪拉與HIH保險集團等民間企業連續犯下的拙劣侵吞公款行為，怎麼可能逃過商業記者大軍的法眼呢？

　　保持警惕的新聞媒體是建立有擔當的經濟生態體系的關鍵之一。當其他監督機制失靈時，新聞記者應著手進行調查與報導，成為新世代資本家的耳目。如果媒體遭到噤聲或是矇蔽，自然就可能出現不法行為。「董事會就像亞原子粒子，」企業治理專家尼爾・米諾說道：「一旦被媒體觀察，他們的行為自然會有所不同。」[30]同樣的道理也適用於公民社會；還記得美國憲法第一修正案要求保護媒體自由。不受限制的媒體是「理智與人道行為戰勝錯誤與壓迫的功臣。」詹姆斯・麥迪遜總統後來解釋道。[31]

　　不過，對於企業界，大多數報紙與廣播媒體有時候會嚴格監

督，有時候則是睜一隻眼閉一隻眼，直到危機爆發。但他們否認這是事實。「針對企業的所有過失行為，媒體持續扮演監督者的角色。」《紐約時報》商業新聞編輯勞倫斯・英格拉西亞（Lawrence Ingrassia）於2005年4月的一場研討會中表示，「我們的責任不僅是要報導新聞，還包括要求政府與企業展現擔當。這是我們唯一的任務。我們的工作是要嚴格監督企業與其經營團隊。」[32]

事實上，似乎要等到發生安隆這場災難之後，《紐約時報》與其他美國媒體才肯相信，針對企業治理進行鍥而不捨的追蹤監督，這種作法是值得的。請看一看新聞資料庫LexisNexis的一項指標。在《華爾街日報》於2001年11月首次報導安隆醜聞的兩年以前，《紐約時報》使用企業治理這個名詞的次數只有一百零二次，每星期大約只有兩次。不過在兩年之後，這個名詞出現了四百七十六次──每天超過一次。這可不只是一個泡沫。

同樣地，要等到麥斯威爾醜聞出現後續效應，才促使《金融時報》針對企業董事會做出一篇獨家報導。在麥斯威爾於1991年11月5日離奇溺斃的兩年以前，《金融時報》引述企業治理這個名詞的次數總共是三百七十九次。兩年之後，這個數字暴增到七百二十四次。

媒體過去何以如此怯於報導企業治理的議題？批評者指出，問題出在媒體所有權的高度集中。舉例來說，現在在美國流通的日報中，有70%的報紙掌握在僅僅二十家公司手中。[33] 而且，這些報社非常倚賴自家記者應該要報導的企業執行長所提供的廣告收入。媒體有可能無法抗拒壓力，繼續對企業進行嚴格的監督嗎？如果不能的話，媒體可能就無法繼續在公民經濟生態系統裡扮演角色──網際網路除外。

電子監督下的董事會

詹姆斯・邁克瑞奇（James McRitchie）是一位擅長股東行動主義的加州公務員。1995年，他開始嶄新的兼職工作：他成立了免費網站CorpGov.Net，全心致力於企業治理的新聞報導與分析。邁克瑞奇特別注意加州公教人員退休體系。「我認為，影響未來企業行為的關鍵，取決於退休基金與共同基金在被投資企業的董事會選舉的投票行為。」他在十年後寫道。[34] 該網站後來成為重要的資訊交換中心，投資人與其他想進一步了解這個新領域的人士經常造訪該網站。

1997年1月起，本書作者之一史蒂芬・戴維斯（Stephen Davis）開始每週出版《全球代理投票監督》（*Global Proxy Watch*），這分刊物先是經由傳真、後來改為透過電子郵件的方式發布。這分刊物結合了企業治理這個新產業與股東行動主義。到2005年時，顧問出版社戴維斯全球顧問公司（Davis Global Advisor）開始在每個星期五，從波士頓透過電子郵件的方式向三十九個國家的訂閱讀者發送這分刊物。這分刊物的目標在於促進跨國間的觀念溝通，並特別說明出現在某個市場中的某些新世代資本家發展，如何影響其他市場的意見領袖。

大衛・韋伯（David Webber）曾經擔任投資銀行家，也是電腦高手。1998年，韋伯在他位於香港跑馬地公寓裡的一間空房間成立了部落格Webb-site.com。這個部落格很快便撼動了香港商界。他經常在這個非營利網站上刊登新聞，嚴格檢視企業的財報，揭發財務詐欺手法與不實的交易，並針對香港市場中重要的家族企業進行嚴格的分析，這些都是投資人無法在其他主流媒體上看到的資訊。這一切原本有可能無足輕重，只是不久之後，Webb-site.com的電子布告欄吸引了超過一萬名訂閱者，相當於香港人口的六百九十分之

一。以美國人口的比例來看則是將近五十萬名美國讀者。有資金投資在香港的香港居民或外國人士愈來愈依賴這個網站，並視其為探討香港商業現況的獨立消息來源。「韋伯幾乎是獨自一人改變了香港的企業治理爭論的架構。」《商業週刊》認定。[35]

2000年2月，記者史蒂芬・梅恩（Stephen Mayne）成立了類似、但屬於營利事業的部落格Crikey，探討澳洲企業治理的黑暗面。[36] 在由少數幾位自由工作者組成的幕僚的協助下，梅恩每天在他位於墨爾本郊區的住家，經由網路發表文章，透過電子郵件的方式寄發，並成立股東行動主義公布欄。同樣有數以千計的澳洲與外國投資人訂閱他的刊物，這些讀者容忍梅恩偶而所犯的錯誤，以取得他犀利精闢的見解、獨家企業內幕消息，以及以獨立的立場提倡少數股東的權益。2005年梅恩出售Crikey，但仍繼續擔任該部落格的企業治理編輯。

前面提及的部落格與獨立發行刊物，可以解決主流媒體監督不周的問題。網際網路賦予新世代記者前所未有的能力，讓他們得以在全球各地挖掘新聞、收集情報與分送報導，而且所需的成本很低、甚至不用成本。由於進入障礙低，因此這類媒體的品質參差不齊。但是拜這些媒體之賜，個人與法人新世代資本家因而能夠探索財務管理市場中長久以來隱而不見的角落。換言之，公民經濟媒體成了一股強大的民主力量。若發揮到極致，這些媒體可以提供一般投資人有用的資訊，讓他們得以分辨哪些基金公司治理不當、哪些基金的治理績效卓越，哪些企業任用親信且作風怠惰、哪企業績效出眾，以及在許多市場中介機構之間，何者行事公正，何者則有利益衝突。

營業執照

不過，公民經濟團體的生態系統卻隱藏了令人困擾，而且可能是致命的弱點。多數團體本身的責任擔當以及公司治理的透明化，完全達不到他們對企業所提出的標準。

批評私人企業的人士主張，企業應該展現負責任公民的態度，以贏得實際的「營業執照」。但是同樣地，在公民經濟中，非政府組織必須贏得類似的營業執照，以維護自己作為市場參與者的正當性。何以如此？因為如果這些團體本身的作風專制又採取黑箱作業，那麼與這些團體站在對立面的強大集團勢力便有可能，而且的確會以令人信服的理由宣稱，這些團體私底下有利益衝突或是表裡不一，藏有不可告人的動機，或者不過是一些自命不凡的麻煩者，不應具有任何影響力。這些指控有可能破壞了非政府組織急欲達成的新世代資本家市場目標。

奇怪的是，在談到自身的治理問題時，就連致力於提倡股東行動主義的組織也保持沉默。只有少數幾個組織會公開告訴會員，可以採取哪些管道推動內部改革。舉例來說，許多鼓吹挑戰企業董事會選舉這項作法的公民社會團體幾乎從來不說明，自己的會員可以如何挑戰自己的董事會選舉。他們很少在網站上公布自己的組織章程或是治理措施。這些團體利害關係人或是付費會員往往發現，自己很難了解這個組織的治理單位是如何選定，其責任為何，以及該單位如何確保財報的正確性與處理可能的利益衝突；其領導人是否要接受績效評估，評估的方式為何，如何決定繼任人選，政策如何制定等等，他們有時候甚至不了解這些政策究竟為何。

更糟的是，有些公民團體使用暴力或是不當的影響力以達到不法的目的，此舉明顯逾越了公民經濟的界線。舉例來說，在西雅圖發動反世貿組織抗議活動的無政府示威人士在當地引發了暴動。日

本的總屋會幫派號稱是少數股權股東的保護者，卻以勒索的手段榨取利益。在反對杭廷頓生命科學研究中心（Huntingdon Life Sciences）的運動中，某些反對活體解剖的行動主義人士逾越了界線，對高階主管進行人身攻擊並破壞企業財產，威脅以炸彈攻擊法人投資機構。這些作為違反法律，也違反公民經濟的不成文憲法，這套憲法的前提是：從上到下的所有參與者都要展現責任擔當。

行動主義憲法

不論在市場內外，已開始有組織為公民團體建立責任架構。首先，聯合國的經濟及社會理事會（Economic and Social Council）建立了一套準則，以判定某個非政府組織究竟值不值得與其對談；該準則於1996年進行過最新修訂。這些只是基本的標準，但不失為是一種替代作法，可以幫助我們判斷某個團體是否具有正當性。[37] 聯合國表示，非政府組織必須採取「參與式民主」的運作架構，而且必須不以營利為目的、不採取暴力且沒有犯罪紀錄，才能獲得聯合國的認可。

由於擔心非政府組織日漸強大的力量可能遭到濫用，許多政府已經開始採取行動，提出新的指導原則與規定。[38]

不過，更具影響力的發展出現在公民社會組織本身。永續發展顧問公司於2003年公布了一分發人省思的報告《21世紀的非政府組織》（The 21st Century NGO），並開啟了最近一回合的辯論。「儘管身為倡導企業責任的重要機構，但是很少非政府組織採用與企業界相同的標準，」這分研究如此認定。「非政府組織的作風必須更加透明化，並展現更大的責任擔當，才能成功地進入主流市場，並維持受人信賴的地位。」[39] 總部設於倫敦的永續發展顧問公司建議，這些組織應該採取行動，像是採用AA 1000認證標準，或是簽訂全球公告計畫（Global Reporting Initiative）。事實上，永續發展

顧問公司一直提倡採用全球公告計畫的公告標準，特別是針對公民
社會組織。[40]

　　這一切努力會將我們帶往何方？公民社會團體愈有責任擔當，
就愈能在公民經濟生態系統中代表更強大的新世代資本家力量。宗
教團體、工會與倡導社會責任的人士，針對如何動用閒置的資本主
義所有權工具，提出了愈來愈精確的指引。若加上資訊透明及展現
責任擔當這兩大利器之後，公民社會團體將會有更多機會動員所需
的資本，並與企業和政府成為合作夥伴。

　　當然了，並非所有組織都做好轉型的準備。許多公民社會團體
的內部依然爭論不休，不願意調整自己的目標以迎合新世代資本家
的議程，或是採取透明的作風。不過，這些團體追求股東行動主義
的動機將會遭到質疑。企業高階主管處理這類挑戰的經驗可以遠溯
自東印度公司。不過，不同之處在於，新世代的基層遊說行動是透
過具有說服力的方式，結合了公民投資人的社會目標與財務利益，
進而形成了適當的共識，有效地發揮股東的權利。為了整合這些壓
力，所有的相關人士與組織都需要富有新意的行動指引。我們將在
最後一章提出相關的建議。

重點整理

- 在新世代資本家生態系統中，當公民社會團體將股東價值與企業的社會責任連結時，就會產生驚人的力量。

- 投資人早在1602年就曾嘗試鼓吹企業社會責任。但是，發生在1970年的通用汽車運動開啟了新的戰線，將追求社會公義的運動人士的價值觀與新興的退休基金投資人的財務實力相互連結。

- 以信仰為主的公民團體發展出第一個利用資本追求社會目標的公民經濟組織。他們的努力建立在十項基本原則之上。

- 工會退休基金首創受託人訓練，以及經由網際網路動員公民投資人的作法。

- 反全球化的街頭抗議活動敦促環境遊說組織等公民社會團體，將自己的目標轉化為商業語言。他們成立了新世代資本家基金聯盟。

- 公民社會團體可以追求任何政治或社會目標。但唯有與新世代資本家基金達成共識，這些團體才能在市場中取得力量。如果他們給外界的觀感是傷害股東利益以追求其他目的，那麼他們本身的正當性就可能遭到質疑。

- 學者已經開始將注意力集中在公民投資人的影響力之上，他們的發現將會影響公民經濟未來的發展。

- 雖然主流媒體對資本市場監督不周，但是拜部落格與網路出版品之賜，企業董事會已經受到前所未有的嚴格檢視。

- 由於許多非政府組織未能以身作則，無法達到他們對企業所提出的透明化與責任擔當標準，因此往往無法在投資界取得「營業執照」。

註釋：

1. Quoted in David Bollier, *Citizen Action and Other Big Ideas: A History of Ralph Nader and the Modern Consumer Movement* (Washington, DC: Center for the Study of Responsive Law, 1991), available at www.nader.org/history/.
2. Frentrop, *History of Corporate Governance.*
3. Quoted in Tamer, *Origins of Shareholder Activism.* <<p. no.?5>>
4. *Investor Responsibility in the Global Era* (Washington, DC: IRRC, 1998), 25.
5. Jan Hofmeyr, Stephen Davis, and Merle Lipton, *The Impact of Sanctions on South Africa: Whites' Political Attitudes* (Washington, DC: IRRC, March 1990).
6. Interfaith Center on Corporate Responsibility, *The Proxy Resolutions Book 2000* (New York: ICCR, January 2000).
7. Talner, *Origins of Shareholder Activism*, 29.
8. Craig Mackenzie, "Ethical Investment and the Challenge of Corporate Reform" (PhD diss., University of Bath, 1997). Chapter 3 available at http://staff.bath.ac.uk/hssal/crm/phd/2hist0.doc.
9. Carolyn Mathiasen, *The SEC and Social Policy Shareholder Resolutions in the 1990s* (Washington, DC: IRRC, November 1994).
10. Ibid.
11. Brad M. Barber, "Monitoring the Monitor: Evaluating the CalPERS' Shareholder Activism," unpublished paper, Graduate School of Management at University of California Davis, March 2006,19. Also see "Gadfly Activism at CalPERS Leads to Possible Ouster of President," *Wall Street Journal*, December 1, 2004, A-1.
12. CNN Money Morning, August 14,2002.
13. Edelman Public Relations, *Edelman Annual Trust Barometer, 2005*, www.edelman.com/image/insights/content/Edelman_Trust_Barometer-2005_final_final.pdf.
14. Marlies Glasius, Mary Kaldor, and Helmut Anheier, eds., *Global Civil Society 2005/6* (London: Sage Publications, 2005); see http://www.lse.ac.uk/Depts/global/yearbook.htm.
15. 該活動的發起人之一Alister Scott；本書作者之一戴維斯於2005年4月26日所進行之專訪。E-Uss的活動也是Steve Waygood所進行的個案研究之主題，"NGO and Equity Investment: A Critical Assessment of the Practices of UK NGOs in Using the Capital Market as Campaign Device," 2004年2月英國蘇里大學（Surrey University）未出版之博士班論文。感謝該文作者准許本書引用其內容。
16. Robert Megarry爵士係針對Cowan vs. Scargill一案作出此項裁決，請參考網站 http://oxcheps.new.ox.ac.uk/casebook/Resources/COWANA_1%20DOC.pdf

17. 有關該活動的背景資料，請參考網站 http://www.fairpensions.org.uk。

18. Ibid.

19. 舉例來說，Make TIAA-CREF Ethical 聯盟將目標放在紐約的教職人員基金公司。Council for Responsible Public Investment 強力要求加州的所有公職人員退休計畫選擇社會責任型的投資組合。成立於2001年的 AsrIA 號召非政府組織，倡導在亞洲進行社會責任型投資。其他組織正努力激勵共同基金與信託基金的一般投資人，如此一來，基金家族便會面臨壓力，必須成為更積極任事的股東。位於波士頓的環境責任經濟體聯盟便是其中之一。其他團體則是與慈善團體與基金會的捐贈者進行接觸，希望說服這些資金管道對企業施壓。Responsible Endowments Coalition 並動員學生對大學基金施壓。

20. See "EIRIS Study of the Top 250 UK Occupational Pension Funds," www.eiris.org/Pages/Pensions/Penson.htm.

21. Nicholas Hildyard and Mark Mansley, *Campaigners Guide to Financial Markets: Effective Lobbying of Companies and Financial Institutions* (Sturminster Newton, England: The Corner House, 2001); and "Confronting Companies Using Shareholder Power: A Handbook on Socially-Oriented Shareholder Activism," www.foe.org/international/shareholder.

22. Robert Kinloch Massie, "The Rise of Sustainable Governance," *Global Agenda* (World Economic Forum), January 2003, available at www.globalagendamagazine.com/2003/robertkinlochmassie.asp.

23. See www.incr.com.

24. 每個組織的名稱都是 Institutional Investors Group on Climate Change，請參考網站 http://www.iigcc.org。

25. See www.cdproject.net.

26. 該組織獲得 War on Want and Traidcraft 等反貧窮團體的支持。此外，Rose Foundation for Communities and the Environment 於2002年8月公布 "Environmental Fiduciary: The Case for Incorporating Environmental Factors into Investment Management Policies"（www.rosefdn.org/images/EFreport.pdf）。同樣地，Ceres 與 Innovest 於2002年4月共同發表了 "Value at Risk: Climate Change and the Future of Governance" 一文。英國的 Chartered Institute of Management Accountants 的 Forum for the Future 出版了一本類似的書籍《*Environmental Cost Accounting: An Introduction and Practical Guide*》(London: CIMA Publishing, 2002)。就連世界銀行也來共襄盛舉，其分支機構 International Finance Corporation 與 SustainAbility 及 Ethos Institute 三者共同公布了 "Developing Value: The Business Case for Sustainability in Emerging Markets," www.ifc.org/ifcext/sustainability.nsf/AttachmentsByTitle/Developing_Value_full_report/$FILE/Developing+Value_full+text.pdf.

27. Jonathan Charkham, "Corporate Governance and the Institutional Investor," paper delivered at Columbia University Center for Law and Economic Studies (New York: May 23 1988).

28. Michael Useem, *Investor Capitalism: How Money Managers Are Changing the Face of CorporateAmerica* (New York: Basic Books, 1996.)

29. 由 Marco Becht 於布魯塞爾創立的 European Corporate Governance Institute，委託研究人員撰寫論文，建立了重要的網路資料庫，提供相關的研究與準則——同時為加入股東力量衝擊這項新研究領域的學者成立了網路聊天室。Chris Mallin 於諾丁罕大學（Nottingham University）與伯明罕大學（Birmingham University）成立了企業治理研究中心。規模龐大的法國信託投資局（Caisse des Dépôts et Consignations，CDC）成立了 Observatoire sur la Responsabilité Sociétale des Entreprises (ORSE)，Theodor Baums 則在法蘭克福大學（University of Frankfurt）主持相關的研究工作。James Hawley 與 Andrew Williams 在加州的聖瑪莉學院（St. Mary's College）成立了 Center for the Study of Fiduciary Capitalism。耶魯大學（Yale）成立了 Center for Corporate Governance，並由 Ira Millstein 出任副主任。從 1995 年開始，多家學術機構紛紛進行類似的研究計畫：劍橋大學（Cambridge University）、歐洲政策研究中心（Center for European Policy Studies）、達特茅斯學院（Dartmouth College）、哈佛大學（Harvard University）、英國的亨里管理學院（Henley Management College）、INSEAD、紐約大學（New York University）、史丹佛大學（Stanford University）、斯德哥爾摩商學院（Stockholm Business School）、韓國的延世大學（Yonsei University）、加拿大亞伯達大學（University of Alberta）、阿姆斯特丹大學（University of Amsterdam）、墨西哥市的阿那華克大學（University of Anahuac）、希臘雅典的雅典大學（University of Athens）、澳洲的坎培拉大學（University of Canberra）、哥本哈根大學（University of Copenhagen）、英國的克蘭夫德大學（Cranfield University）、德國的哈門大學（University of Hagen）、香港大學（University of Hong Kong）、模里西斯大學（University of Mauritius）、墨爾本大學（University of Melbourne）、牛津大學（Oxford University）、東京大學（Tokyo University）、多倫多大學（University of Toronto），以及馬尼拉的亞太大學（University of Asia and the Pacific）。Y.R.K. Reddy 的企業治理學院（Academy of Corporate Governance）負責統整印度相關的研究中心。韓國高麗大學商學院（Korea University Business School）成立了 Asian Institute of Corporate Governance，負責人是 Hasung Jang。位於孟買的 Asian Center for Corporate Governance，主席是 M.K. Chouhan。美國、加拿大與歐洲的 Conference Boards 發表並舉辦相關的報告與研討會。

30. CNNfm, June 9 2003.

31. James Madison, "Report on the Virginia Resolutions," 1798, www.jmu.edu/madison/

center/home.htm.

32. "Corporate Scandals, Corporate Responsibility and the Media: Who Should We Believe?" conference sponsored by *Business Ethics magazine*, New York City, April 21, 2005.

33. *The State of the News Media 2005: An Annual Report on American Journalism*, Project for Excellence in Journalism, March 15, 2005; available at www.stateofthenewsmedia .org/2005/.

34. James McRitchie, "Making Corporate Governance Decisions that Work for Whom?" paper presented to the World Council for Corporate Governance conference, London, May 12-13, 2005, http://corpgov.net/forums/commentary/ICCG2005.html

35. "A Crusader in Hong Kong," *BusinessWeek* (international edition cover story), May 19, 2003, 46.

36. See www.crikey.com.au.

37. Waygood, "NGO and Equity Investment."

38. 舉例來說，美國國會正在考慮立法，迫使財力雄厚的慈善基金等非政府組織採用沙賓法案（Sarbanes-Oxley）所規定的報告型式與治理標準。歐盟考慮針對在布魯塞爾設有遊說部門的公民團體擬定揭露標準。菲律賓的財政部透過 "Council for NGO Certification"（ww.pcnc.com.ph），迫使社區組織進行自我規範。

39. Sustainability, *The 21st Century NGO*. (London: Sustainability, 2003).

40. 其他公民團體也在處理這項挑戰。One World Trust 在其 2003 年的報告 "Power Without Accountability?"（http://www.oneworldtrust.org/documents/GAP20031.pdf）中，根據治理措施為全球規模最大的非政府組織進行評比，並針對何謂最佳措施提出建議。Credibility Alliance 為印度數以千計的公民社會組織擬定了治理與揭露標準。Charities Aid Foundation 為南非的非政府組織擬定了治理準則。London School of Economics Centre for Civil Society 進行了許多研究非政府組織治理措施的計畫。作風創新的非營利機構，尤其是 AccountAbility、環境責任經濟體聯盟與 WWF，費盡心力要讓自己的治理措施成為同業中的最佳範例。

第 **4** 篇

新世代資本家議程

9 | 行動筆記

　　以下是兩則有關現代商業生活的故事。

　　美國國家電視網（NBC）於2004年1月3日起開始播出電視節目《誰是接班人》（*The Apprentice*），這是由房地產大亨、同時也是1980年代的商業代表人物唐納・川普（Donald Trump）所主持的真人實境商業競賽節目。參賽者展現自己的商業功力，在每集節目的尾聲，川普會興高采烈地開除其中一人。參賽者從中學習勝利之道，也就是如何避免遭到開除：關鍵是要表現得比你的同仁出色或是摧毀他們，然後取代他們。這個節目大概是要以隱喻的手法反映商場的現狀：這是一個失敗者眾、勝利者寡的地方，為了出人頭地，經理人經常以合作掩飾欺瞞、不忠與背叛的行為。耶魯大學的傑夫・索納菲德（Jeff Sonnenfeld）曾說過，《誰是接班人》將商場描繪成像是「行刑隊」一般。[1] 根據美國國家電視網的網站顯示，《誰是接班人》很快便成為十八歲到四十九歲核心觀眾群的「文化現象」。「你被開除了！」變成朗朗上口的名言，川普甚至想將之申請為註冊商標。[2]

　　十八個月後，英國首相東尼・布萊爾收到某些企業執行長共同上書給他的一封信；這些企業負責開採全球10%以上的化石燃料。這些執行長的確是有權有勢的人物。他們連署這封信的原因在於，布萊爾準備召集世界八大工業國家的領袖舉辦一場研討會，商討如何處理氣候變化的議題。不過，這些執行長所要傳達的訊息，並未讓許多環保運動人士感到憂心。因為這封信要求英國政府推行更嚴格的溫室氣體排放管控措施；他們主張，從環保的角度來看，如果沒有這些措施，他們的企業最後可能難以永續經營。這點值得我們在此複誦：全球最大型企業的高階主管正攜手合作，遊說政府推行更有社會責任感的環保法規。

　　川普的節目以諷刺的手法反映我們大家所熟悉的商業世界。第二個故事則代表了嶄新、而且讓某些人有點難以理解的發展。但是

從本質上來看，唐寧街的這分提議正是公民經濟正在運作的表徵。
這些連署的企業執行長及他們的董事會，因為受到背後公民投資人
的敦促而採取這項行動。還記得第三章提及的新世代資本家宣言中
的第八條守則嗎？找出相關的法規，確保你的業務不會造成間接傷
害。要求這些企業執行長連署這項提議所需的利他精神，不會多過
要說服他們創造獲利所需的利他精神。替所有能源公司創造公平的
競爭環境是理性的作法，因為如此一來，這些企業才能永續經營，
進而嘉惠他們的股東，也就是新世代資本家。

　　這並不是說川普是公民經濟裡不受歡迎的人物。開放的市場會
接納該節目所描繪的老闆的作為，也會接受上書布萊爾的執行長們
的行動。但是，後者的想法才最能代表新世代資本家。

　　我們已經在本書中努力說明，有哪些不同的力量正影響公民經
濟。首先是新世代資本家，也就是大型上市公司數以億計的股東。
如同老一代的資本家，新世代資本家也要求企業創造獲利。但是，
由於新世代資本家為數眾多，加上其多元的背景，因此他們對企業
的要求也會有所不同。

　　圍繞著這群新世代股東，一個新的商業生態系統正逐步發展成
形。股東展現了前所未有的力量。商業體制的改革迫使企業董事會
轉型。新的法人投資機構紛紛建立，他們根據特定的評量標準監督
企業表現，以反映新世代資本家所關切的廣泛議題。此外，公民團
體逐漸發現，資本市場是一個可以影響企業行為的新管道。

　　讀者不僅只是這些轉變的旁觀者而已。你們正親身參與這些發
展。我們將在本書最後一章說明，公民經濟對我們大家的意義何
在，包括任職與管理大型企業的人；替我們的資金與其他人的資金
進行投資的人；監督企業績效與針對企業政策提出建議的人；以及
我們這些身為公民、儲蓄人與消費者的廣大群眾。我們可以採取哪
些作法以提高自己的勝算，進而保障自己的利益，確保我們能在這

個新興的世界中立於不敗之地？

給企業董事與執行長的筆記

你要如何取得競爭優勢？我們的建議涵蓋了兩個領域：妥善的管理措施與責任擔當。歸根究柢，大多數大型企業都有數百萬名股東。改造管理階層思維的時刻已經來臨，如此一來，他們才會將這項基本事實納入考量。

管理措施

我們的第一項建議是訴諸語言。畢竟，經理人的首要任務之一是激勵員工。過去的管理學學者們曾經苦思，我們為何要花費那麼多心力在我們任職的公司？我們投注那麼多精力與創造力的目的，只是為了要提高單季盈餘？這似乎是一個膚淺的解釋。我們每天工作的目的，難道只是為了賺取最高的薪水而已嗎？研究人員不斷從許多績優企業的活動中發現無私行為與團隊合作，但這似乎與上述的答案互相矛盾。雖然組織行為心理學家可以毫無疑問地告訴我們，我們為何能從團隊合作中得到滿足感，但是他們對團隊合作的目標卻著墨不多。

公民經濟正好可以回答這個問題。公民經濟替企業的活動賦予了嶄新且更廣泛的動機，可以同時兼顧獲利與更廣義的社會目標。事實上，獲利動機已經成為社會目標。如同過去一樣，企業的主要目的是增進投資資本的價值。但是，今天的投資資本來自人民。因此，有效率的公民經濟經理人的目標，是要替全體人民創造財富，至少不要摧毀財富。想一想在火車上坐在你身旁的人，或是在人行道上與你擦身而過的人。想一想在維吉尼亞任教的老師，在澳洲德爾班工作的汽車工人，在英國威爾斯的退休礦工。想一想在瑞典的

護士,在名古屋的保險推銷員。這些都是企業獲利的最終受益人。

我們可以預言,新世代資本家會對企業提出哪些要求。我們在第三章的新世代資本家宣言中便已說明這分藍圖。這十項「守則」告訴我們,如何替為數眾多、背景多元的股東創造最大的利益。但是對高階主管來說,這分宣言對於他們每天管理公司的方式有何意義?你需要新作法還是新態度,才能滿足這些需求?

答案既是肯定也是否定。大多數經理人熟悉資本家宣言的第一條守則:要有獲利,創造價值。問題是,由於這條守則太過耳熟能詳,因此被傳統經濟中的許多經理人所忽視,他們反而將資金花在不太可能創造價值的活動之上。你或許很熟悉以下的現象:他們對企業的奉獻與熱忱,反映在對未來的過度樂觀。接著,透過數學計算的神奇魔法,這些樂觀看法被轉換成複雜的財務規畫,並根據數十項未經測試的假設,擬定不切實際的計畫。

換言之,太多的高階主管相信,推行書面上看起來可行、但卻無法創造實質價值的計畫,可以滿足股東的願望。在許多企業醜聞中,高階主管自認受到壓力,必須「創造數字」。然而,這些數字都是主管自己的發明;他們提出一些數字以說服華爾街相信,他們的公司已經設法培養出點石成金的魔力。

發生弊端的企業所提出的數據通常不僅有獲利能力,還包括成長潛力。安隆與世界通訊都是有獲利但成長緩慢的公共事業公司,他們原本可以繼續維持這樣的狀態。但是,造成這兩家公司垮台的原因,完全在於高階主管妄想追求不切實際的成長率。

正因如此,宣言中的第二項守則十分重要。企業應該只在自己能夠創造價值的地方拓展業務。這句話聽起來或許所理所當然。但是,有太多經理人在有計畫地追求成長,雖然其中只有少數人能夠成功。舉例來說,請看一看你上一次的營運計畫。我們猜想,這項計畫的目標是要維持或是取得市占率。但是,並非所有企業都能取

得市占率。然而，如同貝恩管理顧問公司（Bain & Company）的研究報告顯示，大約有90%的企業將成長率目標設定為經濟成長率的兩倍。[3]

　　成長當然重要，全球的股東當然希望鼓勵如此進取的精神。但是，一味追求成長而不顧資金成本的企業終究會摧毀價值。這些企業成長的速度愈快，摧毀價值的速度也愈快。

　　圖9-1說明了經理人所面臨的四種選擇：讓企業成長或是不成長；獲利高於或低於資金成本。每家企業顯然都希望處於右上角的位置，也就是獲利高於資金成本，同時能夠成長。但是，萬一獲利無法超過資金成本，該如何？如果你的獲利無法超越資金成本，該如何是好：成長還是衰退？在公民經濟裡，答案當然是選擇衰退。如果你在不可能創造實質經濟獲利的情形下追求成長，便會像那位傳說中的商人一樣，每筆生意都賠錢，卻試著想藉由銷售量彌補虧損。然而，我們卻不斷看到企業在追求「成長」而不是獲利。

圖9-1　成長與報酬率：經理人的選擇

成長	摧毀最多價值	創造最多價值
不成長	安度難關	錯失良機
	獲利低於資金成本	**獲利高於資金成本**

成長與報酬率：經理人的選擇

　　當計畫出錯時，企業的高階主管往往怪罪投資人，認為是後者驅使他們追求快速的報酬。不過，當他們談論到投資人時，他們真

正指的是華爾街的交易員，因為對後者而言，鼓勵企業成長往往是合理的作法。如果企業持續成長，那麼他們手中持股的價值的「波動率」可能會提高，意味著他們會有交易的機會，進而創造豐厚的經紀手續費與交易獲利。對於試圖說服客戶買賣股票的經紀人來說，這是非常合理的發展。難怪企業醜聞的主角幾乎都是成長快速的企業，這些企業謊稱自己的獲利情形位於圖9-1的右上角，但事實上卻是左上角。

新世代資本家要求的是不同的策略。首先，在談論「股東要的是什麼」時要小心。要記住，你的最終股東並非那些熱錢交易員，而是每位平民老百姓。交易員只是交易員。他們與你公司的長期成功只有一點點的利益關係。他們主要感興趣的是能夠創造買賣機會的事件。交易員的功能主要在於價格發現（price discovery），但他們只是最不重要的股東。企業真正的股東並非當沖客而是公民投資人，他們與你企業的長期核心獲利能力存有利益關係，並要求你的企業展現適當的財務紀律。

我們並不是在說，公民經濟無法容忍風險。這裡所指的紀律只是要求經理人避免為漫無目的的成長付出代價。事實上，如果真有機會可以在有獲利的情形下成長，新世代資本家會希望盡可能把握這些機會。他們願意接受這些計畫的重大風險，只要這些風險與預期報酬率相符。何以如此？因為公民投資人高度分散自己的投資。如果某項計畫，甚至是一家企業失敗了，這對他們的投資組合只會造成些微影響。公民經濟支持承受風險的作法，但是不支持擴大版圖的作為。

公民股東急於提供資金以把握良機。他們同時也要確定企業遵循第四項守則：不要浪費資本。去除多餘資本的企業（通常透過新的商業軟體）可以創造超凡的獲利。經理人必須同樣集中心力將資本降至最低，並視其為追求最大經濟利益的重要因素。

公民經濟也要求建立全新的高階主管獎酬制度。股東要的是實質的報酬與獲利成長，因此各位可以預期，他們會希望企業的員工根據這些因素支領酬勞。但是，企業計算酬勞的方式有很大的改善空間，尤其是執行長的酬勞。

員工應該按照自己的績效支領酬勞，包括根據股東報酬率計算獎酬。但是大多數員工對股價的掌控有限，因此，過度以此因素計算酬勞，絕非有效的方式。要記住，股價終究是財務計分板，而非比賽本身。因此，要為包括執行長在內以降的員工提供獎勵，好讓他們更能在球賽中發揮自己的實力，而不是設法打賭最後的比分會是多少。

此外，多數人工作的動機不只一項，其中包括追求最大的收入，但不僅限於此。相關的管理文獻顯示，我們偏好的動機是正面的工作環境、挑戰、友誼、團隊合作、專業精神、身分地位，以及能對某件有意義的事情有所貢獻的感覺。換言之，絕對的財務報酬並不是最重要的激勵因素。因此，當資本家宣言的第三條守則告訴你，要對正確的作為給予合理的報酬時，指的不僅是如何正確計算員工的酬勞，還包括管理與獎勵員工的所有方式。這裡指的便是職場文化。

根據第五項守則，公民股東希望企業將焦點集中在自己最擅長的地方。我們已經說過，聰明的財務分析師可以替任何商業決策提出辯解：「如果你對數字折磨的時間夠長，就有辦法讓它們坦承任何罪行。」記者葛瑞格‧伊斯特布魯克（Gregg Easterbrook）寫下這句名言。尤有甚者，你的預估數字涵蓋的時間愈長遠，準確性就愈低。然而，新世代資本家追求的是長遠的永續經營能力。你該如何測試企業的營運計畫是否合理，或者該企業是否真正發揮自己的優勢？

競爭邏輯可以幫助各位回答這些問題。能以低於競爭對手的成

本更有效滿足客戶需求的企業，就可能創造獲利。不可否認，顧客的人數高達數百萬人，要滿足他們的需求的方式也有數百萬種。因此，想在商場中出類拔萃的方法也是五花八門。不過，如果別人表現得比你出色，你就不可能成功。因此，如果任何一個營運計畫號稱要創造獲利，卻沒有提出令人信服的理由說明如何達成這項目標，你都應該心存懷疑。換言之，要注意數字背後的假設條件及數字本身。

在公民經濟的管理風格下，比較妥當的規畫程序是，先檢視企業的技能並找出適當的市場機會，而不是反其道而行。你必須將建立財務模型這項工作留到最後一個步驟，等到你找到自己的競爭優勢後再來考慮這個議題。如此一來，身為經理人的你幾乎不需要另外找尋看似較為有利可圖、但完全陌生的業務領域。你可以將注意力集中在如何發展並精進公司的專長，更有效地滿足客戶的需求。

因為必須不斷求進步，因此你必須持續設法進行組織更新並提升績效表現（守則六）。這並不是什麼新聞。如果某企業使用的系統、販售的產品與效率水準全都與十年前一樣，很難想像這樣的企業還能存活下去。不過，不同的是，在今天，企業的改造活動還必須回應要求企業負起公民經濟責任的外部力量。

企業責任的執行長賽門・塞德克（Simon Zadek）說明了其中的力量。由於「全球金魚缸」（global goldfish bowl）的現象，經理人在某個地方的所作所為，不可能逃得過全球其他人的法眼。供應商與客戶同樣體認到：有些企業並不了解其自身的行為可能會被視為不負責任，因此與這樣的企業進行交易是非常危險的。在委外採購的醜聞使得自己的聲譽蒙塵之後，某些知名品牌的業者了解到，影響你營業執照的因素不僅只限於你自己的行為，還包括整體產業的行動。舉例來說，塞德克提到，「帝亞吉歐（Diageo）能否繼續成為全球最大、獲利最高的酒品公司，取決於該公司能否鼓勵整體

酒品產業負起責任,因為該產業的整體行為將會決定相關法規的未來發展。」[4]

根據這些觀察的合理結論,各位需要體認自己必須進行自我規範,或是如同資本家宣言第八條守則所說的,找出相關的法規,確保你的業務不會對旁人造成傷害。在股權全球分散的情形下,制定法規是合理的方式,讓產業中的所有當事者,得以驅逐那些企圖利用向下沉淪的手法贏得競賽的人。排除這種短線主義有助於整體產業的長期蓬勃發展,而非犧牲產業的長久發展,藉此獲取龐大但難以持久的短期利益。但是,各位絕對不能違法濫權。如果企業不遠離政黨政治(第九條守則),就會踐踏公民股東的權力。

經理人終究需要思考自家企業在社會責任方面的表現,原因不僅是因為如果他們無法針對社會壓力作出回應,他們的經營便有可能受限。公民經濟關切的議題不僅僅是遵循法規而已。如同宣言的第七條守則所說的,新世代資本家希望企業公平對待客戶、供應商、員工與社區,因為這些人也是企業的股東。

但是,什麼是公平對待他人?這聽起來是相當崇高的想法,但是在現實社會中可行嗎?資本家宣言在書面上看起來可能很不錯,但只有在每個人都遵循這些守則的情形下才能奏效。善待客戶、避免追求沒有意義的成長、拒絕向華爾街的交易員鞠躬作揖,這些行為都需要勇氣,除非其他人也都這麼做。當然了,本書提供的證據說明了,如果一家企業的生存建立於不斷違反規則,終將會受到市場的懲罰:也就是說,該企業的財務表現會受到傷害,股價也將下跌。「噢,這是當然的,」各位會如此回答:「但可能會在很久以後才發生。在此期間,如果我是唯一一家遵守資本家宣言的公司,等於是犧牲我自己,卻讓所有公司受益。」

大哉言。你們正處於典型的囚犯的兩難(prisoner's dilemma):想像各位在一個政局不穩定的國家內無辜被捕下獄。有位偵

訊員進入你的牢房。

「我來跟你談個交易。」他說道：「如果你在這分聲明上簽名，指控關在隔壁牢房的喬犯下謀殺罪，我們會讓他關上十年並釋放你，只有一個附帶條件。」

你考慮了一下之後問道，「什麼附帶條件？」

「是這樣的，」偵訊員回答道：「只要喬沒有簽下同樣一分聲明指控你犯下謀殺罪，你就可以走人。否則，你們兩個都要坐八年的牢。」

「好吧，」你若有所思地回答：「如果我們兩個都不簽名呢？」

偵訊員停頓了一下，接著嘆了一口氣。「哎，既然我們沒有任何證詞，我們兩個月後就得放了你們。但是聽好，如果你在聲明上簽名，我非常有可能明天就放你走。一切就看喬怎麼決定了。」

「可是我根本不認識喬，」你惱怒地回答道：「他有可能是任何一個人啊！」

「沒錯。」偵訊員回答道。

這就是所謂的囚犯的兩難。在現實生活中，商場人士經常得面臨這樣的兩難困境，比方說，必須決定是否要欺騙某位客戶、對某名員工施壓、或是將有毒廢棄物傾倒到運河裡。當然，從自私的角度來看，最好的解決辦法是，讓其他人遵守規定，而自己卻為所欲為。但是，如果其他人全都違反規定，問題就來了。在這種情形下，個人該怎麼做？

「賽局理論」（game theory）的專家花費許多心血，想要尋找解決囚犯兩難的「正確」方法。你或許會認為這個問題必定會有聰明的解決辦法——比方說，頭幾回合先展現友善的一面，之後再改變策略。但最好的策略非常簡單：以牙還牙，以眼還眼。也就是說，一開始就認定對方態度友善。如果是的話，就以友善的一面回應對方。只有在面對負面回應時才作出負面回應。一旦對方改變態度、

對你展現善意時，你也要隨之改變立場。研究顯示，如果你一再面臨囚犯的兩難，這些戰術可以替你及其他人創造最好的結果。

現在，請想一想公民經濟的世界。各位應該如何對待數十億的股東、顧客、供應商、工作者與公民？如果其他人全都遵守規則而只有你一個人違反規則，那麼，你當然可以犧牲他人讓自己獲利。但是，認為自己可以用這種策略矇混過關的想法根本不切實際。如果所有人都遵守規則，我們全體都會因此受益。但是，你該如何執行這些規則？方法是，一開始就認定所有人都立意良善，之後採取你來我往的策略。如果我們全都遵守規則，就可以替所有人創造出最好的結果。

換言之，賽局理論的結論，與從前的哲學家及老師們的教誨一樣。[5] 只是後者稱這些道理為黃金戒律（Golden Rules）：要別人怎麼對待你，你就該怎麼對待別人。你應該考慮到所有人的利益。之所以可以這麼做的原因在於，不同於早期時代，在公民經濟裡，我們代表的是所有人的利益：公民、股東、顧客與員工。這項結論的目的不是要提出道德批判。我們只是在說，從務實理性與獲利為考量的角度來看，如果企業能根據黃金戒律經營業務，那麼所有新世代資本家都會受惠。

但是，賽局理論當中有項假設過於簡化。這些理論認定，我們全都知道，對方是否根據我們的利益採取行動。不過在商場中，想要確定這一點並不容易。等到你真正確認供應商是否盡全力確保商品符合標準，基金經理人是否已確實履行他或她對股東的受託責任時，一切都已太遲了。更糟的是，對方有可能認為自己的作法得當，而你卻不這麼想。在這種情形下，在你來我往的遊戲中，你最後會因為某個不自覺的行為而受到懲罰。

這就是資本家宣言中最後一項守則如此重要的原因。清楚說明你目前的作法，並負起應負的責任。除非每個人都了解遊戲的規

則，否則便無法成功地脫離囚犯兩難。身為經理人的你需要向員工、顧客、供應商與股東清楚說明，你如何解讀這些遊戲規則。人員雇用的可靠性如何，原因何在？你會根據哪些標準提供哪些服務？你準備如何建立股東價值？釐清這些問題是非常重要的任務，因為隨著我們提供的服務愈趨複雜，想要了解某項工作是否圓滿達成，將會是所費不貲、甚至是不可能的任務，同時我們也必須能夠相信，供應商會根據黃金戒律對待我們。

這不是新的問題。希臘醫學之父希波克拉底斯（Hippocrates）知道，病患永遠無法正確了解並評估他教授給學生的專業技能，他也知道，如果學生濫用自己所受的訓練，就可能造成嚴重的傷害。因此，他要學生宣讀希波克拉底斯宣言（Hippocrates oath），誓言不會濫用自己的知識。

在當今新興的公民經濟中，經理人也有掌控金錢、產品與人力的技能與權力。他們可能會思考自己在待人處事時應該根據哪些適當的行為準則。這些準則的建立基礎必須是替企業股東創造最大獲利、對外公開自己的所作所為、避免對社會造成傷害，以及公平對待所有的利害關係人。

經營團隊的責任擔當

唯有企業的經營架構得以確保經營團隊會對股東負起責任，好好的管理措施才能維持下去。你可以利用下列各項作法，確保你的組織具備這樣的架構。並非所有方式都適用你的公司，得視各公司的規模與情況而定。但是這些想法或許可以提供有用的指引。

讓董事會選舉具有意義。每家上市公司都應該訂定相關規則，允許股東經由多數決的方式選任與解任董事，並決定董事人選的提名。這是基本的要求。董事會必須對股東負責，而且必須對股東展

現擔當。

將重要的股東議題交付表決。在少數國家，董事會擁有絕對的權力，可以針對足以影響企業價值的事項制定關鍵決策，例如是否要實施反併購防禦措施，而且無須徵詢股東的意見。這種權力的傲慢不見容於公民經濟。有可能嚴重影響股東權益的重大決策應該交付股東會表決，如此產生的決議才具有正當性，並反映出股東對經營團隊與董事會的信心程度。如果你不確定哪些決策「茲事體大」，那麼請記住，股東擁有企業的殘餘價值；如果需要考慮的議題會對企業的殘餘價值或是企業未來的營運性質產生根本的影響，那麼就請透過表決的方式議決，並以股東的權益為優先考量。

另外，關於執行長的酬勞，企業應當取得股東同意，但事實上卻經常避開股東監督。為確保董事會的獎酬委員會真正服務全體股東，該委員會的報告應該每年接受一次不具約束力的信心投票。英國、德國、瑞典與澳洲企業已經採用這種投票方式，為企業治理引進一帖監督良藥，使得執行長的酬勞具有正當性，並與實際工作表現相符。

董事長不得兼任執行長。上市公司的每位員工都應該負起責任。但是，當董事長與經營團隊總舵手兩者的角色相互重疊時，執行長基本上就是自己的老闆。不得兼任的作法目的不是要在企業中建立彼此競爭的權力中心。董事長與執行長的工作相當不同。董事長應該保持獨立且不得兼任高階主管，確保董事們能代表所有股東執行職務，包括協助、評估及在必要時解任執行長。

企業治理部門必須由專業人士負責。許多企業的作法是任命一位企業治理長，通常是由公司的秘書長擔任。但是這個頭銜只是一個開始。是該將企業治理這分職務專業化的時候了，業界應該針對該項工作設立明確的道德與技能標準、職權。今天，這項職務大多

落在法務長或投資人關係部的負責人身上，前者負責確保公司遵循所有有關企業治理的法規，後者則負責提升企業在市場中的地位。這兩者都是高尚的職務。但是企業治理還包括其他工作。負責治理議題的高階主管必須從根本上了解新世代資本家的利益，如此才能對董事會提出策略建議。他們需要經常透過對話、座談會與單獨會面的方式，增加自己在股東面前的能見度。唯有如此，才能避免受到「集體思維」的影響，並了解股東的想法；所有組織偶而都會出現「集體思維」，企業也不例外。最後，可考慮讓企業治理長向董事會與獨立的董事長報告，而非向經營團隊報告。

公告的方式必須現代化。董事會的稽核委員會應該努力確保，由外部會計師事務所或是其他單位負責的稽核工作，必須包括企業非財務資產的評估報告，而且這分報告必須符合公民經濟的標準，例如全球永續發展報告或是由會計師事務所發明的價值分析方式。每家企業都應該向股東報告，他們必須了解哪些事項，才能扮演好股東的角色。光是傳統的會計方式已經無法滿足這樣的要求，因此在編製年報時，請務必在年報中加入新世代資本家股東可能想要知道的所有資訊。要記住，康樂寶實驗與瑞佛的研究說明了，如果你提供這些資訊，就會受到獎勵。

鼓勵與利害關係人建立關係。沒有一家企業可以自給自足。企業的利害關係人──員工、顧客、供應商、主管機關與其他人──顯然都會影響企業的文化與獲利。董事們需要常態性的管道，監督企業是否努力與重要的利害關係人建立有利的關係，以及這些人是否是有助於提升企業長期價值的資產，而不是可能在未來引爆的隱藏負債。

給法人投資機構的筆記

　　法人投資機構是公民經濟的引擎。如同我們在第四章所看到的，這些引擎必須克服一些障礙，才能以最高的效率運轉。投資產業主要是以買賣證券與募集資產為基礎而建立的，而非對被投資企業扮演審慎股東的角色。

　　但過去二十年來，投資人已經大幅增加自己在市場的影響力。今天，退休基金與這些基金的管理公司正進一步履行自己的受託義務，成功地治理與監督被投資企業。雖然基金管理產業念茲在茲的是創造「阿爾發」（alpha）因子的能力（也就是要表現優於市場），事實上，基金是否能真正如其原先所承諾地支付退休金，所謂的「貝他」（beta）（也就是整體市場報酬率）因子依然是主導因素。

　　接下來是有關法人投資機構的討論，讓我們先檢視這些機構的管理措施。

管理措施

　　身為新世代資本家代理人的法人投資機構可以從四個方向下手，徹底履行自己的職責。

　　彼此相互合作，扮演好企業共同股東的角色。在買賣股票時，基金管理公司的競爭非常激烈。但是在改善被投資企業的績效表現時，這些基金公司卻有共同的目標。能夠找出方法彼此攜手合作的基金公司，將會是最有效率的投資機構。這些方法可以是非正式的網路。舉例來說，赫米斯基金設置有全職的工作人員，負責與其他基金管理公司建立關係，以便針對出問題的被投資企業與議題彼此交換意見。此外，基金公司可以透過國際企業治理網路或是全球法人投資機構治理網路（Global Institutional Governance Network）等

產業團體，或是透過商業服務機構的調解，尋求合作機會。[6] 退休基金與基金管理公司有愈來愈多機會可以加入這些合作計畫，如此不僅可以敦促他們投資的企業締造更好的績效表現，還可以更進一步促進股東權益。[7]

以專業的態度，將持股與交易股票的工作一分為二。對某些基金來說，這種作法似乎自相矛盾，他們的目標應該是將持股與交易股票兩項任務合而為一。但事實上，股票交易員與股東兩種角色需要的技巧與紀律非常不同。打個比喻，賭馬的人可能對賽馬這項運動非常了解，但未必是訓練馬匹的最佳人選。扮演股東角色這分工作可能需要不同的人員與技巧，而這項任務可以被納入投資管理的核心部分，而非事後追加的想法，或是法規遵循中的一道手續。

發展股東介入計畫，甚至是行動主義計畫。投資人曾經認為行動主義是最後的手段。基金公司偏好的作法是出脫有問題的企業的持股，而不是挑戰這些公司的經營團隊。不過，今天許多基金管理公司的作法是，自行挑選某些特定的企業組成投資組合，大筆投資少數幾家公司。這意味著，你沒有辦法出脫有問題的股票；你必須扮演股東的角色。如果處理得當，你的回報可能非常令人滿意。

鼓勵研究長期風險。積極發展創新的作法，藉此找出被投資企業所面臨的非財務風險。「加強分析倡議」這項先導計畫就是一個範例。會員基金公司提撥一部分經紀佣金，保留給那些會考量明顯、但難以評估的風險因素的投資分析師，例如企業治理、勞工管理與環境責任。新世代資本家需要經常參考這些風險研究報告。

相關作法必須配合產業架構與鼓勵誘因

上述四項新策略可以改善被投資企業的績效。但是，如同企業

一樣，唯有相關的作法能夠搭配合適的架構與誘因，法人投資機構才能永續受惠。因此，你必須注意下列各項重點。

以身作則。如果基金公司本身不能以身作則，又怎能合理地要求被投資企業達到這些標準？服務公民股東的基金管理公司應該公開說明，其基金如何運作、如何支付工作人員酬勞、如何管理儲蓄人的資本，以及如何處理利益衝突。國際企業治理網路的法人股東責任宣言（Statement on Institutional Shareholder Responsibilities），是早期很好的範例。[8] 同樣地，公民股東基金應該對會員、投資客戶、贊助企業與經營團隊負責。這些基金應該設置積極任事且學有專精的治理單位，其會員代表必須能正當地代表會員權益發言，例如退休金計畫的案例，便是舉辦有意義的受託人選舉。

讓基金經理人的行動符合投資人利益。排除利益衝突只完成了一半的任務。退休基金應該確保，代理機構採取正面的行動以符合新世代資本家的利益。這裡指的是大力整頓基金經理人的獎勵誘因，目前的作法多半鼓勵短期表現與狹隘的財務分析。舉例來說，世界銀行的投資單位國際財務公司（International Finance Corporation），已經將投資組合經理人在衡量長期展望與非財務風險的表現，納入酬勞的計算中。共同基金與資金管理公司可以將類似的計算方式視為整體產業的標準作法。基金公司至少應該根據長期表現計算獎金酬勞。

當一切塵埃落定之後，你的投資機構是否能從這些行動中獲利？證據顯示是肯定的。如同研究結果所顯示，管理完善的企業的價值會比較高。如果你積極推動最佳的企業管理措施，就可能勝過那些因循陋習的企業，因為後者會忽視或迴避被投資企業的風險。

此外，資金管理公司會發現，如同所有的公民經濟發展，投資大眾呼籲他們負起股東責任的聲音將會愈來愈強烈。媒體、退休人

員與儲蓄人、政府法規、甚至要求股東更盡責的企業本身，都加入了這股呼籲的聲浪。就連最傳統的基金都感受到公民投資人這股日益強大的需求。為了領先群倫，愈來愈多基金公司必須證明自己不僅能創造出色的相對與絕對績效，還能負起監督之責。

給個人投資人與退休金受益人的筆記

舊經濟的焦點是企業。但是公民經濟的中心卻是新世代資本家，也就是參與退休金計畫、退休儲蓄帳戶或是保險年金的公民。隨著公民經濟的成熟，他們——也就是各位——將可以擁有制訂關鍵決策的工具，決定如何管理資產。如果你完全不動用這些工具，財務代理機構的作法就會比較像之前所說的那名租用汽車的駕駛人。反過來說，如果你運用這些工具，就可以左右你的財務的未來。

我們所說的並不是拆開被投資企業所寄來的厚重信件，詳細檢視每本年報，盡責地投下每張代理投票。我們承認，很少有個人投資人有這樣的時間、專業知識或意願。事實上，個人投資人很少自行選擇投資哪些股票，而是偏好透過集體投資工具進行投資，像是共同基金或是單位信託基金。因此，確保投資人的權益獲得保障，關鍵在於以下這個重要的決定：你要選擇哪一家代理機構管理你的積蓄？

慎選代理人

在過去，這樣的選擇很簡單，對某些人來說，現在仍是如此。某些與你關係遙遠的管理單位，例如你任職的公司、州政府或是保險計畫中負責管理退休基金的主管，會替你做選擇。但是，隨著這些計畫的贊助機構將風險轉移到員工與儲蓄人身上，例如從確定給付制退休計畫改成確定提撥制退休計畫之後，上述情況將不復見。

　　雖然某些中央管理單位依然主導了重大的投資決策，這些計畫的最終受益人完全沒有推選代表參與這些決策，但是這樣的制度不符合最基本的責任擔當要求。這種缺乏責任擔當的作法，有可能侵蝕股東創造價值的能力。為了保護你的資產，請遊說支持透過有意義的方式，讓投資人代表參與投資政策的制定，並要求退休金或是儲蓄基金提供相關的資訊。或者，如果可以的話，請另請高明，找尋其他的代理機構管理你的資金。

　　讓我們說明選擇代理機構這項工作，這裡指的是財務規畫公司、投資顧問、資金管理公司、共同基金、保險公司等等。看到這裡，你可能會雙手一攤，表示無奈。除了專家以外，誰能夠真正知道哪家財務管理公司符合我的利益？

　　請等一等：類似的消費者決策制定的轉移，是有先例可循的。還記得當市場上只有一家電話公司的時候嗎？當時大家對服務、價格或是品質幾乎沒有選擇餘地。這似乎是生活中不變的事實。因為不知道事情可以有所不同，所以要求自己接受壟斷市場的業者替我們設定通訊條件。當競爭開始出現之後，我們許多人發現，自己根本沒有做好自由選擇的準備。就連依照個別顧客的偏好量身設計電話服務的想法似乎也令人難以想像。但是我們很快就學會要提出哪些問題、要求哪些服務，以及要查詢哪些價格。我們還發現，在挑選電話公司以滿足自己的通訊需求時，可以用相同的費用得到比以前多出許多的價值。

　　我們如何安度老年生活、可以有哪些醫療照護，以及是否有能力累積家庭積蓄，這些決定遠遠比電話費更重要。然而在今天，許多人卻將自己的權利拱手讓給他人，讓別人來制定與自己的積蓄有關的決定。如同我們已經討論過的，這些代理機構可能、而且經常要面對商業壓力，因此他們的作為往往不符合我們的利益。當這種情形發生時，所有人都會遭受實質損失。但是我們現在可以有所選

擇、可以分辨，哪些基金與代理機構的設計本意是為了服務我們。

關鍵條件

以下就是我們對公民經濟投資人提出的最重要建議：篩選時必須考量這檔基金是否願意承諾真正為你服務。首先要考量的是他們收取的費用；費用的絕對金額與收費結構都要納入考量。基金公司有權賺取獲利，但是他們收取的手續費必須合理而且公開；畢竟，要承擔風險的是你的資金。接著，有愈來愈多的免費與付費服務，會根據基金公司的治理措施、監督紀錄與績效表現對基金進行評鑑。請參考這些評鑑結果。或者，你可以在比較各基金公司的財務績效之後，自行提出一些關鍵問題。投資組合經理人的薪資獎酬計算方式，是否鼓勵他們考量被投資企業的長期績效與非財務的價值驅動因素？基金公司的董事是否獨立？是否可能出現利益衝突？基金公司如何行使股東投票權？基金公司有哪些資源可以運用，以便對被投資企業扮演積極股東的角色？請淘汰所有無法或是不願意回應這些問題的財務代理公司。接著，從最具備價值創造者特色與新世代資本家股東風格的基金公司中做出選擇。

給分析師、顧問與查核會計師的筆記

資訊就是力量，這句話並不是新聞。原本應該幫助投資人做決定的資訊遭到誤用與濫用，這項事實則是舊聞。我們不斷在本書中向讀者說明，這些資訊如何有系統地遭到濫用，並且提出一項藍圖，告訴各位如何避免在未來重蹈覆轍。

明智且負責任地運用資訊

這項藍圖的第一步是讓分析師、顧問與會計查核人員認清兩項

原則。首先，不要誤將代理機構視為當事人，也就是資本的最終擁有者。其次是，了解21世紀的經濟價值創造因素為何。這兩項目標都不易達成，但卻是可行的任務。首先，最先遵循這些守則的組織可以在商場取得優勢，進而掌控資訊，推動長期的經濟成長。

正當性來自責任擔當。這是公民經濟賴以建立的基石。所有關係人最後應該對誰負責？答案是公民投資人。

在現實世界，事情並非永遠那麼容易。我們都知道，責任擔當通常牽涉到一連串的代理機構。如果有位公民儲蓄人要拿出資金進行投資，假設他是一位名叫吉姆的工人。吉姆是當事人。吉姆參加了設有受託人的確定提撥制退休金計畫。這些受託人是吉姆的第一號代理機構。雖然這項退休金計畫的受託人立意良善，卻不讓吉姆推選代表參與該退休計畫的投資，而是仰賴外部顧問（第二號代理機構）。雖然這些顧問公司很負責，卻只是受雇於退休金計畫。他們與吉姆之間還存在有受託人，因此很容易忽略了他們最終應對吉姆負責。這些顧問公司建議，要將吉姆和其他數千名勞工的資金投資於某檔基金（第三號代理機構）；這些顧問公司一再對其他類似的退休金計畫提供建議。因此，吉姆的退休金計畫只是前述的共同基金的投資組合經理人（第四號代理機構）的眾多投資之一。該投資組合經理人可能仰賴某位分析師（第五號代理機構）向他建議進行哪些投資。當然，這位分析師不是直接受雇於共同基金公司，就是受雇於第三方的服務公司，而且幾乎不會知道自己的建議將會影響吉姆每個月的收入。

只要每個環節對之前的環節負責，責任迴路就能發揮功效，事實上也發揮了功效。任何的斷裂情形，例如分析師的意見受到投資銀行的左右，而投資銀行受到該分析師負責追蹤的企業所影響；退休金計畫的顧問公司接受共同基金聘僱，提供與前者接觸的機會；退休金受託人成為企業而非退休勞工的代理機構，以上的現象都有

可能破壞整個責任迴路。基於這個原因，惡名昭彰的公關配角傑克・葛拉布曼與亨利・布拉傑特才會如此遭到社會大眾唾棄。他們並不忠於自己之前的責任環節，也就是仰賴他們提供建議的投資組合管理公司。他們對最終的當事人當然也不忠心，也就是吉姆和其他退休金面臨風險的人。他們聽命的對象，反而是任何一個支付他們最高酬勞的人。

分析師、投資顧問與查核會計師的當務之急

　　你要如何避開葛拉布曼與布拉傑特的命運呢？答案是，將責任擔當視為當事人交付給你的一項任務。

　　永遠不要誤將代理機構視為當事人。如果你發現責任迴路出現脆弱的環節，請指出並跳過該環節，直接與其上的環節進行接觸。

　　避開利益衝突。不要販售某些產品、服務或甚至是「接觸機會」，以免讓你的競爭對手宣稱你有利益衝突，或者更嚴重的是，不要讓執法機關有機會帶著傳票出現在你面前，證明你有利益衝突的問題。即使你相信自己可能會有利益衝突，或只是在理論上有利益衝突，請務必揭露這些資訊並予以改善，最後解決這些衝突。

　　如果你沒有利益衝突，請將之當成你的賣點。信用訊號是一家債券評等機構。恩尼斯克諾普（Ennis Knupp）是一家退休金顧問公司。葛雷斯路易斯是一家代理投票公司。這些機構都強調自己對客戶忠心不二，希望藉此搶奪更知名、更大型競爭對手的市占率。展現責任擔當有助於提升你的業績。

設計新的績效評估標準

　　你是資訊專家；負責評估哪些作法在不斷進化的自由市場中可

以奏效，哪些作法行不通。如同我們在第七章中提及的，驅動經濟的因素與衡量相關受惠者的方式均在發展中。原有的評量方式依舊有效而且不可或缺，但幾乎已不再足夠。這種情形替富有創意又機動的資訊代理機構創造絕佳的機會。最能夠對新世代資本家投資人提供資訊的機構，將可贏得全球的商機。新興的資訊大師可能是規模較小、尋求利基市場的新業者，也可能是想要隨著經濟一同演進、歷史悠久的大型機構。

不要自我設限。康樂寶實驗與瑞佛研究（第七章）證明了，替財務數字提供解說背景資訊，可以產生多大力量。請設計一些評量方式，幫助客戶駕馭這股力量。

結果大致正確即可，而不要為求精確導致最後結果錯誤。或有負債與不確定的未來營收本來就難以計算。這些事件有可能、也有可能不會發生；即使發生，其效應也無法確定，可能發生的時間點也難以預料。這種三重不確定性，絕對會難倒全球最頂尖的專業人士。事實上的確也是如此。華爾街的財務工程師們經常得面對價值難以評估的資產與負債。這些財務專家們不會試圖精確計算出某個數字，而是推算出幾種不同的可能性，並試著解釋不同計算方式的有效程度。[9] 相形之下，企業會計的目的是要找出確切的數字。更糟的是，如此計算出來的確切數字往往是零，因為進行評估的人員會認為，機率低、但衝擊效應大的事件，例如像艾克森石油的瓦德茲郵輪漏油事件或是默克（Mercek）召回偉克適（Vioxx）〔譯註：一種非類固醇消炎藥〕的事件，幾乎不可能發生，因此不值得注意，直到這些事件爆發，對企業的獲利甚至生存造成重大威脅為止。要記住，某些事件的價值難以評估，並不表示我們就不應該提出相關的報告。

清楚說明你的目標；傳達你的訊息。你需要明確說明你想傳達的訊息。舉例來說，你提供資訊的目的是要幫助交易員決定如何買賣股票，還是要替企業與股東創造最佳的經濟成果？資訊的使用者需要了解，你提供的是千真萬確的事實，絕無半句虛言。當然，有時候，這些問題很複雜而且牽涉層面很廣。有時候，某些令人始料未及的情形會創造豐厚的收穫，其他的情形則是毫無收穫。然而，即使如此，你還是可以想辦法提供大家可以了解的資訊，像是利用定性的評估方式或是透過視覺圖像。事實上，有些財務工程師利用3D繪圖技術來清楚顯示多面向的可能結果。

給公民經濟團體的筆記

公民經濟正消除一度橫亙在投資人與鼓吹團體社群之間的界線。你可能既是退休金受益人，又是股東、工會會員、納稅人，以及某個狩獵俱樂部的會員。不管扮演哪種角色，你現在會希望動員資金，達成你的財務與社會目標。如果你參與某個鼓吹團體，這樣的新環境給了你參與行動的機會。

擴大影響力

如同第八章提及的，創新的公民社會組織已經率先提出「永續參與」的有效準則。我們在第八章中所說明的十項原則將會幫助公民經濟組織，在一度與自己水火不容的資本市場中，以有效且具有公信力的方式運作。如果希望進一步擴大自己的影響範圍，這些組織必須邁入下一個發展階段。以下是我們建議的作法。

建立基層網路。雖然公民經濟團體的本意是要替新興投資階級的廣大公民發聲，但是從政治層面來說，公民團體在影響公共政策

方面，卻從未命中要點。這是因為大多數團體的訴求重點過於狹
隘。他們不是代表某個單一群體，例如管理退休金的高階主管，就
是只注意某項政策，像是氣候變化。然而，如同所有遊說人士都知
道，政治界中最強勢的貨幣是能影響選票或選舉獻金的能力。股東
社群具備了可以動員選票的強大潛力，甚至可以創造大量的特定獻
金，因為基金代表的是數千萬公民儲蓄人的利益。

　　截至目前為止，沒有哪個國家的任何團體，以成為平民投資階
級的守護者為宗旨或目標，或具備這樣的能力或企圖心。此一領域
未來的發展潛力無窮。想一想美國法人投資機構協會（U.S. Council
of Institutional Investors），這個組織直接連結了一百四十檔退休基
金的頂尖專業人士。此外還有倡導美國老年人權益的美國退休人協
會（AARP），該組織號稱有三千六百萬名直接參與的基層會員。美
國退休人協會為支持者提供暢通無阻的關係網絡，因此在政治競賽
中具有相當的影響力。公民經濟團體也可以動員到如此龐大人數的
支持群眾，並發揮相當的影響力，促進政府制定有利於企業股東的
法律規範。但先決條件是，他們必須替投資階級發展出等同於美國
退休人協會的組織。

　　自我治療。公民社會組織為人詬病之處在於其本身治理欠佳。
想要贏得眾所週知的「營運執照」，以便在公民經濟中順利運作，
這些組織必須正面處理這項挑戰。如果這些團體無法以身作則，便
沒有理由要求企業的董事會展現責任擔當、透明作風與創新思維。
首先，每個公民經濟團體都應該進行自我評估，檢視自己的治理績
效。自己的網站是否提供完整的資訊，說明董事成員與其義務、工
作人員、資金來源、選舉過程、財務控管措施與提出異議的內部管
道為何？會員能否以有意義的方式參與制定最高層級的政策？如果
不能，那麼請進行必要的改革。如果市場中尚未出現公民經濟的最

佳治理標準，那麼請與同業集思廣益，制訂相關的標準。

對共同基金的董事進行遊說。對於共同基金的投資作法感到不滿的公民經濟團體與其他投資人，美國的主管機關已經開闢了新管道。現在共同基金公司75%的董事成員必須要由獨立於母公司以外的人士出任，如果這項規則通過挑戰，那麼董事長也應該由獨立人士出任。由於共同基金募集的資金非常龐大，這些董事會便擁有可觀的影響力，但是很少人會特別注意董事會。公民團體接下來可以採取的作法是，就像監督企業董事會一樣，監督基金公司的董事會並進行遊說。董事會應該努力排除利益衝突，替客戶減少不必要的成本，並確保每檔基金在投資股票時會運用有意義的治理資源。如果董事成員未能執行這些任務，現在公民經濟團體已經有辦法要求他們負起責任。

對受託人提供資源協助。退休基金的受託董事會缺乏相關的技巧與研究可供運用。但是，公民經濟團體可以彌補這樣的缺陷。像「公正退休金」首創的訓練課程、簡報與技術工具，可以提供重要的協助。經常針對政策制定向受託人提供建議的智庫也可以提供這些資源。

對政治人物與政策制定者的筆記

自由市場如何能致力於達成社會目標？長久以來，這對政策制定者來說是一項困難的挑戰，但是公民經濟可以提出全新的解決辦法。法規與立法已經不再只是限制企業行為的工具而已，而是可以提供新世代資本家必要的工具，讓他們有方法可以確保自己的財務代理機構會以公民的權益為依歸。當然，這意味著公民投資人必須要有表達意見的權力。因此，公民經濟的崛起取決於兩項無比重要

的發展，而政治人物與政策制定者可以扮演推手的角色。

支持公民經濟

　　首先，企業的所有權必須高度分散，如此一來，企業的董事會在設定目標時，才會將新世代資本家納入考量。[10] 我們已經在第一章中說明，在大部分已開發國家中這已經成為常態。在新興及轉型市場中，公民持有企業股權的風氣仍不普遍，但是隨著企業持續成長，愈來愈多民眾累積相當的收入，公民持股的現象將為愈來愈普遍。

　　其次，公民投資人必須將自己的積蓄轉換成經濟影響力。關於此點，政治人物與政策制定者可是大有可為。他們可以幫助公民找出有效的方式，將積蓄投資於能夠創造報酬、具備經濟影響力的財務工具。他們也可以制定相關的法案，幫助公民儲蓄人凸顯自己的權益。

　　我們曾經成功地在全球各地建立公民社會，請想一想，我們是否能夠以類似的方式建構公民經濟。當今的政治人物與政策制定者有能力替資本主義起草一分新憲章，就像他們的祖先們替美國制定新憲法一樣。對於掌握這項契機的政治人物來說，這項任務可說是難得的政治金礦。

　　各位可以用最少的預算，以具備催化作用的創新手法，建立公民經濟。只要微幅調整相關的法律規章，然後將吃力的工作留給市場自行去處理，這種作法最為有效。事實上，政府在公民經濟中所扮演的角色應該比較像是「比賽規則的制定者與裁判」，而不是「球員」。公共政策的目的應該是促進退休基金等公民股東機構的利益，並確保這些機構在運作時能完全反映新世代資本家儲蓄人的利益。政府同時應該提供公民投資人相關的資訊，好讓他們藉此去要求自己的公司展現擔當。

　　此處的目的不是要代替人民承擔經濟力量，或是巨細靡遺地規範企業的行為。在公民經濟，公共政策的目的應該是連結股東與政府，進而將權力交回到公民儲蓄人手中。有權力的股東可以消除大眾對全球化的恐懼，不再將其視為一股控制國家與操弄社群、遙遠且不負責任的力量。積極參與的新世代資本家可以提升民營企業在社會大眾心目中的正當性，並促使企業將永續經營能力與社會責任視為影響最終獲利的風險因素。除此之外，有權力的公民投資人可以建立強調競爭與績效的文化，進而創造更多財富與就業機會。

　　以少量的公共預算產生重大結果的作法的妙處在於，如果你是政治領導人，在公共預算有限的情形下，你面臨了必須刺激成長、創造就業機會與推動社會責任的多重壓力，上述作法能幫助你化解這些壓力。這種作法也可以作為世界銀行、聯合國與經濟合作與發展組織等國際組織的參考。

推動公民經濟

　　以下針對公共政策議程所提出的構想，可以加速公民經濟的發展。

　　確保經濟的民主。許多政府鼓勵公民儲蓄人投資企業，但其所支持的作法卻是否認股東的投票權與影響力。舉例來說，企業可以發行不具投票權的股票，或是創造出金字塔型的股權結構，這兩種作法都使得權力集中在少數人手中。提倡這類作法的人士主張，這些作法可以確保有人對治理疏失負起責任。不過，這種架構存在了更嚴重的危險，那就是剝奪了公民投資人的權益。一般而言，政府應該鼓勵透過一股一票的作法，建立經濟民主。

　　鼓勵退休基金等促進股權分散的集體投資工具。匯集大筆資金的集體投資工具，可以讓企業的股權高度分散。這些投資工具讓公

民投資人有了集體發聲的機會，他們也是資本市場的潤滑劑，提供經濟成長所需的資本，並讓投資大眾得以承擔較高的風險。此外，這類投資工具可以確保勞工有管道動用自己的退休儲蓄，彌補傳統州立社會安全制度的不足。政策制定者應該確保這些投資機構受到鼓勵與保障。

這是既重要且迫切的議題。在企業提供退休金的國家，退休金計畫不斷在改變。傳統上，大部分企業提供的是確定給付制退休計畫。加入這些計畫很簡單；當你接獲聘書或是就職不久，就會自動加入這些退休計畫。企業發現這些計畫實施起來所費不多。精算師設計的條件是，讓英年早逝的人「補貼」壽命較長的人，進而分攤整體成本。贊助該計畫的企業負責提供財務資助。

當贊助者是提供穩定工作的大型企業時，這些計畫會運作得非常理想。但是在一個員工流動率攀高、快速變遷與自雇等現象日漸普遍的經濟環境，有太多人無法得到退休金這道安全網的保護。

此外，為了努力降低成本，企業已經停止實施確定給付制退休計畫，改以根據個別員工的貢獻而設計的長期儲蓄計畫。這些計畫往往因人而異、受到嚴格規範且所費不貲。舉例來說，在英國，某項私人的「利益關係人退休金」每年的費用大約是1.5％，其中大部分是法規成本。若以此年度費率計算，等於是要從你所儲蓄的退休金中提撥40％的費用。顯然我們需要更有效率的方法，將公民的資金投資於長期儲蓄工具。

培育負責任的態度。若採取集體投資工具之後，便能促使企業追求經濟成長與社會責任。有兩項作法有助於達成這目標。首先，可以改變信託法，讓每檔退休基金對其員工與退休金受益人負責。許多國家早已實施這種作法。其次，可以要求基金公司揭露相關資訊，證明他們是否履行股東的義務。

　　改革退休基金的會計查核。新世代資本家有可能合理地認定，如果管理他們退休金的財務代理機構怠忽職守，讓價值不斷流失，一定會有查核會計師與精算師出面揭發這些受託人的失職行為。如果是這樣的話，那他們就錯了。一般而言，查核會計師與精算師既沒有義務、也沒有動機要評估基金的治理風險。[11] 退休基金的確要接受獨立的會計查核，就像企業的財務報表必須接受外部查核會計師的檢視一樣。但是，前者的目的只是要檢視基金的主管人員在編製財報時是否遵守會計與精算規則。退休基金的查核內容並不包括與基金治理措施是否健全有直接關係的重要因素。這些查核工作未能評斷，甚至並未提及負責管理退休基金的人員是否能適當處理利益衝突的問題，例如贊助退休計畫的企業與該計畫會員之間的利益衝突。這類查核措施無法評估代理機構是否以符合成本效益的作法組織與評量所有可用的工具，以增加並保護退休計畫會員的積蓄。這類查核也沒有針對受託董事會的品質或是經營團隊服務基金會員的能力提出看法。此外，查核會計師的負責對象是經理人，而不是仰賴該退休基金的現任與退休員工。查核會計師完全受雇於受託董事會或是退休計畫的贊助企業。

　　你可以重新制定退休基金查核的法律義務，藉以促進公民經濟的發展。首先，應該重新確立查核的目的，確保其負責的對象是退休計畫的會員與企業雙方。其次，除了檢視基金的財務數字是否符合會計規則之外，外部的查核還應該檢驗基金的治理是否健全。簡單的作法是，要求退休基金提供詳盡的資訊，說明自己是否扮演股東的角色，成效又是如何。

　　革新基金的受託治理措施。在任何與公民經濟有關的公共政策中，基金監督都是重要的目標。各位可以鞭策基金，規定退休基金與保險基金要有一定百分比的受託人是經由員工／儲蓄人推選產

生，並要求必須扮演被投資企業的股東的角色。你可以要求基金設立得以授權給受託董事會的架構。政府政策的目標應該是確保受託董事會遵循嚴格的資訊揭露標準，如此一來，退休計畫的會員才能監督他們投資的基金是否確實履行股東的責任。舉例來說，開放股權投票紀錄供各界參考。基金公司可以揭露受託人的出席紀錄，以及與受託人的專業背景和可能的利益衝突有關的詳盡資訊。與處理利益衝突相關的政策必須明確，而且要對外公開說明。退休計畫的會員必須能夠分辨，他們的集體儲蓄是否有助於迫使企業改善其在財務、社會、環保與倫理措施等方面的紀錄，方法又是如何。此外，這些政策應鼓勵提升受託人訓練、利益衝突管理、資訊揭露，以及道德要求的標準。

**　　號召公共部門的財務機構，共同要求相關單位展現責任擔當。**今天我們看到公共部門的機構以錯誤的方式運用財務槓桿。舉例來說，聯合國一直大力推動企業社會責任，但是直到現在才著手檢討自己的退休計畫是否有運用自身影響力以達成這些目標。另一方面，某些政府設計出許多創新作法，運用財務工具支持公民經濟的公共政策，並為其他市場提供指引。舉例來說，英國政府責成英格蘭銀行成立ProNed，大力鼓勵企業董事會延攬優質的獨立人士出任董事。現在，在投資某家企業之前，國營的貸款機構巴西發展銀行（Brazilian Development Bank）會先制定最低的企業治理標準。世界銀行集團的國際財務企業也是如此。在進行投資時，國營的加拿大退休計畫（Canadian Pension Plan）會將企業的長期議題納入考量。某些國家正考慮制定規則，鼓勵公教人員的退休基金將企業治理納入投資考量，包括要求評鑑自己投資的企業的治理績效。巴西最大的證券交易所Bovespa，為那些符合更高責任擔當與透明標準的企業創造了優質的交易平台，也就是所謂的新市場（Novo Mercado）。曼谷與米蘭的證券交易所也是如此。透過這些資本槓桿，可以促使企業創造更好的表現，而不用直接干預市場。

迫使退休基金處理非財務性的長期風險。有許多作法可以迫使民間退休基金摒棄短線的非公民經濟投資。舉例來說，接受英國贊助的碳化基金，會贊助以投資人為導向的溫室氣體排放及氣候變遷研究。更重要的是，倫敦於2000年開始執行一項簡單的資訊揭露規定，可視為新世代資本家公共政策的典範。根據這項規定，所有民間部門的基金每年都必須說明其投資策略是否將社會責任納入考量。基金公司可以宣稱自己無意考量這項因素，這種作法完全符合規定。不過，結果卻發現，基金公司擔心，如果承認自己對社會責任毫無興趣，會有失去市占率的風險。因此，在財政部幾乎不用付出任何成本的情形下，這項規定促使愈來愈多法人投資機構將注意力集中在有可能影響企業的公民經濟因素之上。

你還可以採取更進一步的作法。大多數資本市場的法律都要求上市公司的財務報表必須接受外部會計查核。在公民經濟中，各界可以要求企業說明，向股票市場募集資金時，他們的治理績效是否符合某些合理的標準，或是說明他們何以無法達到這些標準。政府可以要求將治理措施與社會責任評鑑列為年度查核報告的內容，藉此鼓勵各界採用這類評估措施。或者是改以獎勵誘因取代法令。對於進行這類評鑑的企業，政府可以給予租稅、法規手續或其他方面的優惠待遇。或者，政府可以採取資訊揭露的作法，要求企業定期說明自己是否進行類似的獨立評鑑，如果沒有，必須說明原因何在。我們偏好的作法是資訊揭露，這也符合盡量減少政府法規干預的原則。

大力改革申報標準。你可以敦促市場參與者加速會計與申報標準的改革，納入某些受到低估的價值驅動因素，例如人力資源與無

形資產，以及社會、環保、治理與倫理風險與資產。政府制定的政策應該鼓勵實驗性作法，但應避免製造出彼此相互衝突的標準。建立標準的過程必須透明化，同時邀請有可能受到結果影響的市場參與者共同加入。

強化企業查核。在某些市場，法規往往無法要求外部查核會計師證明董事會的治理措施是否妥當。只要企業遵循會計規則的字面意義，這些查核會計師甚至可以容忍某些「誇大的說詞」。更糟的是，市場並不清楚查核會計師效命的對象究竟是企業的經營團隊、董事會或是股東。為了提升公民經濟，我們必須終結這種亂象。外部查核應該以股東為效命對象，而且不應該只是判斷這項查核工作是否遵循法規，還應當說明企業的財務報表是否「真實且公允」地反映企業現狀，以及董事會如何遵循某些作法，以便讓經營團隊的表現符合股東利益。

重新改變對外援助政策。擁有優良企業治理傳統的國家可以重新設計其對外援助計畫，以培植開發中國家當地的公民經濟組織。其中可行的模式是美國的國際私人企業中心（Center for International Private Enterprise），該組織致力於協助建立公民經濟組織，像是在新興市場成立相關機構，為董事會提供訓練課程。另一個模式是全球企業治理論壇（Global Corporate Governance Forum），這是設置於世界銀行之下的組織，係由經濟合作與發展組織贊助，並由各國提供財務援助，目的在於鼓勵本土市場改善企業的治理績效。

鼓勵最佳實務範例。身為政策制定者，你可以學習信用評等機構，針對各種不同的市場參與者設立最低標準。你也可以公開說明企業必須符合哪些標準才能得到政府許可，引進更多的競爭者加入市場。此外，你可以定期重新評估這些標準，以免讓這些標準變成

內部人士鞏固權力的工具，而非資本市場的支持力量。

給經濟學家與研究人員的筆記

我們已經了解，新世代資本家如何大幅度地改變大型企業——經濟發展的重要驅動者——的股權結構與展現責任的方式。此一現象替經濟學家與研究人員開闢了全新的研究領域。

我們在第二章曾提到，就某種程度而言，經濟學已嚐到自己的成功苦果。經濟學家慢慢發現，他們可以利用優雅的數學模式解釋市場行為。不過，為了達到數學的精確性，他們提出許多簡化的假設，但這些假設往往使得經濟學脫離現實世界，也脫離了許多原本可以自行解決的有趣問題。[12]

如果你選修經濟學概論的課程，就會碰到這些假設。例如你會看到沒有任何公司享有競爭優勢的完全競爭市場，或是持續不斷的流動性與持續存在的市場可提供價格發現，或者非常重要的是，企業的目標是要「追求最大獲利」。但是經濟學家很少會問，這些假設是否真的確有其事。更少人會問何謂獲利，或是獲利如何產生及為誰產生。然而，如果你是從商的就會知道，這些問題的答案會隨著不同公司而有明顯的差異。同樣地，你也知道，企業如何回答這些問題，決定了它能否成長茁壯。

因此，對經濟學家來說，公民經濟代表的是一項動員令。經濟學需要另一個起始點。經濟學家需要將焦點集中在現實世界的現象，並協助我們解釋這些現象，即使這意味著要放棄優雅的數學理論也在所不惜。企業的組成方式或股權結構、其評量績效的標準、接受監督的方式、或是公民社會的行動，都會影響企業行為，這點對大多數人來說是不言而喻的道理。如果經濟學家的起始點是，企業是一個為了創造最大獲利的「黑盒子」，我們便無法提出與企業

行為有關的有趣問題。

還好，有些經濟學家與歷史學家採取了比較不偏重數學的研究方式。哈佛大學的榮譽教授大衛・蘭德茲（David Landes）曾經研究過，社會的哪些特質最能促進成長與經濟繁榮。他的結論是，「知道如何營運、管理與建立生產工具……〔以及〕……將這些知識與技術傳承給年輕的一代……根據能力與相關優點聘用員工……為個人與整體企業提供機會……允許勞工享受自己勞力的收穫……這樣的理想社會也會是誠實的社會……大家會相信誠實是正確的作法（也會有所回報），並以此作為生活與行為舉止的準則。」[13]

當今的挑戰是要幫助新世代資本家進一步了解，任職於由我們大家共同擁有的大企業的能人智士們，可以幫助我們達成某些社會目標。哪些結構與文化有助於管理生產、轉移知識、提供機會與鼓勵誠實風氣？以下是由新世代經濟學家，也就是公民經濟學家的研究議程。其所提供的答案將有助於社會的繁榮與財富累積。

- 根據經濟學理論，企業應該替股東創造最大獲利。然而我們多數人發現，雖然許多企業表現得如此，大多數企業卻未能達成這項目標。哪些因素導致企業無法符合股東的利益？企業認為資本家宣言中的哪項守則最難推行，原因何在？
- 經濟學理論非常了解委託人—代理人的衝突。總之：如果你將任務委任給代理人，他或她可能無法如你所願地執行這項任務，因此會要求你提供適當的誘因以做好他們的工作。那麼，我們應該如何設計在第一篇提到的責任迴路，確保企業在營運時會以公民投資人為優先考量？這樣的責任迴路是否有可能因為企業、產業或經濟區域的不同而有所差異，或者是會隨各國的國情而有所改變？
- 經濟學理論了解資訊十分重要。企業、查核會計師與其他人

所製造的資訊，會對行為產生何種影響？應該如何重新設計
這些資訊的產生方式以創造最佳的結果，而非僅只是協助做
出股票買賣的決定？

為了解決這些問題，公民經濟學家必須借助心理學、政治學、
組織行為、法學、金融與統計學。如此一來，他們就可以回歸到研
究主題的根本問題。要記住，亞當‧史密斯原本是一位道德哲學教
授。他太了解，成功的企業與商業活動完全建立在法規與公平正義
之上。「社會，」他表示，「無法存在於樂於互相傷害的人群之
間。」[14] 基於這個原因，一百五十年之後，亞佛德‧馬歇爾
（Alfred Marshall）注意到，企業的成功取決於「以誠實與正直的態
度處理商業事務」，以及法律、政府機構、風俗習慣、資訊流通與
其他因素。[15]

今天，我們往往將企業視為資本的工具。這對大多數經濟學家
來說也是另一個起始點。不過令人費解的是，早期的觀察家並不如
此看待企業。對這些人來說，企業是一種「民主」型態的組織，因
為企業其實是由一群管理人才所組成，即使這些人才本身並不擁有
資本。我們或許應該開始以不同的角度看待企業，不再將其窄化為
持有資本的工具，目的是要剝削世界的勞力與資源，而是把企業視
為可以讓公民股東儲存價值的工具，並確保自己未來會有收入；企
業同時也得以讓公民工作者根據自己的能力與優點、基於自己的勞
力付出而獲得報酬的工具。公民經濟學家可以替我們的經濟思維注
入這項嶄新的觀點。

新的商業文化

我們在本章中說明了企業、經理人、中間機構、股東與其他人

可以採取哪些明確的行動，以面對崛起中的公民經濟。我們在本書其他章節中說明的議題，也引發了源源不絕的新構想。

相形之下，傳統的舊經濟所採取的行動，不禁讓我們想起以撒・辛格（Issac Bashevis Singer）以俄國傳奇村莊黑慕爾（Chelm）為背景所寫的故事，以及該村莊迷糊出了名的「智者」地方議會。在某篇故事中，通往城鎮的泥土路上出現一個大洞，造成往來的居民嚴重受傷。村民認為這個問題相當嚴重，需要召集智者議會提出解決辦法。經過幾天閉關沉思之後，議會公布了決定。議會決定不修補破洞，而是在破洞旁邊興建一座醫院。

這些智者的作法辜負了黑慕爾居民的期望，如同捨棄直接的解決辦法、傷害了全球經濟是同樣的情形。然而，正如我們所見到的，有許多案例可以證明，非公民市場的陳腐傳統衍生出許多方向錯誤的政策。想一想美國的立法人員制定了許多新的退休基金申報規則，卻沒有規定必須有員工出任基金的受託人；企業想盡辦法阻擋投資人行使代理投票權，不願與股東進行實質的對話；共同基金花費鉅資抗拒要求他們設立獨立董事的規定，卻不願投資治理資源。由於受到某些無視於新世代資本家需求的壓力左右，上述這些機構的運作方式彷彿全球的企業仍像以前一樣掌握在少數人手中。

不過，資本的戲劇性轉移，已經讓公民投資人成為全球經濟的所有人。這項發展引發了劇烈的變動。某些扮演先驅者角色的企業正發明符合新世代資本家宣言的作法，為股東負起責任，創造永續價值。公民基金運用自己手中的大宗持股，確實傳達公民股東優先考量的訴求。社區團體運用資本以達成他們的社會目標。監督人員愈來愈獨立，並注重投資人的權益。根據長期風險與機會所設計的現代化績效評估方式，彌補了傳統會計標準的不足之處。更多的政府體認到，公民經濟的公共政策能為政治與經濟帶來哪些益處。

隨著資本所有權進一步分散，這些力量將會匯集在一起，強化

各界對於新的商業文化的需求。如果處理得當，這股文化可以讓全球商業轉型為公民經濟。能夠正確解讀並根據現狀採取行動的個人、企業、基金、公民團體、監督人員與政治人物，不僅可以嘉惠所有人，還能提高自己領先群倫的機會。

註釋：

1. Jeffrey Sonnenfeld, "The Last Emperor' *Wall Street Journal*, March 2, 2004.
2. See www.thesmokinggun.com/archive/031804ltrumpl.
3. Cited in Andrew Campbell and Robert Park, *The Growth Gamble: When Leaders Should Bet Big on New Business and How They Can Avoid Expensive Failures* (London: Nicholas Brealey, 2005), 19.
4. Simon Zadek, "Being Global Means Being Responsible? AccountAbility, London, October 2004, www.accountability.org.uk.
5. Peter Singer, *How Are We to Live? Ethics in an Age of Self Interest* (Oxford: Oxford University Press, 1997), 273.
6. 舉例來說，ISS、Glass Lewis、Egan-Jones、Proxy Governance、the European Corporate Governance Service、Corporate Governance International以及Korea Corporate Governance Service等團體，都針對投票建議，為全球數以百計的股東提供建議。Hermes旗下的Equity Ownership Service（EOS）更進一步，對歐洲某些最大型的退休基金提供完整的「監督服務」，包括對企業進行集體干預（collective intervention）。事實上，EOS甚至催生了新的競爭對手：Governance for Owners（GO），創辦人為Hermes Focus Funds的前任負責人。Local Authority Pension Fund Forum（LAPFF）以及Pension Investment Research Consultants（PIRC）也為其會員與客戶提供類似的服務，基金管理公司ISIS與Insight亦是如此。
7. 企業顯然面臨了一些障礙，像是官方文書申報與負面宣傳。不過，根據經驗顯示，這些障礙並沒有想像中那麼令人畏懼。
8. See www.icgn.org/documents/InstShareholderResponsibilities.pdf.
9. See, for example, E. Weinstein and A. Abdulali, "Hedge Fund Transparency: Quantifying Valuation Bias for Illiquid Assets? *Risk*, June 2002, S25 — S28.
10. 我們並不支持或反對財富重分配政策；這項議題超出本書的討論範圍。不過，如同我們在第一章所討論的，我們認為，整體儲蓄、退休金與保險商品的發展，使得已開發國家有條件發展出公民經濟。
11. 有關退休基金查核措施的看法，部分來自於史帝芬・戴維斯與Railpen Investment

的法蘭克・克帝斯（Frank Curtis）雙方之間的電子郵件往來，後者是International Corporate Governance Network 的查核與會計委員會主席，July 2005。

12. 有個笑話可以說明經濟學家的假設如何不符現實：有位工程師、物理學家與經濟學家發生船難，被困在一座荒島上。他們有很多罐頭食物，卻沒有開罐器可用。「這樣吧，」工程師說道，「如果找到石頭，我們就可以切割出一片刀刃，用來開罐頭。」「我有另一個辦法，」物理學家說道。「生一把火，把罐頭放在火上，壓力會讓罐頭爆開。」「這些解決辦法對我來說非常複雜，」經濟學家說道。「我們為什麼不假設我們有開罐器呢？」

13. David Landes, *The Wealth and Poverty of Nations: Why Some Are So Rich and Some So Poor* (London: Abacus, 1999), 217-218.

14. Adam Smith, *The Theory of Moral Sentiments*, part 2, section 2, chapter 3, www.adam-smith.org.

15. Alfred Marshall, *Principles of Economics* (New York: Macmillan, 1946), 303.

後記

　　本書詳細說明了公民經濟的成長過程。

　　當今企業的所有人並非少數的富商巨賈，而是投資大眾。這些企業正面臨壓力，必須轉型成對公民股東而非對自己負責的機構。投資人已經開始表現得像是負責任的事業主。監督者逐漸出現，負責規範新經濟。勞工對抗資本家的舊政治生態，正被公民投資人世界所取代。新的共識正逐漸形成中：企業經理人集中心力替股東提供價值，而新世代資本家則被視為股東。

　　我們已經提出數十個範例，說明公民投資人如何直接與間接改變企業的議程。有些讀者可能認為，公民經濟是一種烏托邦式構想：公民經濟意味著，不同的社會與經濟利益會自動獲得調解，積極進取的精神與責任擔當兩者間的實質對立狀態可以獲得解決，還可以幫助企業經理人抗拒伴隨著權力授權而來的誘惑。

　　但這樣的結論是錯的。還記得，我們在第一章中說明了公民經濟何以類似公民社會。公民社會不是烏托邦；公民社會不會假裝說，讓所有人都有投票權與表達意見的自由，就可以自動解決所有的社會爭議。我們說的只是，在公民社會中，我們擁有一種機制，讓我們可以提出、討論、並設法解決這些問題。在公民經濟中，經濟所有權的高度分散意味著，企業的經濟與社會目標都會對相同的選民族群產生影響。因此，如果我們要求企業遵循資本家宣言並根據股東的利益採取行動，便有很多機會可以創造最大的整體利益。

　　如果事情繼續有所進展，潛在的回報將會十分驚人。首先，我們可以找回在本書第一頁提到的3兆美元的損失。我們可以創造數百萬個工作機會，掌控難以為繼的生產活動，確保企業兼顧獲利與社會目標。

　　我們將焦點放在公民經濟的六個關鍵角色身上：

- 需要展現擔當的企業董事會與經理人
- 需要負責任的投資基金
- 需要獨立行事的監督者
- 需要有意義的衡量標準與作法
- 需要開誠布公以獲得市場接納的公民社會團體
- 需要賦予新世代資本家力量的立法者與主管機關

　　你或許是上述人士之一。如果這樣的話，你便是決定公民經濟的未來的關鍵人物。

　　在公民經濟這齣戲中，雖然上述這些人士都扮演重要的角色，但負責撰寫劇本的卻不是他們。這些演員終究只是當事人的代理者，而真正的當事人便是公民投資人。我們這些廣大民眾不僅只是觀眾。身為公民股東的我們可以執導這齣戲並決定最後的結局。否則這些演員就會隨性發揮，演出自己的角色。

　　但是，只有在股東伸張自我權益的情形下，他們的聲音才能被聽見。由於回報十分可觀，因此思考我們如何能影響公民經濟，是值得一試的作法。方法是：篩選管理我們的儲蓄與退休金的基金、與企業的董事會進行接觸、參與教會與工會等公民團體，以及推選參與政治選舉的候選人。

　　我們最後要提出一則故事，這或許可以說明我們的重點。

　　2005年6月30日，聯合國召集全球規模最龐大的資本家們，齊聚在其總部地下室的一間會議室裡。這些資本家掌控的投資總額，

會讓比爾・蓋茲或汶萊的蘇丹相形見絀。

　　聯合國需要協助。有數百萬的開發中國家人民處於飢餓狀態，數十億人民需要更好的工作。在這一天，聯合國需要的不是投資人的慈善捐助。他們想了解如何說服大型投資基金鼓勵企業投資開發中國家；由於這些國家缺乏資金，因此至該處投資的回報應該會更高。聯合國的官員希望知道，當資金投資到開發中國家時，這些資金會以對社會負責任的方式被運用。

　　事情一開始有所進展。但是過了一段時間之後，這些資本家的代表指出，他們本身所能做的有限。「你必須了解，」他們說道：「我們只是代表。我們是這些資金的真正所有人的受託者。除非有其他的規定，否則我們無法隨意改變我們的行為。」

　　那麼，誰才是這些資金的真正所有人？答案是全球各地的一千五百多萬人民。全球最大型退休金與儲蓄機構的投資主管，便是這些人民的代表。不久之後，這些代理機構便會代表美國、挪威、法國、荷蘭、澳洲、英國、泰國、巴西、南非、加拿大、瑞典、德國與紐西蘭的勞工與退休人員，簽訂聯合國的責任型投資準則（Principles for Responsible Investment）。本書的讀者中可能就有這些勞工與退休人員。今天，我們就是這些資本家。投資基金與投資公司的所作所為，就是我們的代表。

　　在全球資本市場中流動的資金屬於我們所有。這些資金所擁有的企業也是屬於我們所有。這些企業如何表現，公民經濟如何發展，最終將要由我們這些新世代資本家來決定。這是我們的資金，我們的企業，我們的選擇。

參考書目

Ashbaugh-Skaife, Hollis, and Ryan LaFond. "Firms' Corporate Governance and the Cost of Debt: An Analysis of U.S. Firms' GMI Ratings," January 2006. http://www.gsm.ucdavis.edu/faculty/Conferences/Hollis.pdf

Association of British Insurers. *Investing in Social Responsibility: Risks and Opportunities*. London: Association of British Insurers. 2001.

Backhouse, Roger E. *The Penguin History of Economics*. London: Penguin. 2002.

Bain, Neville, and David Band. *Winning Ways: Through Corporate Governance*. London: Macmillan Press Ltd., 1996.

Bakan, Joel. *The Corporation: The Pathological Pursuit of Profit and Power*. New York: Free Press, 2004.

Barca, Fabrizio, and Marco Becht, eds. *The Control of Corporate Europe*. New York: Oxford University Press Inc., 2001.

Baums, T., and E. Wymeersch, eds. *Shareholder Voting Rights and Practices in Europe and the United States*. London: Kluwer Law International Ltd., 1999.

Bébéar, Claude, and Philippe Manière. *Ils Vont Tuer le Capitalisme* (They Are Going to Kill Capitalism). Paris: Plon, 2003.

Bebchuk, Lucian, and Jesse Fried. *Pay Without Performance: The Unfulfilled Promise of Executive Compensation*. Cambridge: Harvard University Press, 2004.

Becker, Charles M., Trevor Bell, Haider Ali Khan, and Patricia S. Pollard. *The Impact of Sanctions on South Africa: The Economy*. Washington, DC: Investor Responsibility Research Center, 1990.

Benston, George, Michael Bromwich, Robert Litan, and Alfred Wagenhofer. *Following the Money: The Enron Failure and the State of Corporate Disclosure*. Washington, DC: AEI-Brookings Joint Center for Regulatory Studies, 2003.

Berle, Adolf A., and Gardiner C. Means. *The Modern Corporation and Private Property*. Somerset, NJ: Transaction Publishers, 2004.

Birchall, Johnston. *Co-op: The People's Business*. Manchester, England: Manchester University Press, 1994.

Black, Bernard S., Hasung Jang, and Woochan Kim. "Does Corporate Governance Predict Firms' Market Values? Evidence from Korea." *Journal of Law, Economics, and Organization* 22, no. 2 (Fall 2006). http://ssrn.com/abstract=311275

Blair, Margaret M., ed. *The Deal Decade: What Takeovers and Leveraged Buyouts Mean for Corporate Governance.* Washington, DC: The Brookings Institution 1993.

————. *Ownership and Control: Rethinking Corporate Governance for the Twenty-First Century.* Washington, DC: The Brookings Institution, 1995.

Blair, Margaret, and Steven M. H. Wallman. *Unseen Wealth: Report of the Brookings Task Force on Intangibles.* Washington, DC: Brookings Institution Press, 2001.

Bogle, John C. *The Battle for the Soul of Capitalism.* New Haven: Yale University Press, 2005.

Bollier, David. *Citizen Action and Other Big Ideas: A History of Ralph Nader and the Modern Consumer Movement.* Washington, DC: Center for the Study of Responsive Law, 1991. www.nader.org/history/.

Bompoint, Patrick, and Bernard Marois. *Le Pouvoir Actionnarial: Relations Sociétés-Investisseurs Face à la Mondialisation des Marchés* (Shareholder Power: Company-Investor Relations in the Context of Globalization of Markets). Paris: Editions JVDS, 1998.

Brancato, Carolyn Kay. *Institutional Investors and Corporate Governance: Best Practices for Increasing Corporate Value.* Chicago: Irwin Professional Publishing, 1997.

Brown, Gordon, and Tony Wright, eds. *Values, Visions and Voices: An Anthology of Socialism.* Edinburgh: Mainstream Publishing. 1995.

Bughin, Jacques, and Thomas E. Copeland. "The Virtuous Cycle of Shareholder Value Creation." *The McKinsey Quarterly,* no. 2 (1997).

Burrough, Bryan, and John Helyar. *Barbarians at the Gate.* New York: Arrow Books, 1990.

Bush, Tim. *Divided by Common Language: Where Economics Meets the Law: US versus Non-US Reporting Systems.* London: Institute of Chartered Secretaries and Administrators, 2005.

Cabot, Louis, "From the Boardroom." *Harvard Business Review,* Autumn 1976.

Cadbury, Sir Adrian. *Corporate Governance and Chairmanship.* Oxford: Oxford University Press, 2002.

Campbell, Andrew, and Robert Park. *The Growth Gamble: When Leaders Should Bet Big on New Businesses and How They Can Avoid Expensive Failures.* London: Nicholas Brealey International, 2005.

Carlsson, Rolf. *Ownership and Value Creation: Strategic Corporate Governance in the New Economy.* Chichester, England: John Wiley & Sons, 2001.

Carter, Colin B, and J. W. Lorsch. *Back to the Drawing Board: Designing Corporate Boards for a Complex World.* Boston: Harvard Business School Press, 2003.

Center for Working Capital. *The Challenge and Promise of Cross-Border Capital Stewardship.* Washington, DC: Center for Working Capital, 2002.

Chancellor, Edward. *Devil Take the Hindmost: A History of Financial Speculation.* London: McMillan, 1999.

Chandler, William B., III, and Leo E. Strine Jr. "The New Federalism of the American Corporate Governance System." NYU Center for Law and Business Research Paper No. 03-01; University of Pennsylvania Institute for Law & Economic Research Paper 03-03, March 13 2003, available at SSRN: http://papers.ssrn.com/sol3/papers.cfm?abstract _id=367720 or DOI:10.2139/ssrn.367720.

Charkham, Jonathan. *Keeping Better Company: Corporate Governance Ten Years On.* Oxford: Oxford University Press, 2005.

————. *Keeping Good Company: A Study of Corporate Governance in Five Countries.* Oxford: Clarendon Press, 1994.

Charkham, Jonathan, and Ann Simpson. *Fair Shares: The Future of Shareholder Power and Responsibility.* New York: Oxford University Press, 1999.

Clearfield, Andrew. "'With Friends Like These, Who Needs Enemies?' The Structure of the Investment Industry and Its Reluctance to Exercise Governance Oversight." *Corporate Governance* 13, no. 2 (March 2005), 114.

————. "Young Financial Analysts' Views on Environmental, Social and Corporate Governance Issues," UNEP Finance Initiative and World Business Council for Sustainable Development (2005). http://www.unepfi.org/fileadmin/documents/ymt_summary_2005.pdf.

CLSA. *Saints & Sinners: Corporate Governance in Emerging Markets.* Hong Kong: CLSA, 2001.

Cogan, Douglas G. *Corporate Governance and Climate Change: Making the Connection.* Boston: Ceres, 2003.

Collins, Jim. *Good to Great: Why Some Companies Make the Grade and Others Don't.* New York: Random House, 2001.

The Conference Board. *The 2005 Institutional Investment Report: US and International Trends.* New York: The Conference Board, 2005.

Cornelius, Peter K., and Bruce Kogut, eds. *Corporate Governance and Capital Flows in a Global Economy.* Oxford: Oxford University Press, 2003.

Crawford, Leslie. "Spain Sets First with 'Lover's Guide' to Boardrooms." *Financial Times,* May 10, 2005, 10.

Crystal, Graef S. *In Search of Excess: The Overcompensation of American Executives.* New York: W.W. Norton and Company, Inc., 1991.

Damsma, Marvin L., Jon Lukomnik, Maarten L. Nederloff, and Thomas K. Philips. *Alpha: The Positive Side of Risk: Daring to Be Different.* New York: Investors Press, 1996.

Davies, Adrian. *A Strategic Approach to Corporate Governance.* Aldershot, England: Gower Publishing, 1999.

Davis, Stephen. "Corporate Downsizing: Let Shareholders Vote." *Pensions & Investments,* April 29, 1996, 14.

————. *Shareholder Rights Abroad.* Washington, DC: Investor Responsibility Research Center, 1989.

Davis, Stephen, Corinna Arnold, and Rachel Ongé Lerman. *Global Voting.* Washington, DC: Investor Responsibility Research Center, 1993.

Davis, Stephen, and Karel Lannoo. "Shareholder Voting in Europe." *Center for European Policy Studies* 3 (Summer 1997): 22.

Davis, Stephen, and Jon Lukomnik. "Who Are These Guys? Welcome to the Hedge Fund Era." *Compliance Week,* April 5, 2005.

Deloitte Touche Tohmatsu. *In the Dark: What Boards and Executives Don't Know About the Health of their Businesses.* New York: Deloitte Touche Tohmatsu, 2004.

Demb, Ada, and F.Friedrich Neubauer. *The Corporate Board: Confronting the Paradoxes.* New York: Oxford University Press, Inc., 1992.

De Soto, Hernando. *Why Capitalism Triumphs in the West and Fails Everywhere Else.* New York: Basic Books, 2000.

Drucker, Peter F. *T' e Unseen Revolution: How Pension Fund Socialism Came to America.* New York: Harper & Row, 1976.

————. *Management: Tasks, Responsibilities, Practices.* New York: Harper Business, 1993.

Eccles, Robert G., Robert H. Herz, E. Mary Keegan, and David M. H. Phillips. *The Value Reporting Revolution: Moving Beyond the Earnings Game.* New York: John Wiley & Sons, 2001.

Eichenwald, Kurt. *Conspiracy of Fools.* New York: Broadway Books, 2005.

Elkington, John. *Cannibals with Forks: The Triple Bottom Line of 21st Century Business.* Oxford: Capstone Publishing, 1997.

Feldman, Amy, and Joan Caplin. "Is Jack Grubman the Worst Analyst Ever?" CNN-Money.com, April 25, 2002. http://money.cnn.com/2002/04/25/pf/investing/grubman/

Fels, Allan. *The Australian Financial Review.* October 2003. http://www.anzsog.edu.au/news/article2_oct2003.htm

Francis, Ivor. *Future Direction: The Power of the Competitive Board.* Melbourne: FT Pitman Publishing, 1997.

Franks, Julian, Colin Mayer, and Luis Correia da Silva. *Asset Management and Investor Protection: An International Analysis.* New York: Oxford University Press, 2003.

Frentrop, Paul. *A History of Corporate Governance 1602–2002.* Brussels: Deminor, 2003.

Freshfields Bruckhaus Deringer. *The Legal Limits on the Integration of Environmental Social and Governance Issues into Institutional Investment.* New York: United National Environment Programme, 2005.

Gandossy, Robert, and Jeffrey Sonnenfeld, eds. *Leadership and Governance from the Inside Out.* New Jersey: John Wiley & Son, Inc., 2004.

Garratt, Bob. *Thin on Top: Why Corporate Governance Matters and How to Measure and Improve Board Performance.* London: Nicholas Brealey Publishing, 2003.

Gaved, Matthew. *Institutional Investors and Corporate Governance.* London: Foundation for Business Responsibilities, 1998.

Giddens, Anthony. *The Third Way: The Renewal of Social Democracy.* Cambridge: Polity Press, 1998.

Glasius, Marlies, Mary Kaldor, and Helmut Anheier, eds. *Global Civil Society 2005/6.* London: Sage Publications, 2005.

Gompers, Paul A., Joy L. Ishii, and Andrew Metrick "Corporate Governance and Equity Prices." *Quarterly Journal of Economics* 118, no. 1 (February 2003): 107–155.

Goodman, Susannah Blake, Jonas Kron, and Tim Little. *The Environmental Fiduciary: The Case for Incorporating Environmental Factors into Investment Management Policies.* Oakland, CA: Rose Foundation for Communities & the Environment, 2002.

Gourevitch, Peter A., and James Shinn. *Political Power & Corporate Control: The New Global Politics of Corporate Governance.* Princeton: Princeton University Press, 2005.

Gourevitch, Peter A., and James Shinn, eds. *How Shareholder Reforms Can Pay Foreign Policy Dividends.* New York: Council on Foreign Relations, Inc., 2002.

Government Accountability Office. *Pension Plans: Additional Transparency and Other Actions Needed in Connection with Proxy Voting.* Washington, DC: US Government Accountability Office, 2004.

Graham, Carol, Robert Litan, and Sandip Sukhtankar. "The Bigger They Are, the Harder They Fall: An Estimate of the Costs of the Crisis in Corporate Governance." Policy Brief 102. Washington, DC: The Brookings Institution, August 30, 2002.

Grant, Gavin. *Beyond the Numbers: Corporate Governance in Europe.* London: Deutsche Bank, 2005.

Greider, William. *One World, Ready or Not: The Manic Logic of Global Capitalism.* New York: Simon and Schuster, 1997.

———. *The Soul of Capitalism: Opening Paths to a Moral Economy.* New York: Simon and Schuster, 2003.

Gugler, Klaus. *Corporate Governance and Economic Performance.* Oxford: Oxford University Press, 2001.

Hallqvist, Bengt. *Private Institute for Corporate Governance: The Brazilian Experience.* Pompéia, Brazil: Bless Gráfica e Editora, 2002.

Hammer, Michael, and James Champy. *Reengineering the Corporation: A Manifesto for Business Revolution.* New York: HarperBusiness, 1993.

Harrington, John C. *The Challenge to Power: Money, Investing, and Democracy.* White River Junction, Vermont: Chelsea Green Publishing Company, 2005.

Harrison, J. F. C. *Common People: A History from the Norman Conquest to the Present.* New York: Flamingo, 1984.

Hawley, James P., and Andrew T. Williams. *The Rise of Fiduciary Capitalism: How Institutional Investors Can Make Corporate America More Democratic.* Philadelphia: University of Pennsylvania Press, 2000.

Healy, Joseph. "Corporate Governance and Shareholder Value." ANZ Investment Bank study. Auckland, March 24, 2000.

———. *Corporate Governance and Wealth Creation in New Zealand.* Palmerston North, New Zealand: Dunmore Press, 2003.

———, "The Shareholder Value Performance of Corporate New Zealand." ANZ Investment Bank study. Auckland, February 24, 2000.

Hofmeyr, Jan, Stephen Davis, and Merle Lipton. *The Impact of Sanctions on South Africa: Whites' Political Attitudes.* Washington, DC: Investor Responsibility Research Center, 1990.

Hopt, K. J., H. Kanda, M. J. Roe, E. Wymeersch, and S. Prigge, eds. *Comparative Corporate Governance: The State of the Art and Emerging Research.* Oxford: Clarendon Press, 1998.

Huffington, Arianna. *Pigs at the Trough: How Corporate Greed and Political Corruption Are Undermining America.* New York: Crown Publishers, 2003.

Hummels, G. J. A., and David Wood. *Knowing the Price, but Also the Value.* Boston: Nyenrode Business Universiteit and Boston College, 2005.

Hutton, Will. *The Stakeholding Society: Writings on Politics and Economics.* Cambridge: Polity Press, 1999.

———. *The State We're In.* London: Jonathan Cape, 1995.

———. *The World We're In.* London: Abacus, 2003.

Innovest Strategic Value Advisors. *Value at Risk: Climate Change and the Future of Governance.* Boston: Ceres, 2002.

Institute of Directors. *King Report on Corporate Governance for South Africa—2002.* Johannesburg: Institute of Directors, 2002.

Institutional Shareholders' Committee. *The Responsibilities of Institutional Shareholders in the UK.* London: Institutional Shareholders' Committee, 2003.

International Finance Corporation. *Towards Sustainable and Responsible Investment in Emerging Markets.* Washington, DC: International Finance Corp., 2003.

Isaksson, Mats, and Rolf Skog, eds. *The Future of Corporate Governance.* Stockholm: The Corporate Governance Forum, 2004.

Jacobs, Michael T. *Short-Term America: The Causes and Cures of Our Business Myopia.* Boston: Harvard Business School Press, 1991.

Jenson, Michael, Eric G. Wruck, and Kevin Murphy. *Remuneration: Where We've Been, How We Got Here, What Are the Problems and How to Fix Them.* Finance Working Paper 44. Brussels: European Corporate Governance Institute, July 12, 2004.

Johnson, Gerry, and Kevan Scholes. *Exploring Corporate Strategy: Texts and Cases,* 3rd ed. Upper Saddle River, New Jersey: Prentice Hall, 1993.

Johnson, H. Thomas. *Relevance Regained: From Top-Down Control to Bottom-Up Empowerment*. New York: Free Press, 1992.

Johnson, H. Thomas, and Robert S. Kaplan. *Relevance Lost: The Rise and Fall of Management Accounting*. Boston: Harvard Business School Press, 1987.

Kay, John. *The Truth about Markets. Their Genius, Their Limits, Their Follies*. London: Allen Lane, 2003.

Kedia, Simi, and Thomas Philippon. *The Economics of Fraudulent Accounting*. Washington, DC: National Bureau of Economic Research, 2005.

Kennedy, Allan A. *The End of Shareholder Value: Corporations at the Crossroads*. Cambridge: Perseus Publishing, 2000.

Keong, Low Chee, ed. *Corporate Governance: An Asia-Pacific Critique*. Hong Kong: Sweet & Maxwell Asia, 2002.

Lan, Luh Luh, and Loizos Heracleous. "Shareholder Votes for Sale." *Harvard Business Review*, June 2005, 20–24.

Landes, David. *The Wealth and Poverty of Nations: Why Some Are So Rich and Some So Poor*. London: Abacus, 1998.

Learmount, Simon. *Corporate Governance: What Can Be Learned from Japan?* Oxford: Oxford University Press, 2002.

Ledgerwood, Grant, ed. *Greening the Boardroom: Corporate Governance and Business Sustainability*. Sheffield, England: Greenleaf Publishing, 1997.

Lev, Baruch. *Intangibles: Management, Measurement, and Reporting*. Washington, DC: Brookings Institution Press, 2001.

"Measuring the Value of Intellectual Capital," *Ivey Business Journal*, March/April 2001, 16.

Levitt, Arthur, and Paula Dwyer. *Take on the Street: What Wall Street and Corporate America Don't Want You to Know—What You Can Do to Fight Back*. New York: Pantheon Books, 2002.

Lewin, C. G. *Pensions and Insurance Before 1800: A Social History*. East Lothian, Scotland: Tuckwell Press Ltd., 2003.

L'Hélias, Sophie. *Le Retour de l'Actionnaire: Pratques du Corporate Governance en France, aux États-Unis et en Grande-Bretagne* (The Return of the Shareholder: Corporate Governance Practices in France, the United States and Britain). Paris: Gualino Éditeur, 1997.

Liddle, Roger, and Maria João Rodrigues, eds. *Economic Reform in Europe: Priorities for the Next Five Years*. London: Policy Network, 2004.

Low, Chee Keong, ed. *Corporate Governance: An Asia-Pacific Critique*. Hong Kong: Sweet & Maxwell Asia, 2002.

Lucier, Chuck, Rob Schuyt, and Edward Tse. "CEO Succession 2004: The World's Most Prominent Temp Workers." *Strategy + Business Special Report*, Summer 2004.

Lydenberg, Steven. *Corporations and The Public Interest: Guiding the Invisible Hand*. San Francisco: Berrett-Koehler Publishers, 2005.

Maatman, René. *Dutch Pension Funds: Fiduciary Duties and Investing*. Deventer, The Netherlands: Kluwer Legal Publishers, 2004.

MacAvoy, Paul W., and Ira M. Millstein. *The Recurrent Crisis in Corporate Governance*. New York: Palgrave Macmillan, 2003.

Mace, Myles L. *Directors: Myth and Reality*. Boston: Harvard Business School Press, 1986.

Mackenzie, Craig. *The Shareholder Action Handbook: Using Shares to Make Companies More Accountable*. Newcastle upon Tyne, England: New Consumer Ltd., 1993.

MacKerron, Conrad. *Unlocking the Power of the Proxy: How Active Foundation Proxy Voting Can Protect Endowments and Boost Philanthropic Missions.* New York: Rockefeller Philanthropy Advisors, 2004.

Mallin, Christine A. *Voting: The Role of Institutional Investors in Corporate Governance.* London: Institute of Chartered Accountants in England and Wales, 1995.

————. *Corporate Governance.* New York: Oxford University Press, Inc., 2004.

Manheim, Jarol B. *Biz-War and the Out-of-Power Elite: The Progressive-Left Attack on the Corporation.* Mahwah, NJ: Lawrence Erlbaum Associates, 2004.

Manière, Philippe. *Marx à la Corbeille: Quand les Actionnaires Font la Révolution.* (Marx in the Bin [*or* On the Stock Exchange Floor]: When Shareholders Start a Revolution). Paris: Stock, 1999.

Marshall, Alfred. *Principles of Economics*, 8th ed. London: McMillan, 1946.

Marx, Karl, and Friedrich Engels (trans Moore 1888). *The Communist Manifesto.* London: Penguin, 1967.

Mathiasen, Carolyn. *The SEC and Social Policy Shareholder Resolutions in the 1990s.* Washington, DC: IRRC, November 1994.

McAlister, Debbie Thorne, O. C. Ferrell, and Linda Ferrell. *Business and Society: A Strategic Approach to Corporate Citizenship.* Boston: Houghton Mifflin, 2003.

McCahery, Joseph A., Piet Moerland, Thei Raaijmakers, and Luc Renneboog, eds. *Corporate Governance Regimes: Convergence and Diversity.* Oxford: Oxford University Press, 2002.

McKinsey & Company. *Global Investor Opinion Survey on Corporate Governance.* New York: McKinsey & Co., 2002.

"Measuring the Value of Intellectual Capital," *Ivey Business Journal*, March/April 2001, 16.

Melvin, Colin, and Hans Hirt. *Corporate Governance and Performance: A Brief Review and Assessment of the Evidence for a Link Between Corporate Governance and Performance.* London: Hermes Pensions Management Ltd, 2004.

Metzger, Barry, ed. *Global Corporate Governance Guide 2004: Best Practice in the Boardroom.* London: Globe White Page, 2004.

Micklethwait, John, and Adrian Wooldridge. *The Company: A Short History of a Revolutionary Idea.* New York: Modern Library, 2003.

Monks, Robert A. G. *The Emperor's Nightingale: Restoring the Integrity of the Corporation.* Oxford: Capstone Publishing Limited, 1998.

Monks, Robert A. G., and Nell Minow. *Corporate Governance.* 3rd ed. Malden, MA: Blackwell Publishing Ltd., 2004.

————. *Watching the Watchers: Corporate Governance for the 21st Century.* Cambridge, MA: Blackwell Publishers, 1996.

Morison, Samuel Eliot, and Henry Steele Commager. *The Growth of the American Republic*, New York City: Oxford University Press, 1962.

Oakley, C. A. *The Second City.* Glasgow: Blackie & Co., 1947.

O'Brien, Justin. *Wall Street on Trial.* Chichester, England: John Wiley & Sons, Ltd., 2003.

One World Trust. *Power Without Accountability?* London: One World Trust, 2003.

Opler, Tim C., and Jonathan Sokobin. "Does Coordinated Institutional Activism Work? An Analysis of the Activities of the Council of Institutional Investors." Working papers Series 95-5. Columbus, OH: Dice Center for Research in Financial Economics, October 1995.

Organisation for Economic Co-operation and Development. *OECD Principles of Corporate Governance 2004.* Paris: Organisation for Economic Co-operation and Development, 2004.

Peters, Thomas J., and Robert H. Waterman. *In Search of Excellence: Lessons from America's Best-Run Companies.* New York: Harper and Row, 1982.

Petschow, Ulrich, James Rosenau, and Ernst Ulrich von Weizsäcker, eds. *Governance and Sustainability: New Challenges for States, Companies and Civil Society.* Sheffield, England: Greenleaf Publishing, 2005.

Pitt-Watson, David, and Watson, Tony. *The Hermes Principles: What Shareholders Expect of Public Companies–and What Companies Should Expect of Their Investors.* London: Hermes Pensions Management Ltd., 2004.

Plender, John. *A Stake in the Future: The Stakeholding Solution.* London: Nicholas Brealey Publishing, 1997.

Raaijmakers, G. T. M. J. *European Regulation of Company and Securities Law.* Nijmegen, The Netherlands: Ars Aequi Libri, 2005.

Rajan, Raghuram, and Luigi Zingales. *Saving Capitalism from the Capitalists: Unleashing the Power of Financial Markets to Create Wealth and Spread Opportunity.* New York: Crown Business, 2003.

Richard, Bertrand, and Dominique Miellet. *La Dynamique du Gouvernement d'Entreprise* (Dynamics of Corporate Governance). Paris: Éditions d'Organisation, 2003.

Roberts, John. *The Modern Firm: Organizational Design for Performance and Growth.* Oxford: Oxford University Press, 2004.

Roe, Mark J. *Political Determinants of Corporate Governance: Political Context, Corporate Impact.* New York: Oxford University Press Inc., 2003.

Rosenberg, Hilary. *A Traitor to His Class: Robert A. G. Monks and the Battle to Change Corporate America.* New York: John Wiley & Sons, 1999.

Schwartz, Jeff. *The Purpose of Profit.* London: Tomorrow's Company, 2005.

Sidebotham, Roy. *Introduction to the Theory and Context of Accounting,* 2nd ed. Oxford: Pergamon Press, 1970.

Silver, Don. *Cookin' the Book$: Say Pasta la Vista to Corporate Accounting Tricks and Fraud.* Los Angeles: Adams-Hall Publishing, 2003.

Singer, Peter. *How Are We to Live? Ethics in an Age of Self-interest.* Oxford: Oxford University Press, 1997.

Smith, Adam. *An Inquiry into the Nature and Causes of the Wealth of Nations.* Edinburgh: Nelson & Sons, 1827.

———. *The Wealth of Nations.* New York: Alfred A. Knopf, Inc., 1991.

Sonnenfeld, Jeffrey. *The Hero's Farewell: What Happens When CEO's Retire.* New York: Oxford University Press, Inc., 1988.

Stapledon, G. P. *Institutional Shareholders and Corporate Governance.* Oxford: Clarendon Press, 1996.

Stewart, James B. *Disney War.* New York: Simon and Schuster, 2005.

Strenger, Christian. *Corporate Governance Kapitalmarkt.*(A compilation of speeches and articles.) Frankfurt: Christian Strenger, 2004.

Sustainability. *The 21st Century NGO.* London: Sustainability, 2003.

Sustainability, International Finance Corp. and Ethos Institute. *Developing Value: The Business Case for Sustainability in Emerging Markets.* London: Sustainability, 2002.

Swensen, David F. *Unconventional Success: A Fundamental Approach to Personal Investment.* New York: Free Press, 2005.

Sykes, Allen. *Capitalism for Tomorrow: Reuniting Ownership and Control.* Oxford: Capstone Publishing Ltd., 2000.

Talner, Lauren. *The Origins of Shareholder Activism*. Washington, DC: Investor Responsibility Research Center, 1983.

Thomas, Alison. "A Tale of Two Reports." *European Business Forum* 16 (Winter 2003/2004). www.ebr360.org/downloads/ebf_issue16.pdf.

Tong, Lu, ed. *Corporate Governance Reform: International Experience and China's Practice*. Beijing: Institute of World Economic and Politics, 2004.

United Nations Global Compact. *Who Cares Wins*. New York: United Nations, 2004.

Useem, Michael. *Investor Capitalism: How Money Managers Are Changing the Face of Corporate America*. New York: Basic Books, 1996.

Voorhes, Meg, Carolyn Mathieson, and Jennifer Sesta. *Investor Responsibility in the Global Era*. Washington, DC: Investor Responsibility Research Center 1998.

Walmsley, Keith, ed. *Corporate Governance Handbook*. London: LexisNexis Butterworths, 2005.

Ward, Ralph D. *21st Century Corporate Board*. New York: John Wiley & Sons, Inc., 1997.

Waring, Kerrie, and Chris Pierce, eds. *The Handbook of International Corporate Governance*. London: Institute of Directors and Kogan Page, 2005.

Whitley, Richard, and Peer Hull Kristensen. *Governance at Work: The Social Regulation of Economic Relations*. Oxford: Oxford University Press, 1997.

Williams, Anthony. *Who Will Guard the Guardians? Corporate Governance in the Millennium*. Chalford, England: Management Books 2000, 1999.

Williamson, Oliver. *Markets and Hierarchies: Analysis and Antitrust Implications: A Study in the Economics of Internal Organization*. New York: Free Press, 1975.

World Bank. *World Development Indicators 2005*. Washington, DC: World Bank, 2005.

World Bank. *Reports on Standards and Compliance*. Washington, DC: World Bank Group.

World Economic Forum. *Mainstreaming Responsible Investment*. Geneva: World Economic Forum, 2005.

Young, Patrick. *The New Capital Market Revolution*. New York: Texere, 2003.

Zadek, Simon. *The Civil Corporation: The New Economy of Corporate Citizenship*. London: Earthscan Publications, 2001.

國家圖書館出版品預行編目資料

新世代資本家：公民經濟崛起的新力量／Stephen Davis、Jon Lukomnik、David Pitt-watson著；張淑芳譯. －－初版. －－臺北市：臉譜出版：家庭傳媒城邦分公司發行，2008.02
面； 公分. －－（企畫叢書；FP2170）
譯自：The New Capitalists : How Citizen Investors Are Reshaping the Corporate Agenda
ISBN 978-986-6739-41-5（平裝）

1. 資本主義　2. 企業經濟　3. 投資

552.097　　　　　　　　　　　　　　97002545